KB126212

韓國近代海軍創設史

韓國近代海軍創設史

구한말 고종시대의 근대식 해군과 군함

金 在 勝 著

혜안

A Hidden History of Royal Corean Navy

by Jae-Seung Kim

發刊祝辭

해군참모총장
해군대장 李 秀 勇

1997년 海軍士官學校長으로 재직할 당시 玉浦灣에서 김재승 씨를 처음 만났을 때, 우리 先祖들이 역사를 헤쳐 나간 흔적들과 특히 바다를 이용하려는 노력들을 밝혀 내는 데 남다른 관심과 열정을 갖고 있는 그에게 깊은 印象을 받은 기억이 생생합니다. 이는 正統學者가 아님에도 불구하고 지난 25여 년 간 우리 민족의 近代海洋史와 관련된 수십 편의 연구물을 발표한 저자의 경력을 통해서도 잘 알 수 있습니다.

특히, 저자가 海軍大學에서 발간하는 『海洋戰略』誌에 발표한 江華 海軍士官學校에 대한 논문을 보았을 당시, 구한말의 近代 海軍에 대한 구체적인 사실에 대해서는 학계나 어디에서도 명확하게 알려진 바가 없었기에 상당히 흥미로우면서도 가치 있는 연구라 생각했습니다.

이 논문이 발표된 이후 일반의 관심이 높아져, 1998년 10월 저자의 또 다른 연구인 揚武號의 도입 과정과 江華 海軍士官學校 현장 답사 과정이 방송되는 것을 보고, 그간 힘들었던 연구의 가치가 이제야 認定받기 시작한다는 생각이 들어 흐뭇한 마음이 들었습니다.

사실, 학계가 아닌 바다와 연관되는 業에 몸담고 있는 중소기업인으로서 이러한 미개척 분야의 자료를 발굴하고 취합하여 연구를 진행한다는 것은 많은 시간과 노력이 투자되면서도 그 성과는 크게 알려지지 않는 외롭고도 힘든 작업이었을 것입니다.

그럼에도 불구하고 저자는 온갖 노력을 기울인 끝에 英國 國立文書保管所의 古文書를 입수하고 새로운 자료를 지속적으로 수집하였으며, 이를 바탕으로 기존의 논문을 다듬고 보완하여 이렇게 한 권의 책으로 出刊하게 되었기에 그간 저자의 열정에 敬意를 표하는 바입니다. 특히, 이렇게 어렵게 수집한 자료들을 엮어 훗날 더 깊은 연구의 기반을 제공한 것도 매우 뜻깊은 일이 아닐 수 없습니다.

現在는 過去를 바탕으로 이루어지며, 未來는 現在의 비전 속에서 탄생하는 것입니다. 그러므로 과거로부터 배우지 못한 사람에게는 참된 미래가 없다고 할 수 있습니다.

과거 西勢東漸의 급류를 맞이했던 우리 先祖들이 스스로 조국의 바다를 지키겠다는 일념으로 近代式 軍艦을 도입하고 士官을 길러 내기 위해 몸부림친 흔적들이 저자의 정성을 통해 세상에 널리 알려지게 된 것을 기쁘게 생각하며, 아직 未完의 작업이지만 이 책자의 발간이 未來의 海軍을 지향하는 데 하나의 교훈이 되고, 나아가 바다와 해군에 대한 국민적 관심을 고양하는 기회가 될 수 있기를 기대합니다. 아울러, 이를 계기로 구한말의 近代 海軍에 대한 연구가 활성화되어 本書의 가치가 더욱 빛나게 되기를 바라마지 않습니다.

끝으로, 그간 혼자의 힘으로 東奔西走 노력한 김재승 님의 땀방울이 이렇게 훌륭한 저서로 결실을 맺게 된 것을 다시 한 번 축하합니다.

2000년 2월 23일

著者 序文

필자가 25여 년 이상 관심을 기울여 온 구한말의 근대식 해군은 우리 나라 근대사에서는 묻혀져 온 사실들이다. 이 방면에 연구하는 학계 인사도 거의 없었고 국내에는 단편적인 기록만이 전해 오고 있어, 高宗시대 근대식 해군이 창설되었고 군함도 도입되었다는 엄연한 역사적 사실을 우리들 대부분은 잘 모르고 있다. 그러나 구한말 조선정부가 근대식 해군을 창설하기 위해 영국해군 군사교관을 초빙해 왔고, 직접 강화도에서 해군사관학교가 개설되어 군사교육이 실시되었을 뿐만 아니라 군함 '揚武號'가 도입된 사실은 분명한 일이다. 본서는 한국해군의 뿌리를 재조명하는 작업의 일환으로서, 이는 저자 개인의 능력이나 여건에 비추어 벅찬 일이 아닐 수 없으나 지난 25여 년 간의 노력과 시간이 헛되지 않도록 하기 위해 출판하는 것이라 一抹의 所懷가 없을 수 없다.

한국 해군에 지극한 애정과 관심을 가지고 있는 필자는 새로운 세기를 맞이하여 대양해군을 지향하고 있는 오늘의 해군에게 비록 화려한 결실을 보지는 못했으나 우리 나라가 근대화를 추진해 나가는 과정에서 보인 해군 창설과 군함 도입이 하나의 시대적 몸부림이었음을 알리고자 본서의 출판을 결심하게 되었다. 당시 조선이 처한 정치상황과 주변 강대국들의 자국 이해주의와 서구 강대국의 경제적 침략 등으로 인해 고종과 조선정부의 꿈은 실패와 좌절을 겪었으나, 역사에 묻어두고 있을 일만은 아니라고 생각한다. 우리 조상들이 실패한 역사도 우리의 역사이며, 그 실패와 좌절을 통해 오늘날 우리 해군과 해군장병들은 나름대로 귀중한 역사적 교훈을 얻을 수 있을 것이다. 따라서 본서는 아직 완벽하다고 할 수 없으나 그 발간은 의미가 있는 일이며, 학계에서도 관심을 두지 못했던 근대 해군창설 秘話가 널리 알려지게 되는 것은 뜻있는 일이라 할 수 있다.

필자는 이미 1997년 6월 해군대학 발행『海洋戰略』지 제95호에다가 「江華 海軍士官學校와 英國人 海軍 軍事敎官」에 관한 拙文을 발표한 바 있다. 이 拙文은 다시 수정·보완하여『近代韓英海洋交流史』(인제대학교출판부 발행, 1997)에 「강화도 해군사관학교와 영국인 해군 군사교관」이라는 제목으로 재차 수록한 바 있다. 그러나 이 拙文의 序頭에서도 언급한 바와 같이 영국에서 소장하고 있을 것으로 추정되는 당시 영국 외교문서와 조선에 공식 파견되어 강화에서 군사교육을 담당했던 영국해군 William H. Callwell 대위의 보고서와 같은 직접 史料가 입수되지 못하여, 당시 발표된 내용은 시작에 불과하다고 기술한 바 있었다.

이 拙書가 출판되자 학계와 각종 매스컴뿐만 아니라 해군 당국으로부터 많은 관심과 호응이 있었고, 1998년 8월 26일 해군 당국에서는 강화 해군사관학교가 있었던 현장을 답사하도록 요청을 받았다. 그리하여 필자를 포함한 3명의 조사단이 해병 제2사단 정훈참모부에서 소개한 강화 향토사가 2명과 함께 현장을 확인한 바 있었으며, 이 현장답사 광경은 그 해 10월 14일 KBS「역사스페셜」시간에 방영되어 보도된 바 있다. 이 때의 예상치 못했던 소득이라면 1894년 4월 말부터 1896년 5월까지 만 2년간 교관 William H. Callwell 대위와 조교관 John W. Curtis 하사관 부부가 기거했던 館舍 건물이 거의 원형대로 남아 있어 현장을 확인할 수 있었던 점이다. 관사 건물은 이처럼 현재까지 남아 전해오고 있지만, 1893년 6월에 신축했던 강화 해군사관학교의 건물은 갑곶진 현장에서 부서진 기와와 초석 몇 점 외에는 찾을 수가 없었다. 더구나 강화 향토사에서조차 이 곳 갑곶진에 근대식 해군창설을 위한 해군사관학교가 있었다는 사실을 이 날 처음 알게 되었다 하여, 저자는 영국 국립문서보관소와 영국 국방성 해군도서관 자료실 所藏자료 발굴의 필요성을 절실히 느꼈다.

영국측 자료의 입수는 용이한 것이 아니었다. 한국에서 영국 국립문서보관소(Public Record Office, Kew)가 소장하고 있는 한국 관련 고문서를 찾는다는 것은 무모한 일이었다. 영국 국방성 해군도서관에서는 1890년대 당시의 해군자료는 이미 국립문서보관소로 모두 이관했으니 그 곳으로 연락하라는 회신을 받은 바 있었고, 국립문서보관소는 해군성 고문서를 보관하고는 있으나 문서보관소가 찾아줄 수는 없으니 본인이 와서 직접 찾아보라는 연락을 받은 바 있었다. 그러나 이 자료조사 때문에 생업을 중단하고 런던까지 갈 엄두가 나지 않았다. 그리하여 PRO에 등록된 자료조사원인 Jane Cox 여사(PRO 所長補 출신)에게 자료조사비를 지불하고 Callwell 대위가 본국정부에 보고한 기록과 그의 후손을 찾아줄 것을 부탁했으나 조사비용만 날리고 실패하고 말았다.

이렇게 시간과 노력만 허비하고 있던 중에 마침 런던주재 한국대사관 武官室에 근무하고 있는 Isobel Campbell 양으로부터 Callwell 대위와 관련되는 해군성의 고문서는 PRO 문서번호 ADM 12/1248번이고, 마이크로필름으로도 구입할 수 있다는 연락을 받았다. 이 연락을 받자 즉시 영국인 친구 Kenneth G. Clark 씨에게 런던주재 한국대사관 Isobel Campbell 양과 연락하여 마이크로필름 번호를 조사하여 한 롤(길이 21m)을 구입해 줄 것을 부탁했다. 그러나 친구 Clark 씨로부터 온 팩스 연락은 실망적이었다. 그녀도 마이크로필름 번호는 모르고 있었으며, Peter Poole이라는 영국인 학자가 먼저 본 일이 있었다고 알려주었다고 했다. 그는 다시 Peter Poole에게 전화해서 한국에 있는 친구의 부탁이니 William H. Callwell 대위에 관한 문서가 수록되어 있는 마이크로필름 번호를 알려 달라고 했더니 한 마디로 거절하더라는 것이었다. 이 학자는 마이크로필름 번호를 아마 자기의 'know how' 쯤으로 생각하고 있었던 모양이다.

나의 친구는 있는 지혜를 짜내어 하나의 묘안을 생각해 내었다. 즉, Peter Poole이 주문한 마이크로필름 번호를 주문서 기록부(Ordering List)에서 찾아 그 번호가 F.O. 17/1710라는 것을 알아내어 한 롤을 주문하여 몇 달 만에 이를 한국으로 보내왔다. 그러나 실망스럽게도 이 때 도착한 것은 저자가 찾고자 했던 마이크로필름이 아니었다. 다시 친구 Kenneth G. Clark 씨에게 연락했다. 미안하지만 런던 시내에 있는 PRO의 독자 서비스부(Readers Service Department)에 부탁하여 'F.O. 17/1×××' 안에서 William H. Callwell이라는 이름이 보이는 외교문서철을 찾아달라는 부탁을 했더니만 'F.O. 17/1170'에서 그 이름이 보인다는 연락이 왔다. 저자는 이것이 바로 찾고자 한 문서일 가능성이 있으니 즉시 구입하여 보내달라는 장문의 편지와 함께 마이크로필름 복사비, 그리고 한국까지의 등기 소포료를 친구 Kenneth G. Clark 씨에게 송금했다. 이렇게 하여 영국 PRO 소장 고문서를 찾기 시작한 지 2년 만에 원하던 마이크로필름을 손에 쥐게 되었다.

이 마이크로필름에 수록된 분량은 A4 용지로 700여 장에 달하는 방대한 분량이다. 1893년 조선주재 영국총영사관과 북경주재 영국공사관이 본국의 외무성 및 해군성과 교신한 외교문서가 수록되어 있으며, Callwell 대위의 친필 편지도 다수 포함되어 있다. 따라서 이 글은 영국 친구 Kenneth G. Clark 씨와 런던주재 한국대사관 국방무관실 Isobel Campbell 양의 도움이 있었기에 다시 쓸 수 있었으니 두 분에게 감사한다.

한편, 국내자료도 다시 섭렵을 재개했다. 『구한국외교문서』(英案)은 고려대학교 사학과 박사과정 朴昭垠 씨를 통해서 복사할 수가 있었고, 海關文書目錄은 부산시립도서관에서 복사할 수 있었다. 규장각 소장 문서 『畿甸 江華 營事例』는 사본으로 입수하였고, 강화에 계시는 金玉龍(84) 선생은 자신이 집필한 『강화 선교 백년사』(1993년 출판)와 대한성공회 성가수녀회가 출판한 당시 영국 『修女들의 書簡集』(1995년 출판)을 구해 주셨다. 두 책은 시중에서는 쉽게 구할 수 없는 비매

품이라 여간 고마운 일이 아니었다.

강화 해군사관학교에 관한 한국학계의 연구는 필자의 拙文 몇 편을 제외하고는 거의 없고, 남아 있는 단편적인 기록도 참고가 될 만한 내용이 아니다. 『舊韓國外交文書』(英案)에는 분명히 영국인 군사교관 고용계약서와 조교관 고용계약서가 수록되어 있음에도 불구하고, 미국인 Horace N. Allen이 1904년 서울에서 출판한 『近代韓國外交史年表(*The Chronological Index*)』 1893년 3월 22일조에 수록되어 있는 "강화도에 해군무관학교 설치 칙령이 내림. 교관에는 영국인 Caldwell 대위, 영어교사에는 W. de F. Hutchison 등이 부임함."이라는 기록만 인용되고 있는 이유는 무엇일까? 영국정부가 공식적으로 조선에 파견한 교관단 일행에 관한 행적이 이렇게 역사에 묻혀 버린 이유는 어디에 있을까?

저자는 趙成都 교수가 海士박물관장으로 재직해 있던 1980년대 초 강화 해군사관학교와 영국인 군사교관에 대한 閑談을 가진 바 있었다. 조 선생은 자신도 "전혀 모르는 사실로, 자기가 모르면 아마 해군 당국에서도 알지 못할 것"이라고 했다. 그러면서 "당신이 연구하지 않으면 당분간 연구할 사람이 없을 것"이라는 이야기를 들려주었고, 만날 때마다 본격적으로 연구에 착수할 것을 권유받기도 했다.

이런 미개척 분야를 연구하는 데는 많은 시간과 노력이 투자되는 반면 학문적인 평가는 거의 없는 것이 우리의 현실이다. 또 필자와 같은 비학계 인사가 발표하는 글은 잡문으로 무시를 당하는 경우가 많아 널리 알려지지 않고 있다. 그러나 이런 미개척 분야의 연구는 학자만이 할 수 있는 聖域도 아니며, 후일 역사적 사실을 더 연구할 후학을 위해서도 일단 정리할 필요성은 있는 일이다. 그래서 이미 발표한 拙文에다가 추가로 입수한 자료를 토대로 '강화 해군사관학교의 설립 과정과 영국해군 군사교관의 초빙 전말'은 제대로 밝힐 수 있을 것으로 판단되어 이 주제를 다시 다루기로 한 것이다.

제2부 「舊韓末 軍艦 '揚武號' 史談」도 이미 1992년 해군사관학교

『趙成都 교수 정년퇴임 기념논총』에 발표한 글이다. 이 책 또한 일반 독자는 물론 해군장병들도 쉽게 구할 수 있는 책이 아니며, 구한말 군함 도입 과정을 알 수 있는 글이기 때문에 이번에 부분적으로 수정·보완하여 함께 재수록하였다.

'揚武號'가 도입된 1903년은 일제의 정치·경제적 침략으로 조선왕국이 이미 국력을 거의 상실해 가던 시기로, 이 군함은 막대한 국고를 낭비한 결과만 남겼지만 우리 나라 최초의 근대식 군함이다. 이 군함은 오늘날의 시각으로 보아도 작지 않은 3,432톤급 汽船이나 인재양성은 선행하지 않은 채 도입되어 인천항에 장기 繫船만 하다가 러일전쟁과 함께 비극적인 운명을 맞이했다. 신규 국가사업을 추진하는 데 있어서 인재양성은 가장 기본적인 과제이다. 이는 옛날이나 지금이나 변함 없는 원칙이다. 군함 '揚武號'의 불행을 통해서도 우리는 다시 큰 역사의 교훈을 얻을 수 있을 것으로 믿는다.

제3부는 저자가 영국국립문서보관소에서 입수한 마이크로필름에서 강화 해군사관학교 관련 문서 가운데 중요하다고 판단되는 외교문서를 原版으로 수록한 것이다. 이들 문서들은 필사본이라 해독에는 어려움이 없지 않으나 후일 보다 깊은 연구를 필요로 하는 분들에게 원본 자료를 제공하기 위하여 포함시켰다. 그리고 성공회 신부들이 *The Morning Calm* 誌에 투고한 직접 관련 기고문과, 『畿甸 江華 營事例』도 쉽게 볼 수 있는 원사료가 아니기 때문에 이 기회에 중요한 내용은 全文으로 소개한다.

본서는 영국해군 군사교관의 초빙과 강화 해군사관학교의 설치, 그리고 군함 '揚武號'를 통해서 한국 근대해군 創設秘史를 소개하는 데 주안점을 두었기 때문에 책 이름도 『韓國近代海軍創設史』이라 붙였다. 或者는 고종시대의 한국 근대해군은 출발은 있었으나 海防에 대한 결실이 없다 하여 필자가 이 책의 이름을 '근대해군창설사'라고 한 데 이의를 제기할 수도 있을 것이고, 또 그게 무슨 대단한 이야기꺼리가 되겠는가 하고 무시하는 경우도 있을 것이다. 그러나 구한말 우리의 근대해군과 군함에 관한 이야기는 역사에 묻혀 잊혀 지내 온 이야기들이다. 비록 화려한 결실은 없었으나, 이제 우리는 조선이 근대화해 가는 과정에서 海防을 위한 역사의 몸부림을 이해하고, 그 실체를 인정하여야 할 것이다. 따라서 한국의 근대해군 창설을 통해 실패한 역사를 알게 되는 것도 미래의 대양해군을 지향하는 데 큰 교훈이 될 수 있을 것이며, 다시는 실패한 역사를 만드는 愚를 범하지 않을 것이라 생각하고 있다.

본서는 논문 형식으로 구성되어 있어 일반 독자나 해군장병들이 읽기에는 다소 난삽한 감이 없지 않다. 그러나 후세 이를 참고하여 더 깊은 연구를 할 후학을 위해 脚註와 참고문헌을 함께 수록했으니 일반 독자의 이해를 구한다. 또한 가능한 한 관련 사진을 삽입하여 교양서적이 될 수 있도록 구성하는 한편 평이한 문장을 구사하기 위해 노력했으나 아직도 부족한 점이 많을 것이다.

본서를 출판함에 적극적인 관심을 보이고 발간축사까지 써 주신 해군참모총장 李秀勇 大將의 각별한 배려와 오랫동안 자료수집에 도움을 준 尹光雄 제독(예비역 海軍中將)에게 감사의 뜻을 표한다. 또 본서가 출판될 수 있도록 주선하여 주신 한성대학교 사학과 姜秉植 박사님의 협조와 경제적 피해를 예상하면서도 출판을 결정하여 주신 도서출판 혜안의 吳一柱 사장님과 편집진에 대해서도 깊은 감사를 표한다.

2000년 5월
金 在 勝 識

Acknowledgement(獻辭)

The author gratefully acknowledges the opportunity to study the Royal Corean Navy in the late Chosun Dynasty. Especially, thanks are due to Admiral Lee, Soo-Yong, Chief of Naval Operations, Korea Navy and Mr. Kenneth G. Clark in Buckinghamshire, U.K. for their friendly cooperation and assistance.

Throughout this work, I have had many sincere supports and assistances from foreign friends and organizations also related to this subject. I was very grateful for their help throughout the process, and would like to express my heartfelt gratitude to the following individuals and organizations again who have generously permitted me to include their valuable articles or materials in this book.

Admiral Soo-Yong Lee, Chief of Naval Operations, Korea Navy
Vice Admiral Kwang-Ung Yoon, Korea Navy (Retired)
Miss So-Un Park, Korea University, Seoul, Korea
Mr. Tae-Byum Shin, Inchon, Korea
Mr. Ok-Ryong Kim, Kangwha, Korea
Dr. Hak-Geun Chang, Korea Institute for Maritime Strategy, Seoul, Korea
Mr. Kenneth G. Clark, Buckinghamshire, UK

Miss. Isobel Campbell, Korea Embassy, London, UK

Mrs. Lesley A. Moore, Departmental Record Officer, Ministry of Defence, Middlesex, UK

Mr. R. M. Pirez, Departmental Record Officer, Ministry of Defence, Middlesex, UK

Mrs. Christine Mason, Bodleian Library, Oxford University, UK

Mrs. Susan Harris, Bodleian Library, Oxford University, UK

Miss J. M. Wraight, Ministry of Defence Admiralty Library, London, UK

Mr. David F. K. Hodge, National Maritime Museum, Greenwich, UK

Mr. John Taylor, National Maritime Museum, Greenwich, UK

Miss Andrea Ford, Maritime Information Centre, Greenwich, UK

Mr. Colin Starkey, National Maritime Museum, Greenwich, UK

Mr. John Saltford, Readers Information Services Dept. Public Record Office, Kew, UK

Mr. Kenneth Werrell, Cornwall, UK

Mr. Hiroshi Kawakami, Tokyo, Japan

Mr. Hak-ju Boo, Shibaura College, Tokyo, Japan

Bodleian Library, Oxford University, UK

National Maritime Historical Society, Peekskill, New York, USA

<사진 1> 1797년 10월 14일 한국 땅에 상륙한 최초의 영국함장
Capt. William Robert Broughton (1762~1821), Royal Navy,
who firstly landed on Korea peninsula on 14th October, 1797.

目 次

제1부 : 英國海軍 軍事敎官의 招聘과 江華 海軍士官學校

Invitation of British Naval Instructors and Royal Corean Naval Academy in Kanghwa Island

Ⅰ. 序 言

필자는 1893년 9월 강화도 강화읍 甲串津에서 개설을 본 근대식 해군사관학교와 이 학교에서 사관교육을 담당했던 영국인 교관에 대한 이야기를 이미 몇 차례 발표한 바 있다. 그러나 최근 영국국립문서보관소에 소장되어 있는 당시의 영국 외교문서를 입수하여 분석한바, 새로운 사실들이 발견되어 이를 재정리할 필요가 생기게 되었다.

조선정부와 국왕 高宗의 지대한 관심 속에서 출발한 강화 해군사관학교는 영국정부의 지원을 받아 엄연히 1년 3개월간 군사교육기관으로서 해군사관 교육을 실시했지만 우리 근대사에서는 누락되어 온 역사 가운데 하나다. 혹자는 이 군사교육기관이 발족은 했으나 결실이 없다 하여 과소평가할지 모르겠으나, 한국 해군의 뿌리를 재조명하기 위해서도 이 연구는 필요한 작업이 될 것이다.

오늘날에는 1945년 11월 11일 孫元一 씨가 지휘하는 70명의 대원으로 舊表勳院에서 海防兵團을 발족한 것을 한국 해군의 창설일로 기록하고 있고,[1] 1946년 1월 17일 진해에서 113명의 제1기 해군사관생도를 모집한 것을 해군사관학교의 창설일[2]로 공인하고 있다. 그러나 이보다 52년 전인 1893년에 이미 강화도 갑곶진에서 근대식 海軍營과 해군사관학교가 개설되어 영어교육이 실시되었으며, 영국정부에서 추천한 해군 군사교관이 초빙되어 군사교육이 실시되었다. 따라서 한국 해군역

---

1) 『大韓民國海軍史 - 行政篇 第1輯 -』, 海軍本部戰史編纂官室, 1954, 19~20쪽.

2) 『大韓民國海軍士官學校50年史』, 진해 : 해군사관학교, 1996, 34쪽.

사의 출발은 재검토할 필요가 있는 문제라고 하겠다.

필자는 이미 발표한 글에서 강화 해군사관학교의 연구가 이제 시작에 불과하다고 기술한 바 있다. 따라서 당시 정황을 정확하게 전해줄 영국 외교문서와 국내의 미공개된 자료를 발굴하는 데 계속 매달려 왔다. 분명 아직 미진한 부분이 있을 것이나, 영국국립문서보관소(Public Record Office, Kew)[3]에서 당시의 생생한 기록을 마이크로필름으로 입수하여 분석해 본 결과 이 사관학교의 개설은 국왕 고종이 근대식 군함을 도입하기 위한 준비작업의 일환으로 이루어졌음이 확인되었다. 뿐만 아니라 1893년 3월 22일 편제된 畿沿海防營은 舊制 水軍組織의 단순한 개편이 아니라 근대식 해군 개념을 가지고 마련된 것임이 다시 입증되었다.

위의 마이크로필름에 수록되어 있는 분량은 A4 용지로 700여 장에 달한다. 여기에는 1893년 조선주재 영국총영사관과 북경주재 영국공사관이 본국의 외무성 및 해군성과 교신한 외교문서가 수록되어 있으며, Callwell 대위의 친필 편지도 다수 포함되어 있다. 뿐만 아니라 우리나라 『구한국외교문서』(英案)에는 수록되어 있지 않는 교관 Callwell 대위의 고용계약서 영문본과 당시 영국정부의 대조선정책을 조감할 수 있는 귀중한 자료도 다수 수록되어 있다. 그야말로 묻혀 있던 사관학교의 실체를 구체적으로 파악할 수 있는 사료들이라고 할 수 있다. 또 아직 학계에는 공개되지 않은 奎章閣 所藏문서 『畿甸 江華 營事例』[4]에는 강화 해군사관학교의 지출 상황을 알 수 있는 자료가 발견되어, 이 사관학교가 형식적으로만 존재했다가 사라진 군사교육기관이 아님을 증명하고 있다. *The Morning Calm* 지와 대한성공회 성가수녀회에서 출판한 당시 영국 「修女들의 書簡集」에도 강화 해군사관학교의 실상을 전해주는 귀중한 증언들이 수록되어 있다.[5] 따라서 이제까

3) 이하 Public Record Office, Kew를 'PRO'로 약칭한다.

4) 奎章閣 문서번호 12182호.

5) 책 이름은 『언제나 주님 계신데 이르러 - 한국에서 선교사업에 참여하였던 영국 성베드로 수녀회 수녀님들의 편지 - 』로, 이재열 씨가 번역하여 1995년 대

지 수집한 자료들을 통하여 강화 해군사관학교의 설립 과정과 영국해군 군사교관의 초빙 전말을 제대로 밝힐 수 있을 것으로 판단되어 이 主題를 다시 다루기로 한 것이다.

강화 해군사관학교에 관한 학계의 연구는 필자의 논문 몇 편[6]을 제외하면 거의 없으며, 남아 있는 단편적인 기록도 참고가 될 만한 내용은 아니다. 『구한국외교문서』(英案)에는 영국인 군사교관 고용계약서와 조교관 고용계약서가 수록되어 있음에도 불구하고 Horace N. Allen이 1904년 서울에서 출판한 『近代韓國外交史年表(*The Chronological Index*)』에는 "영국인 Caldwell(Callwell의 誤字)[7]이 강화도 해군무관학교 교관으로 근무했다"는 기록밖에 인용되지 않은 이유는 무엇일까? 영국정부가 공식적으로 조선에 파견한 교관단 일행에 관한 기록이 이렇게 역사 속에 묻혀 버리게 된 이유는 어디에 있는 것일까? 필자의 궁금증은 몇 편의 글을 발표한 이후에도 가시지 않았다.

본고는 필자가 이제까지 발굴한 한국측 자료와 영국국립문서보관소에서 입수한 마이크로필름 자료[8]를 바탕으로 하여 고종이 강력하게 염원했던 강화 해군사관학교의 설립과 영국인 해군 군사교관의 초빙 문제를 중심으로 역사적 사실을 다시 정리하고자 한다.

근대식 해군사관학교의 설립에 국왕이 지대한 관심을 가졌던 것은 海防이 국가를 보존하고 선진 과학문명을 배울 수 있는 가장 기본적인 단계였기 때문이다. 이미 일본과 중국은 영국에서 대규모 해군 군사고문단을 초빙하여 근대식 해군을 육성하는 한편 영국을 비롯한 유럽 각국으로 청년 해군장교를 유학보내 선진 해군기술을 습득하여 근대국

한성공회 출판부가 비매품으로 발행하였다.

6) 『近代韓英海洋交流史』, 인제대학교출판부, 1997, 131~156, 192~208쪽 ; 「江華島 海軍士官學校와 英國人 軍事敎官」, 『海洋戰略』 95, 海軍大學, 1997, 1~46쪽 ; 「江華島 海軍士官學校」, 『制海』 52, 鎭海 : 海軍士官學校, 1998, 41~50쪽 참조.

7) 이것은 인쇄 과정에서 발생한 오자로 추정된다.

8) 이하의 마이크로필름은 'F.O. 17/1170'으로 표기하며, 특별한 경우에만 日字를 併記한다.

가로의 전환을 경주한 바 있었다. 조선도 그 같은 기회가 전혀 없었던 것은 아니다. 그럼에도 불구하고 왜 실패했는가 하는 점을 규명하기 위해서도 영국해군 군사교관단의 초빙과 강화 해군사관학교의 설립 및 그 폐쇄 전말은 정확히 밝힐 필요가 있다. 아직도 강화 해군사관학교의 조직편제와 그 節目,[9] 훈련 및 교과과정, 생도 및 조직원 명단 등 더 조사되어야 할 부분이 많다. 그러나 이 부분은 다시 후일을 기약하며 이제 묻혀진 근대사의 한 부분을 복원하는 작업을 다시 시도하고자 한다.

9) 육군사관학교인 '練武公院'의 『設學節目』과 『職制節目』이 있었던 점으로 미루어 보아(李光麟, 『韓國開化史硏究』, 一潮閣, 1974, 174~175쪽 참조), 강화 해군사관학교에도 '節目'이 있었을 것으로 추정되나 아직 미발견이다.

Ⅱ. 강화 해군사관학교의 태동

1. 高宗의 근대식 해군과 군함에 대한 염원

조선의 水軍은 전통적으로 鎭管체제로 관리·유지되어 왔으나 19세기에 들어온 후 海防에는 거의 유명무실한 해군조직으로 남아 있었다.[1] 한편으로 1876년 개항 이후 우리 나라 해역에는 많은 서양 蒸汽船式 艦船이 출입하게 되자 朝野에서는 서양식 포함을 가져야 한다는 소리가 높아졌다. 1882년 幼學 金永孝는 조정에 올리는 上疏에서 "개항장에 水營을 설치하고 외국교관을 초빙하여 해군장병을 철저히 훈련시켜야만 海防을 견고히 할 수 있다."[2]라는 진보된 개화의식에 바탕한 새로운 海防認識을 보여주었다. 이러한 인식의 변화는 조선사회에 개화의 물결이 점차 거세게 밀려오면서 더욱 고조되었다. 그 중에서도 개화사상을 가지고 있던 박영효와 유길준의 외국견문을 바탕으로 한 富國强兵에 관한 건의는 상당히 현실적인 설득력을 갖고 있었다.

고종이 1873년 親政을 시작한 이래 포함을 도입하고자 하는 시도는 세 차례에 걸쳐 있었다. 첫 시도는 1881년 당시 일본통으로 개화파에 깊이 간여한 승려 李東仁을 시켜 극비리에 추진되었으나[3] 이동인이

---

1) 金在謹, 『韓國의 배』, 서울대학교출판부, 1994, 347쪽.
2) 『承政院日記』 高宗 19年(1882) 11月 19日條.
3) 金在勝, 「舊韓末 近代汽船에 대한 認識考」, 『한국해운학회지』 4, 1987, 202~203쪽 ; 『日本外交文書』 권14, 문서번호 123호, 1881年 2月 20日字, 조선주재 일본공사 花房義質는 外務卿 井上馨에게 보낸 「조선정부 秘密리 視察員을 派遣하는 것과 起債及砲艦購求의 企圖를 槪略 內報하는 件」 참조.

1881년 3월 수구파에 의해 암살됨으로써 불발에 그쳤다.[4] 그런데 1881년 李東仁 · 李元會 두 사람을 선발하여 군함의 도입을 위해 고종이 이들을 일본에 파견하기로 결심할 당시만 해도 일본의 해군력은 미미하여 조선에 군함을 제공할 만한 능력이 없었다. 설사 능력이 있다 하더라도 운양호 사건을 일으켜 조선을 강제 개국시키면서 한편으로 영국으로부터 군함과 그 기술도입에 국력을 경주하던 일본이 자주국방을 하겠다는 조선에게 근대식 군함을 제공할 리도 없었다. 이렇게 당시 조선정부는 근대식 군함과 해군에 대한 대외 정보에 어두웠다.

이후 1887년에 인천 소재 독일 무역상 世昌洋行(E. Meyer & Co.)을 통해 군함 도입 교섭을 의뢰한 바 있었고,[5] 1891년에도 평안도 일대의 탄광채광권을 담보로 하여 영국으로부터 군함을 도입하고자[6] 시도했으나 모두 성사되지 못했다. 이렇게 오랜 세월 동안 고종의 근대식 군함에 대한 염원은 그치지 않았고 개화의 물결이 높아짐에 따라 그 기대는 더욱 높아졌다. 그 과정에서 영국이 최고의 해군국가로서 많은 군함과 우수한 해군력을 보유하고 있는 국가라는 사실도 알게 되었다.

조선정부는 1893년 3월 22일(양력) 畿沿海防營으로 근대식 해군편제로 전환시키는 작업에 착수했는데, 그 결과 淸州에 있던 統禦營을 南陽府로 移設한 후 이를 海軍統禦營이라 부르고, 閔應植을 都統禦使로 임명했다.[7] 이것이 한국 최초의 근대식 해군제도의 시발로서, 이때 근대식 해군 개념을 처음 도입하였다.

근대식 해군의 창설과 해군장교를 양성하기 위해 설립한 강화 해군사관학교는 국왕의 관심과 지원이 없이는 불가능한 국가사업이었다. 그리고 조선정부가 鎭營체제의 舊式 수군제도를 폐하고 1893년 3월 22일 畿沿海防營으로 편제를 개편한 것은 바로 조선정부가 근대식 해

4) 李光麟, 「開化僧 李東仁」, 『開化黨研究』, 一潮閣, 1973, 103~106쪽 ; 『開化期研究』, 一潮閣, 1994, 72쪽.
5) 『日本外交文書』 卷26, 문서번호 222호.
6) 『日本新聞集成 明治編年史』 卷8, 明治 24年(1891) 12月 17日字, 169쪽.
7) 金允植, 『續陰晴史』 卷7(서울 : 國史編纂委員會, 1960), 高宗 30年 2月 22日 條.

군을 창설하기 위한 준비작업의 일환이었다. 그러나 우리 학계에서는 지금까지 이에 대한 연구가 이루어지지 않아 과연 高宗이 근대식 해군 창설에 대해 의지를 가지고 준비작업에 착수했는지에 의문을 표시해 왔다.

그러나 고종이 근대식 해군의 창설에 대한 얼마나 강한 집념을 가지고 있었는가는 영국 외교문서에도 분명히 나타나고 있다. 즉, 1893년 5월 25일 駐淸 영국공사 Nicholas R. O'Conor(歐格訥)[8]는 고종을 알현하고 그 면담 내용을 비밀문서로 즉각 본국 외무성에 다음과 같이 보고하였다.

Söul,
May 25th, 1893

My Lord,

I was received in private audience by The King of Corea to-day at one o'clock, being accompanied by Mr. Hillier and a Corean Interpreter.

After a few courteous remarks His Majesty enquired whether I had received an answer from my Government in reply to His request for the service of a British Naval Officer.(약간의 정중한 이야기를 나눈 후 국왕께서는 제가 우리 정부로부터 영국 해군장교 한 명을 파견해 달라는 그의 요청에 대해 회답을 받았는지를 물으셨습니다.)

I said that as a general rule Her Majesty's Government declined to allow British Naval Officers to take service under a Foreign Government and though there had been some difficulty in making an exception, they had done so in deference to the

8) 歐格訥은 Nicholas R. O'Conor의 漢名. 北京駐在 駐淸英國公使로 1892년 4월 1일부터 1895년 10월 24일까지 조선 특명전권공사를 겸임했다.(Horace N. Allen, *A Chronological Index*/金源模 譯,『近代韓國外交史年表』, 서울 : 단국대학교출판부, 1984, 272쪽)

personal request of His Majesty, and <u>*I believed Her Majesty's Government were willing to allow a Naval Officer to come to Corea to organise a Revenue Cruizer Service.*</u>(저는 우리 정부가 해관 경비업무를 조직할 해군사관 한 명을 조선에 파견하는 것을 수락했을 것으로 믿습니다라고 하였습니다.)[9)]

Since arriving here, however, I had learnt that the Revenue Cruizer which the Chinese Government proposed to place at the disposal of the Corean Government was no longer available, and that there were no Corean ships suitable for the purpose. The President of the Foreign Office had told me that His Majesty was anxious to organise a Naval School for Torpedo and Coast Defences, but as the technical knowledge required for the efficient discharge of this duty was very great, and the officer who might be quite capable of supervising a Revenue Cruizer Service would probably be quite incompetent for the former. I saw great difficulties in the way apart from the uncertainty as to whether my Government would be willing or able to spare a capable officer for the purpose.

This view of the matter had not apparently struck His Majesty, who said it was no doubt a difficulty, but at the same time he was most anxious to establish the nucleus of a naval school which in time would be further developed. Every country should have the means of protecting her coasts, and Corea wad defenceless at the present moment. Great Britain had always proved such a good and true friend of Corea, that <u>*he hoped Her Majesty's Government would assist him in this object and if one officer was not sufficient*</u>

9) 그는 이미 본국 해군성으로부터 예비역 해군장교 한 명은 고용계약을 체결하여 파송할 수도 있다는 전보를 받고 1893년 5월 20일 조선에 도착했다. 그가 영국 해군성으로부터 받은 秘密電文은 "*Admiralty will select retired naval office to supervise Corean Revenue cruizers*"(해군성은 조선 연안경비함을 지도할 예비역 해군 장교는 선발하겠음)으로, 電文日字는 1893년 5월 9일이다.(F.O. 17/1170, 187쪽)

for the task he would like to have two, and he would be deeply grateful to Her Majesty's Government for their help and assistance.(국왕께서는 우리 정부가 이 문제에 대해 협조해 줄 것을 희망했으며, 만일 장교 한 명으로 이 임무를 맡기는 것이 효율적이지 못하다면 두 명을 채용하고 싶으며 우리 정부가 도움과 협조를 해 준다면 대단히 기쁘겠다고 했습니다.)

I said that I would without loss of time report on the matter to Your Lordship, and that I was sure that every possible effort could be made to comply with His Majesty's wishes. The King thanked me very sincerely and said he would await with impatience the result of my report to Your Lordship.(국왕께서는 제가 각하에게 보고한 결과에 대해 답을 애타게 기다리겠다고 했습니다.) [이상의 下線은 인용자]

(I have the honour to be,
with the highest respect,
My Lord,
Your Lordship's
most obedient,
humble servant,
N. R. O'Conor)[10)]

조선정부가 서울주재 영국총영사관을 통해 이미 근대 蒸汽船式 군함을 운영할 해군장교의 양성을 위해 영국 해군장교를 교관으로 파송해 줄 것을 요청했음을 알 수 있다. 그리고 뒤에서 살펴보겠지만 고종을 알현한 O'Conor 공사는 이미 본국 정부에서 해군 예비역 장교 한 명을 조선에 파견할 수 있다는 연락을 받고 왔음에도 불구하고 외교적인 언사로 일관하면서 고종의 요청에 대해 즉각적 수락을 유보하고 있음을 볼 수 있다. 즉, 고용계약서가 정식으로 작성되기 전까지 그는 조

10) F.O. 17/1170, 194~197쪽.

선정부의 영국 해군장교 파견 요청에 대해 신중한 자세를 견지하고 있었다. 그러나 O'Conor 공사는 이 고종과의 면담을 통해 국왕의 진의를 확실히 파악하고 본국 정부 외무성에 해군 군사교관의 파견이 불가피함을 알리게 된다.

조선정부가 처음 영국정부에 국왕의 대영국정부에 대한 지원 요청사항을 외교문서로 전달한 것은 1893년 1월 25일이었다. 즉, 교섭통상사무독판 趙秉稷은 이 날 서울주재 영국총영사 Walter C. Hillier(禧在明)에게 「水軍敎師雇聘依賴」를 외교문서로 보냈고,[11] 이에 대한 첫 반응으로 1월 27일 서울주재 영국총영사 Hillier는 5개 조항의 고용조건을 제시했다.[12] 영국총영사관에서 제시한 해군 현역 장교출신 교관의 고용조건은 계약기간 2년에 연봉 5000원, 부임 및 귀국 경비는 조선정부가 지불하며 봉급은 海關總稅務司에서 지급하고 초빙계약서를 먼저 체결하자는 내용이었다. 그러나 이것은 본국 정부의 승인을 받은 조건이 아니었던 것으로 보인다. 북경주재 영국공사 O'Conor가 본국정부 외무성에 조선정부가 해군 군사교관의 파견을 요청하고 있다고 처음 알린 것이 1893년 3월 4일자이기 때문이다.[13] 이렇게 영국 측의 반응이 미온적이자 조선정부의 대외교섭사무를 담당하는 독판교섭통상사무 趙秉稷은 2월 3일에 서울주재 영국총영사 Hillier에게 「水軍敎師의 雇傭依賴와 同條件提示事」라는 외교공문을 다시 보내고[14] 해군장교의 초빙조건을 명확히 수락했지만 영국총영사관 측의 태도는 여전히 소극적이었다.

---

11) 『舊韓國外交文書』 卷13(英案), 문서번호 865호, 466쪽.

12) 『舊韓國外交文書』 卷13(英案), 문서번호 866호, 466~467쪽.

13) F.O. 17/1170, 169~170쪽. 1893년 3월 20일자 공문에 북경주재 O'Conor 공사의 "이 달 4일자 저의 문서번호 70호 공문에 관련하여 서울주재 Hillier 총영사가 보낸 보고문서를 동봉하여 보고합니다."(*With reference to my despatch No. 70 of the 4th instant I have the honor to enclose herewith to Your Lordship a copy a despatch from Mr. Hillier, Her Majesty's Consul General at Söul, informing me that……*)라는 내용을 통해 알 수 있다.

14) 『舊韓國外交文書』 卷13(英案), 문서번호 868호, 467쪽.

당시 서울주재 영국총영사관은 본국 정부와 직접적인 교신을 할 수 없었고, 모든 외교사무는 북경주재 영국공사관 O'Conor 공사를 경유하게 되어 있었다. 따라서 당시의 통신체계는 서울주재 Hillier 총영사 → 북경주재 O'Conor 공사 → 런던 외무성 → 해군성 → 외무성 → 북경주재 O'Conor 공사 → 서울주재 Hillier 총영사 → 독판교섭통상사무 → 국왕으로서, 조선의 요청사항이 전달되는 데는 많은 시일을 요하게 되어 있었다. 그러나 보다 근본적인 이유는 영국이 조선을 막대한 자금이 소요되는 근대식 군함을 살 자금이 없는 국가라고 인식하고 있었던 데 있다. 따라서 조선정부가 공식적으로 요청한 영국 해군장교의 초빙건에 대해 서울주재 영국총영사관은 2월 10일자로 회신을 보냈으나 그 내용은 본국 정부에 조선정부의 요청을 전달했다는 정도의 극히 간략한 것이었다.

BRITISH CONSULATE GENERAL
Söul

February 10th 1893

Monsieur le President,

I have the honor to acknowledge the receipt of Your Excellency's Note dated the 3rd of February 1893, in which you request my assistance in securing the services of a British Naval Officer as Instructor to a naval force which it is the intention of your Government to organise.

In reply I beg to state that I have forwarded this application through the proper channel to Her Majesty's Government for consideration.

I avail myself of this opportunity to convey to Your Excellency the assurance of my highest consideration.

Walter C. Hillier

His Excellency Cho

President of His Corean Majesty's Foreign Office[15)]

영국총영사관
서울

1893년 2월 10일

大臣 귀하

저는 귀국 정부가 설립을 추진하고 있는 해군에 영국 해군장교 한 명을 교관으로 파견하는 문제에 대해 저에게 협조를 요청한 1893년 2월 3일자 각하의 문서를 접수했음을 기쁘게 생각합니다.

답신으로 저는 이 요청서를 본국 정부에서 심사숙고하도록 정당한 경로를 통해서 발송했음을 알려드립니다.

각하께 저의 가장 큰 존경을 전합니다.

월터 C. 힐리어

조(병직) 각하
조선 외부대신

고종의 지원요청은 북경주재 영국공사관 O'Conor 공사를 통해 영국 외무성에 보고되었으나 영국정부의 태도는 계속 미온적이었다. 무엇보다 조선정부가 지원을 요청한 군함이 민감한 문제였다. 당시 영국의 동북아정책의 주안점은 중국에서 경제적 이권을 획득하고 일본의 해군력을 지원하여 러시아의 南進策을 방지하는 데 두어져 있었다. 이러한 상황에서 조선정부의 요청은 중국·일본과 외교적인 마찰을 일으킬 가능성이 있었다. 이미 영국은 일본에 1867년 Richard E. Tracy 해군중령, 1873년 Archibald L. Douglas 해군중령(일본 재임중 대령으로 진급)을 단장으로 하는 대규모 해군 군사고문단(British Naval Mission)을 파견한 바 있었고,[16)] 淸國 北洋艦隊에도 R. N. Lang 해군대령을 비롯한 영국해군 고위 군사고문들을 파견한 바 있었다.

---

15)『舊韓國外交文書』卷13(英案), 문서번호 873호, 469쪽.

16) 篠原宏,『海軍創設史 - イギリス軍事顧問團の影 -』, 東京 : (株)リプロボ-, 1986, 40~41, 255~265쪽.

영국정부는 조선정부의 군함 제공과 해군장교 파견 요청에 대해 분명한 입장을 견지하고 있었다. 즉, 영국 해군성은 군함 제공에 대해 '不可原則'을 고수하는 한편, 현역 해군장교의 파견에도 난색을 표명하고 있었다. 이것은 영국 외교문서 1893년 4월 13일자 F.O. 17/1170, 180쪽에서 "조선정부에 영국 해군장교를 대여하는 건. 해군성은 제의를 수락하지 않음."(*Loan of British Naval officer to Corean Government, Admiralty do not approve suggestion*)이라고 附記한 데서 알 수 있다. 그러다가 영국정부가 비록 예비역 장교이기는 하지만 조선정부의 요청을 부분적으로 수용하여 교관 파송을 결정하게 된 것은 1893년 5월 25일 고종을 알현한 북경주재 영국공사 O'Conor가 국왕의 확고한 근대식 해군창설의 의사를 확인하고 본국정부 외무성에 보고한 결과다. 따라서 강화 해군사관학교의 설립은 국왕의 지대한 관심 속에서 추진된 국가적 사업이 분명하다고 할 수 있다.

2. 조선정부의 근대식 해군 창설 시도

조선정부는 서울주재 영국총영사관을 통해 근대식 해군 창설을 위한 협조를 요청하는 한편 1893년 3월 22일 南陽府에 畿沿海防營을 창설하고 閔應植을 都統禦使로 임명했다.[17] 수군체제를 근대식 해군 체제로 개편하고 근대식 증기선식 군함을 보유하고자 한 것[18]은 고종의

17) 金允植, 『續陰晴史』 卷7, 高宗 30年 2月 22日條. 한편 영국 외교문서에서는 그를 'General Min'으로 호칭하고 있다.

18) 『日本外交文書』 卷26, 「朝鮮國政府大阜島へ海軍統禦營分營設置ノ件」에는 다음과 같이 기록되어 있어 고종이 근대식 군함을 도입하려는 계획을 가지고 있었음을 알 수 있다. "금번 충청도 保寧에 있는 統禦營을 경기도 南陽府에 移設하였다가 다시 海軍統禦營이라고 개칭하고 內務府督辦 閔應植을 海軍統禦使에 겸임시켰다. 현재 同營에 관계된 節目을 制定中에 있으며 추후 兵營을 증설하여 砲臺를 설치하고 또 洋式軍艦도 1척 정도 비치하자는 案이 있다. 조선정부 당국에서는 …… 금번 신설된 海軍統禦使를 統制使보다 上位에 위치시켜 전국 海軍軍務를 관장하게 하려 하고 있다."

오랜 숙원이었다.[19] 북경주재 영국공사 O'Conor를 통해 고종의 지대한 관심을 알게 된 영국정부가 해군사관 양성을 위한 예비역 해군장교를 파견할 수 있다는 통고를 받자, 조선정부는 강화도 갑곶진에 해군사관학교를 신축하기로 결정을 내렸다. 6월 1일 독판교섭통상사무 南廷哲이 조선해관 총세무사 馬根(F. A. Morgan)에게 신축자금으로 6000원을 요청하고 우선 1000원을 받아 교사 신축에 착수하였다.[20]

이 때 신축한 건물의 규모를 알 수 있는 기록이 우리 나라에는 남아있지 않으나 영국 외교문서에서는 찾아볼 수 있다. 이 기록에 의하면, 이 때 강화 해군사관학교를 위해 신축한 건물은 본관 건물 1棟과 생도용 기숙사 건물 1棟이며, 강화읍내에 별도로 군사교관 가족을 위한 관사를 마련하였다. 관사 건물은 자금 사정으로 새로 신축하지 못하고 기존 건물을 보수하여 사용하였다. 1893년 9월 21일 서울주재 영국총영사 Hillier가 당시 강화도 갑곶진에서 성공회 신부로 상주하고 있던 Leonard Ottley Warner(王欄道, 1893~1896년 강화도 갑곶진에서 사제로 활약했다) 신부[21]에게 받은 편지를 근거로 작성한 보고서에는 다음과 같이 기록되어 있다.

It is at Kapkochi that the buildings for the Naval School have

---

19) 金在勝, 「舊韓末 軍艦 揚武號 史談」, 『趙成都敎授回甲紀念論叢』, 진해 : 해군사관학교, 1992, 157~159쪽.

20) 『舊韓國外交文書』(淸案 1), 문서번호 772호 「統制營學堂 設立費 調達에 관한 건」. 이 자금에 관한 기록이 淸國의 외교문서 속에서 발견되고 있어 오늘날 일부 연구서는 이를 청국이 제공한 것으로 이해하고 있으나, 이는 조선해관 관세수입 자금에서 제공된 것이다. 다만 당시 조선해관은 중국해관의 영향 하에 있었고, 총세무사 馬根도 중국해관 총세무사인 영국인 Robert Hart가 조선으로 보낸 인물이라, 중국해관의 간섭은 받았을 것이다. 馬根은 Hart의 천거로 1892년 6월 1일 인천해관장이 되어 1892년 11월 11일부터 1893년 10월 4일까지 조선해관 총세무사로 근무하다가 중국해관으로 복귀한 영국인이다.(高柄翊, 『東亞交涉史의 硏究』, 一潮閣, 1988, 483쪽)

21) 金玉龍, 『강화 선교 백년사』, 강화 : 대한성공회 강화 선교100주년 기념사업위원회, 1993, 220쪽.

been erected. The school proper is situated just inside one of the gates, while the house for the Instructor and his aides are built on the top of a grassy hill some two hundred yards above the school compound.[22)]

갑곶진에는 해군사관학교 건물이 세워져 있다. 단정한 학교는 성문[鎭海樓를 의미함 : 인용자] 바로 안쪽에 설치되어 있고, 교관과 그의 조교용 집은 교정에서 약 200야드[23)] 떨어진 푸른 언덕 위에 건축된다.

이 내용은 Warner 신부가 약 2주 전에 보낸 편지를 통해 알게 된 것이라고 하니 강화 해군사관학교 건물은 1893년 9월 초에는 완성되었음을 알 수 있다. 성공회 조선교구 주교 John Corfe(고요한) 신부를 따라 1890년 11월 6일 조선에 온 Warner 신부는 1893년 가을부터 江華 外城 출입문인 鎭海樓 밖 나루터에 위치한 한옥 한 채를 마련하여 이를 기도소와 거처로 삼아 선교사업을 개시하였다.[24)] 따라서 그는 1893년 9월 당시 강화도 사정에 밝은 유일한 영국인이었다고 할 수 있다. 서울주재 영국총영사관 측이 강화 해군사관학교의 시설 상황에 대한 조사를 그에게 부탁한 것도 그 때문이었을 것이다. 한편, Trollope 신부도 인천주재 영국영사관 Fox 부영사를 안내하여 강화 해군사관학교와 군사교관용 관사 시설을 점검하고 해군영 관리들을 면담하기도 하였다.[25)]

이 강화 해군사관학교의 개설을 알려주는 우리 나라의 유일한 기록은 규장각 소장 江華古文書『畿甸 江華 營事例』에 보이는 "癸巳八月 海軍營開設"이다. 여기에서 海軍營이란 근대식 해군본부를 의미하지만, 강화에는 해군사관을 양성할 교육시설과 그 지원 조직밖에 없었기

22) F.O. 17/1170, 270쪽.

23) 이 기록으로 교관용 관사 건물은 교정 뒤 야산 언덕 위에 세울 계획이었으나 실제는 강화 성내에 있던 조선식 가옥을 개축하여 제공했으며, 거리는 해군사관학교에서 약 5km(3마일) 떨어진 곳에 위치하고 있다.

24) 金玉龍, 앞의 책, 24쪽.

25) Rev. Mark Napier Torollope, "The Island of Kang-hoa", *The Morning Calm* Vol. 5 No. 53, Nov. 1894, 174쪽.

<사진 2> 강화 해군사관학교가 건립되었던 갑곶진 부지 전경
하단 왼쪽 밭으로 변한 곳이 校舍가 있었던 곳

때문에 해군사관학교가 주체라고 단정해도 무방하다. "癸巳八月"은 음력이므로 강화 해군사관학교는 1893년 9월에 개설되었음이 분명하다. 당시에는 이미 영국인 W. du F. Hutchison(轄治臣)이 영어교사로 부임하여 영어교육을 실시하고 있었던 것으로 보이며, 사관후보생은 양반 자제 가운데 입교를 권유하여 모집했다. 자진해서 찾아오는 지원자의 경우는 수병 훈련생으로 편성했는데, 영국측 기록에는 다음과 같이 나와 있다.

> *This village is a place of call for steamers running between Seoul and Chemulpo, and it is here that the King intends to place his new Royal Naval College, of which we have been hearing a good deal lately. The students are now arriving daily in batches of about half a dozen. There are to be fifty in all, and the Government is enlisting sailors already. The houses for the instructors and the storehouses are already built, the latter being plentifully stocked*

with native cannon of various sizes and shapes, and of the most antiquated manufacture.[26)]

이 마을은 서울에서 제물포 사이를 왕래하는 증기선들이 기항하는 곳으로, 국왕이 새로 해군사관학교를 세우고자 하는 곳이며, 최근 좋은 소식들이 들리고 있다. 지금도 매일 5~6명씩 무리를 지어 사람들이 도착하고 있다. 그 숫자는 모두 50여 명으로 정부에서는 이들을 이미 수병으로 편성하고 있다. 교관용 관사와 창고는 이미 건축되었고, 창고 건물에는 여러 가지 크기와 형태의 대포가 많이 보관되어 있는데, 대부분 구식으로 제작된 것들이다.

Warner 신부의 이 보고서가 강화도에서 작성되어 영국으로 보내진 것은 1893년 12월경인데, 강화 해군사관학교는 1893년 9월 개교와 함께 이미 사관생도를 대상으로 영어교육을 시작하고 있었다. 10월부터는 일반 지원자도 속속 모여들기 시작하였는데, 이렇게 자발적으로 강화 갑곶진으로 찾아오는 지원자는 대개 수병 요원으로 편성되었다. 사관생도가 교육을 받아 수료하게 되고 장차 군함을 사서 본격적인 해군이 창설되면 수병도 필요해질 것이므로 이들 지원자를 받아들였을 것이다. 어쨌든 이 기록을 통하여 강화 해군사관학교가 개설되어 교육이 시작되었다는 소문을 듣고 강화로 찾아오는 지원자가 많았고, 교관용 관사와 무기를 저장하는 창고도 이미 완성되어 있었음을 알 수 있다.

당시 서울에는 육군사관학교 격인 '練武公院'이 설립되어 미국인 수석 군사교관 William McEntyre Dye 장군(1831~1890)의 지휘 아래 육군 사관교육이 실시되고 있었고, 1891년 2월 연무공원 출신 장교에게 6品의 관직이 제수되었다.[27)] 이러한 예를 보고 조선의 청년들은 신식 해군장교와 수병이 되기 위해 강화로 모여들기 시작하였을 것이다. 당시 조선 청년들은 근대식 군함을 크게 동경하고 있었으며, 이들이 강

---

26) "Correspondence by Rev. L. O. Warner at Kap-Kot-Chi Village, Island of Kang-Hoa, Corea," *The Morning Calm* Vol. 5 No. 45, March 1894, 54쪽.

27) 李光麟, 「美國 軍事敎官의 招聘과 練武公院」, 『韓國開化史硏究』, 一潮閣, 1974, 180~181쪽.

화로 모여들었다는 것은 조선정부가 군함을 사서 근대식 해군을 운영한다는 것이 이들에게 기정사실로 인식되고 있었음을 의미한다.

처음 강화 해군사관학교는 20여 명 정도의 사관생도로 출발했는데, 1894년 초여름에 촬영된 것으로 추정되는 해군사관생도의 훈련광경 사진에는 26명의 생도들이 교관 Callwell 대위의 지휘에 따라 군사훈련을 받고 있는 것이 보인다.[28] Callwell 대위는 자신이 1894년 4월 강화에 도착했을 당시 사관생도와 수병 요원은 합쳐서 160명 정도 되었다고 1899년 *The Morning Calm* 지에다 밝힌 바 있다.[29]

3. 영국정부에 근대 해군 창설의 지원 요청

조선정부 대표 교섭통상사무 趙秉稷이 서울주재 영국총영사관 Hillier 총영사에게 '水軍敎師雇聘依賴'를 하면서 정식 외교문서를 보낸 것은 1893년 1월 25일이다. 그 내용은 다음과 같다.

> 敬啓者 現本政府擬練水軍幾小隊於圻沿海面 尙望貴總領事 以貴國水軍敎師中練熟一員特薦前來 訂約激雇 期底實效 盼切禱切 專此佈懇 竝祁見覆施行 順頌時安 壬辰十二月初八日 趙秉稷 頓[30]
>
> 우리 정부는 沿海를 방어할 수군을 훈련시키기 위하여 총영사께서 귀국 수군교사 중에서 숙련된 교사 한 명을 천거해 주시면 고용계약을 약정하고자 하오니 협조를 바랍니다.

---

28) 이 사진은 서울주재 영국총영사관에서 현지를 방문했을 때 촬영한 사진으로 보인다. 사열중인 사관생도 뒤의 맨 우측이 교관 Callwell 대위로, 영국 해군 장교 정복 복장을 하고 있다. 우측으로 두 번째의 완장을 차고 있는 조선인은 생도장으로 추정되며, 차례로 John W. Curtis 포술 조교관, 영국총영사 Hillier, 그리고 영어교사 Hutichson이 보인다.

29) William H. Callwell, "A Corean Fortress", *The Morning Calm* Vol. 10 No. 79, London, Feb. 1899, 23쪽.

30) 『舊韓國外交文書』 卷13(英案), 문서번호 865, 466쪽.

음력 壬辰(1892년) 12월 초8일은 양력으로 1893년 1월 25일에 해당한다.

그 이틀 후인 1월 27일 서울주재 영국총영사관은 회신 외교문서에서 다음과 같은 고용조건을 제시하였다. 계약기간 2년, 연봉 5000불, 귀국여비도 조선정부가 지급할 것, 봉급 지급처는 조선해관으로 할 것, 사전에 계약서를 작성할 것 등.[31] 이 영국총영사관의 회신에 따라 교섭통상사무 趙秉稷은 2월 3일 "水軍敎師의 雇聘依賴와 同條件提示"를 내용으로 하는 외교문서를 발송하여 영국정부에 대해 정식으로 해군 군사교관의 파견을 제의했다.[32] 조선정부의 이 제의는 2월 6일 북경주재 영국공사관 O'Conor 공사에게 보고되었으나 공사는 이를 즉시 본국정부에 보고하지 않았다. O'Conor가 이 제의를 처음 본국의 Archibald Philip Primrose(1847~1929) 수상에게 보고한 것은 그 한 달 후인 3월 4일이다.[33]

당시 우리 나라에서 보낸 외교문서는 '영국이 해군 군사교관을 派送해 주면 고용하여 해군군사 훈련을 하겠다'는 정도의 간단한 내용으로 되어 있었으나, 영국의 외교문서에는 보다 구체적으로 내용이 기록되어 있다. 즉 고종은 영국의 현역 해군장교의 파견을 요청하면서 영국정부에게 군함의 제공도 요청하였다는 것이다. 단 이 문제는 서울주재 영국총영사관이 애초부터 난색을 표시한 관계로 趙秉稷의 외교공문에는 해군장교의 파견 문제만 수록한 것으로 보인다. 이 같은 사정은 1893년 3월 11일자 영국총영사 Hillier가 북경주재 O'Conor 공사에게 보낸 다음 보고서에 잘 나타나 있다.

With reference to my despatch No. 13 of the 6th February, enclosing translation of a Note from the President of the Corean Foreign Office asking for assistance in procuring the services of a

---

31) 『舊韓國外交文書』 卷13(英案), 문서번호 866호, 466쪽.
32) 『舊韓國外交文書』 卷13(英案), 문서번호 868호, 467쪽.
33) F.O. 17/1170, 169쪽.

British Naval Instructor, I have the honor to report that I have been informed by Mr. Morgan, Chief Commissions of Corean Customs that he has been authorised by Sir Robert Hart to offer the Corean government the loan of a Chinese Customs cruiser to serve as a training ship for Corean officers and men. This offer has not yet been definitely accepted by the King, but there is every probability of his availing himself of so good an opportunity. The arrangement would be a most suitable one, as the use of a vessel fully equipped and officered would be obtained by the Corean Government for the mere cost of its maintenance, and they will be enable to give the experiment of training officers and crew under capable foreign supervision a fair trial at a minimum of expense. Should this experiment prove successful it will at all times be open to the Corean Government to extend this scheme by the purchase of a vessel of their own, and under this circumstances, there will, I apprehend, be no necessity for immediate compliance with the request of the Corean Government for the service of a British officer.[34)]

조선정부 외부대신으로부터 영국 해군교관 한 명의 파견을 요청한 번역문을 동봉한 2월 6일자 저의 급송문서와 관련하여 로버트 하트 卿이 청국해관 감시선 한 척을 조선정부에 대여하여 훈련함으로써 조선 사관과 수병을 훈련시키자는 제의를 수락하였다는 조선해관 총세무사 몰간 씨의 연락을 받고 기쁘게 보고합니다. 이 제의는 아직 국왕이 명확히 수락하지 않고 있습니다만, 그러나 국왕께서 그러한 좋은 기회를 놓치지 않고 수락하실 가능성이 매우 높습니다. 이 조치는 조선정부가 유지비만 들여 완전한 장비를 갖춘 선박과 사관들을 얻을 수 있는 가장 적절한 기회입니다. 그리고 최소한의 비용을 들여 능력 있는 외국인 감독의 지휘 아래 사관과 수병들을 훈련할 수 있는 경험을 갖게 될 것입니다. 이 시도가 성공이라고 입증된다면, 조선정부는 자신의 선박을 구입하여 항상적으로 이 계획을 확대할 길이 열리게

34) F.O. 17/1170, 171~173쪽.

될 것입니다. 이러한 상황 아래에서, 제 생각으로는 조선정부가 영국 해군 사관 한 명의 파견을 요청한 데 대해 즉각적으로 응할 필요는 없을 듯합니다.

청국해관 총세무사(Inspector General) Robert Hart가 청국해관 소속 경비함 한 척을 조선정부에 대여하고 해군 사관과 수병을 교육시키는 것을 조선해관 총세무사(Chief Commissioner) Morgan에게 승인했으며, 이것이 조선정부의 입장에서 유리한 방책이나 "국왕이 아직 이 제의를 완전하게 수락하지 않고 있다."(*The offer has not yet been accepted definitely by the King*)는 내용이 수록되어 있다. 고종으로서는 영국정부로부터 해군 군사교관을 파견받고 군함도 구입하여 조선에 근대식 해군을 창설해 보겠다는 생각을 가지고 있었기 때문이다. 사정이 이러했기 때문에 근대식 군함의 제공이라는 민감한 사안을 피해 가기 위해 서울에 주재하고 있던 두 영국인 Hillier와 Morgan이 청국해관 감시선을 조선정부에 제공하고, 조선정부가 고용하는 형식으로 영국해군 군사교관을 파견한다는 방책을 세워 청국해관 Robert Hart에게 내락을 받아 둔 것이다.

따라서 조선정부가 영국정부에 요청한 것은 해군장교의 파견만이 아니라 군함의 제공도 들어 있었으나, 당시의 국제정세와 조선정부의 자금력에 대한 불안 때문에 군사교관의 파송 문제만 거론하고 있음을 알 수 있다. 해군장교의 파견건은 영국 해군성의 반대로 현역에서 예비역 장교로 바뀐 것이다.

4. 영국정부의 반응

근대식 해군을 창설하기 위한 군함의 제공과 해군사관의 양성을 위한 현역 해군장교의 파송을 요청한 조선의 제의에 대해 영국정부는 계속 미온적인 반응을 보였다. 당시 동북아 정세상 영국은 자국의 이익과 청국・일본에 대한 이해관계로 인하여 이 요청에 크게 관심을 보이지 않았던 것이다. 특히 군함 제공은 정치적으로 민감한 사항이었고, 조선정부가 과연 군함 대금을 지불할 능력이 있는지에 대해 의구심을 갖고 있었다. 이러한 영국 측의 부정적인 반응은 조선정부의 대화 당사자인 Hillier 총영사의 시각에서도 잘 나타난다. 그는 1893년 3월 21일 서울주재 미국공사관 공사대리 Augustine Heard[35]와 대담하는 도중에 조선정부의 해군창설 계획과 영국정부에 지원요청을 한 사실을 전하면서 그의 의중을 비쳤고, 미국공사대리는 이 같은 사실을 다음날 즉시 본국의 國務長官에게 문서로 보고했다.

I have the honor to inform you that I had a conversation with Mr. Hillier yesterday afternoon, after mailing my No. 372, with reference to the creation of a navy Department for Korea. He declared that the whole thing was absurd : the Koreans had no money or means to make a navy and no English instructor had been engaged. It was true that one had been applied for, and he had passed on the application with his comments. But he did not believe that an English officer would come out because, in the first place, the whole thing was a farce, and in the next the English Government would not permit an officer to come here and wait a year or two for his pay, and be put off with a few copper cash from time to time. It was only one of those ideas of the King, which would cost him a lot of money, and finally be given up in disgust like so many others.

I entirely agree with Mr. Hillier that the whole scheme is absurd, and for that reason did not report it when it was mentioned to me some weeks ago; for when a decree is inserted in the Official Gazette and the President of the Foreign Office

35) 何德 또는 許斗. 1890년 5월 26일 주한 미국공사관 변리공사 겸 총영사로 부임하여 1893년 5월 27일까지 재임하였다.

himself assures a different aspect.

I think it very likely that Mr. Hillier is sincere in the opinion he express, and yet he may not be unwilling to have a hand in anything which the King happens for the moment to favor. It will be to make his contracts in a way that will hold; and the Chief Commissioner of Customs in Korea is an Englishman who will find no difficulty in retaining money enough for English purposes. The Chinese probably favor it, as they have lent the money recently to buy two ships, and I am inclined to think that an attempt will be made scheme.

As pointed out in my No. 301, September 12, there has been of late a decided increase of interest in Korea on the part of England. Mr. O'Conor is a very different man from Sir John Walsham, and has a reputation for being pushing and energetic, which he will try to justify. He is to be here in May, and I have little doubt the Admiral will come with him, when there will be a great display and an advance in the English position. The recent attentions of the fleet have been very grateful to the King, and he will attach much importance to the visit.[36]

조선 해군국 창설에 관련하여 저의 372호 보고서를 우송하고 난 후, 어제 오후 힐리어 씨[서울주재 영국총영사 : 인용자]와 대화한 것을 귀하께 보고함을 기쁘게 생각합니다. 그는 모든 것이 허황된 일이라 단언하면서 조선인들은 돈도 없고 또 해군을 만들고자 하는 뜻도 없으며, 고용하고 있는 영국 교관도 없다고 천명했습니다. 한 사람이 교사로 신청한 일이 있는 것은 사실이지만, 자기의 요구조건을 붙인 신청서를 냈습니다.[37] 그러나 그는 영국장교가 이 곳으로 오리라고는

---

36) Palmer, Spencer J., *Korean-American Relations, Documents Pertaining to the Far Eastern Diplomacy of the United States, The Period of Growing Influence 1887~1895* Vol. Ⅱ, Berkeley & L.A. : Univ. of California Press, 1963, 181쪽.

37) 영국인 Hutchison이 신설할 해군 군사교육기관의 영어교사직을 자원한 사실을 의미한다. H. N. Allen의 *The Chronological Index* 1885년 10월조에 의하

믿지 않았는데, 그 이유는 첫째 이 모든 것이 허무맹랑하고, 다음으로 영국정부는 자기네 장교가 보수는 1~2년 기다려야 받게 되고, 때때로 엽전 몇 푼씩밖에 받지 못하는 데 파견하는 것을 허용할 리가 없기 때문입니다. 이 모든 것은 많은 자금을 필요로 하는 국왕의 구상 가운데 하나로, 결국에 가서는 다른 일과 마찬가지로 싫증을 내서 포기하게 될 것입니다.

저는 모든 계획이 불합리하다는 힐리어 씨의 견해에 전적으로 동감합니다. 그리고 그러한 이유로 수주일 전에 칙령이 관보에 등재되고 외부대신이 그렇지 않다고 확인했을 때에도 보고드리지 않았던 것입니다.

저는 힐리어 씨의 의견이 매우 솔직하다고 생각합니다. 그리고 그는 국왕이 얼마 동안 관심을 가지고 있는 어떤 일에 손을 대려 하지 않을 듯합니다. 그의 계약은 하고자 하는 대로 될 듯합니다. 그리고 조선에 있는 해관 총세무사는 영국인으로서, 그는 영국의 목적을 위해서 충분히 돈을 쓰는 데 별 어려움이 없을 듯합니다. 최근 배 두 척을 사기 위해 자금을 차용한 바 있어서 중국도 아마 이를 선호할 것으로 보이며, 그래서 저는 試圖가 施策을 낳는다는 생각이 들기도 합니다.

9월 2일자 저의 보고서 301호에서 지적하신 대로 영국 측에서는 조선에 대한 관심이 커지고 있습니다. 오코너 씨는 존 왈샴 경과는 매우 다른 사람으로, 저돌적이고 정열적인 인물로 평이 나 있으며 이를 입증이나 하듯 그는 노력하고 있습니다. 그는 5월에 이 곳으로 올 예정이고, 제독도 그와 함께 올 것이라는 것을 믿어 의심치 않으며, 영국의 위상을 과시하고 드높이는 큰 계기가 될 것입니다. 함대의 최근 조치

면, 그는 조선우정국 고문으로 착임했었다고 한다. 그러나 조선 우정총국은 갑신정변의 실패로 1884년 12월 6일 청사도 소실되고 우정총국 직제도 혁파되었으니, 그가 조선우정국 고문으로 고빙되었다는 기록은 잘못된 것이다.(金在勝, 『韓國文位郵票使用畢研究』, 釜山 : 釜山郵趣會, 1994, 19~49쪽 참조) 이것은 아마 그가 조선에 오기 전에 홍콩 우체국에 근무한 경력이 와전된 것이 아닌가 생각된다. 조선에 온 그는 조선해관에서 촉탁으로 근무하다가 1887년 10월 사임하고 일단 영국으로 귀국했었다. 다시 재입국하여 無職으로 지내던 중, 조선정부가 해군장교를 양성하기 위해 영어교사를 고용할 계획이 있음을 알고 자원한 것으로 추정된다. 물론 영국총영사관 측으로부터 이 정보를 입수했을 것이다.

는 국왕을 매우 기쁘게 했으며, 그는 방문이 더 중요하다고 느끼게 될 것입니다.

조선정부와 직접적인 대화창구였던 Hillier 총영사의 이 같은 부정적인 시각은 그의 직속 상관인 북경주재 O'Conor 공사를 통해 본국 정부로 전해졌다. 그리고 O'Conor가 제의해 온 방식이 바로 당시 청국해관 辦頭 Robert Hart가 청국해관 감시선을 조선에 빌려주고 훈련은 영국 해군장교가 맡는다는 것이었다. 앞서 언급했듯이 고종은 이 제의를 수락하지 않았다. 이에 대해 영국 외교문서에는 다음과 같이 기록되어 있다.

> ……*I have the honor to report that I have been informed by Mr. Morgan Chief Commissioner of Corean Customs that he has been authorised by Sir Robert Hart to offer the Corean Government the loan of a Chinese Customs cruiser to serve as a training ship for Corean officers and men. This offer has not yet been definitely accepted by the King.*[38](이 제의를 국왕은 아직 명백하게 수락하지 않고 있습니다.) [下線은 인용자]

고종이 이 제의를 수락하지 않은 것은 무엇보다도 청국의 영향권에서 벗어나 자체적으로 해군력을 양성하고 싶어했기 때문이다.

당시 조선정부의 해군 근대화 노력은 기본적으로 서해에 창궐하고 있는 淸國 밀수선을 방지하고, 동시에 근대국가로 성장하기 위해서는 근대식 군함의 확보가 필수적이라는 인식에 따른 것이었다. 그러나 조정 중신들은 당시 동북아에서 가장 강력한 해군력을 보유하고 있는 청국과 청국 북양함대의 우산 속에서 조선의 해안을 방어하고자 하는 뜻을 가진 수구파로 구성되어 있었고, 청국 또한 조선을 屬邦으로 붙들

38) Mr. Hillier's report to Mr. O'Conor in Peking on March 11th, 1893. F.O. 17/1170, 172~173쪽.

어 매두기 위해 조선의 해안을 장악할 필요성을 느끼고 있었다. 여기에서 청국과 영국의 이해관계가 맞아떨어져 이 같은 제의를 하게 된 것이 아닌가 한다.

영국 해군성이 처음부터 군함과 현역 해군장교를 파송할 의사를 전혀 갖고 있지 않았다는 사실은 앞에서도 몇 번이나 지적한 대로이다.[39] 예컨대 1893년 4월 13일자로 해군성이 외무성에 보낸 기밀문서에 보면, 해군상 Evan MacGreger 경은 "……영국 해군장교 한 명을 대여하는 문제는 여러 가지 면에서 말려야 할 것이다."(……*that the suggested loan of a British Naval Officer should be in every way discouraged.*)라고 하고 있다.[40] 이에 따라 영국 해군성에서는 1893년 5월 2일자로 "조선정부에 영국 해군장교를 대여하는 건. O'Conor 문서번호 70호. 해군성은 이미 의사를 표명한 것으로 믿어짐. 아마 예비역 장교 한 명을 천거해야 할 것임."(*British Naval Officer to be lent to Corean Gov't. Sir O'Conor No. 70. Trusts Admiralty motify views already expresses. Perhaps a retired naval officer might be recommended.*)이라는 비밀문서를 북경주재 O'Conor 공사에게 보냈다.[41]

이러한 영국정부의 움직임에 따라 1893년 5월 25일 북경주재 영국공사 O'Conor는 서울을 방문하여 고종을 알현하였다. 이 자리에서 고종은 자신이 요청한 건에 대해 영국 정부로부터 어떤 회답이 있었는가를 물었고, O'Conor는 영국정부가 외국에 현역 장교를 파송하는 일은 쉬운 결정이 아니나 조선과 우호관계를 유지하기 위해 이를 적극 건의하겠다고 답했다. 극히 외교적인 언사였다.

---

39) F.O. 17/1170, 180쪽. 영국 외무성 기록에는 다음과 같이 기록되어 있다. "*Loan of British Naval Officer to Corean Gov't. Admiralty do not approve suggestion.*"(영국 해군사관을 조선정부에 대여하는 건. 해군성은 제의를 수락하지 않음.)

40) F.O. 17/1170, 180쪽.

41) F.O. 17/1170, 133~134쪽.

이 대담을 통해 보건대, 우리는 그가 서울에서 고종을 면담하기 전까지도 조선의 해군 창설에 대해 전폭적인 지원 의사를 갖고 있지 않았음을 알 수 있다. 그러나 이 면담을 통해 고종이 근대식 해군창설에 비상한 관심을 가지고 있다는 사실을 확인하고, 영국의 대조선 경제활동을 위해서는 군사교관의 파견이 불가피하다는 점을 본국 정부에 건의하게 된다. 이것이 예비역 장교의 파견을 추진하게 된 경위다. 이러한 심경의 변화를 일으킨 데는 미국과 독일, 그리고 러시아가 만약 조선정부에 해군 창설을 지원할 경우 야기될 불익이 심각해질 것이라는 판단도 중요한 요인으로 작용하였다.[42] 예컨대 서울에 체류중이던 O'Conor 공사가 5월 25일자 2차로 본국 정부에 보낸 비밀문서를 보면, "한편, 만일 그가[高宗 : 인용자] 우리 정부로부터 해군사관 한 명을 지원받지 못하게 될 경우 현재의 분위기로 보건대 미국이나 독일, 어쩌면 러시아에까지도 요청할 것이 분명하고, 러시아에 요청할 경우 그 결과는 매우 위험해질 것입니다."(*Besides if he did not obtain the services of a naval officer from Her Majesty's Government, he would certainly in his present mood apply to the United States, Germany or perhaps, even to Russia, and the consequences of an application to Russia might be very dangerous.*)라고 되어 있다. 영국 이외의 국가가 조선에 해군장교를 지원할 경우 조선에서의 영국의 경제적 이득에 지장이 초래될 것임을 우려하고 있음을 볼 수 있다.

여기에서 유의할 것은 영국 해군성 당국이 이미 예비역 장교의 파견을 생각하여 후보자 추천에 착수해 있었고, 1893년 5월 9일 북경주재 O'Conor 공사와 서울주재 Hillier 총영사에게 電文으로 "해군성은 조선의 해안 경비함을 지도할 예비역 해군장교 한 명을 선발하겠다."(*Admiralty will select retired naval officer to supervise Corean Revenue cruizers.*)라고 알렸다는 사실이다.[43] 그런데도 O'Conor 공사

42) F.O. 17/1170, 199쪽.
43) F.O. 17/1170, 187쪽.

가 고종에게 즉답을 피하면서 본국 정부에 적극 건의하여 좋은 결과를 받을 수 있도록 노력하겠다는 식의 외교적 언사로 일관한 것은 왜일까. 결론적으로 말하자면 그의 서울방문은 조선정부가 추진하고 있는 근대식 해군 창설과 영국 해군사관의 파견 요청과 관련하여 국왕의 의중을 떠보기 위한 것이었다. 그리고 면담을 통해 국왕의 확고한 의중을 확인하였기 때문에, 그가 5월 27일 조선을 떠나자 서울주재 Hillier 총영사는 곧 조선정부 독판교섭통상사무 南廷哲과 고용계약서를 준비하기 시작하였다.

조선정부가 서울주재 영국총영사관에 고용계약서 초안을 보낸 것은 1893년 6월 1일이다.[44] 조선정부가 영국정부에 해군군사 교관을 지원해 달라고 요청한 지 4개월 만에 본격적인 고용계약 협상이 시작된 것이다.

---

44) 『舊韓國外交文書』 卷13(英案), 485~486쪽.

Ⅲ. 영국해군 군사교관의 雇聘契約

1. 軍事教官의 고용계약 조건

조선정부가 서울주재 영국총영사관에 제시한 고용계약서 초안은 구한국외교문서에도 수록되어 있는데,[1] 全文과 12개 조항으로 구성된 기본 고용조건은 다음과 같다. 계약기간은 계약 체결일로부터 2년으로 하고, 봉급은 5000원으로 12개 월로 나누어 조선해관에서 지급하며, 조선정부는 館舍를 제공하고, 만일 거주시설을 제공하지 않을 경우에는 매월 40원을 조선해관에서 지불하며, 부임여비와 귀국여비로 각각 700원을 부담한다. 조선정부가 제시한 이 고용계약서 초안은 漢文本만 전해 오고 있으나 영국 외교문서에는 英文本도 수록되어 있다. 서울주재 영국총영사관에서는 이 한문본을 영역본과 함께 북경주재 O'Conor 공사를 통해서 본국 정부로 보냈는데, 한문본의 全文은 다음과 같다.

水軍教師雇聘合同

朝鮮通署督辦 爲訂合同事 照得 朝鮮政府現設立海沿總制衙門 開一學堂 招募學徒 教習水師駕操練海防等事 擬延請英國水師人員前來 充當水師海防學堂教習 玆將訂立合同各條 開列於左

計開

1)『舊韓國外交文書』卷13(英案), 485~486쪽.

1. 延雇 ○○○ 充當朝鮮水師海防學堂教習
2. 該教習延訂日期 自來朝鮮之日起 以二年爲限
3. 該教習薪水 每年計日本洋(或英洋)五千元 按西曆分十二個月 每月由朝鮮海關給發
4. 朝鮮海關總稅務司 按奉關文 卽按月將薪水照數給發該教習受領
5. 該教習到朝鮮之日 須由朝鮮政府豫備合式住房 爲該教習起居之所 如朝鮮政府未代豫備 卽每月給該教習洋四十元 作爲房租之費 亦由總關劃付
6. 該教習到朝鮮之日 由朝鮮政府卽付盤費洋七百元
7. 合同期滿之日 由朝鮮政府付該教習回國盤費洋七百元
8. 如合同日期未滿 朝鮮政府惑欲將該教習無故辭退 須將該教習兩年薪水及回 國盤費照數付足
9. 該教習到朝鮮立合同後 須聽朝鮮海軍衙門海沿總制使約束調度 凡水師事務務 無論在岸在海 皆須盡心教導 除禮拜停公日外 不得藉端廢仕 至學生兵弁人等 亦應聽該教師指示約束 不得頑違
10. 該教師倘由視怠慢 不能認眞教習 應由本政府 不拘限期 卽行退僱 惑該員故生事端逕請退僱 該薪俸自應停撥 其回國盤費亦由該員自辦 與本政府無涉
11. 該教習到朝鮮後 伙食及患病醫藥等費 皆其自備
12. 合同繕錄兩分 該教習與朝鮮通署各執一份

大朝鮮督辦交涉通商事務	南	印押
大英欽命駐箚朝鮮總領事	禧	押
大英水師教習		押[2]

초안의 작성일자는 6월 1일이며, 이를 서울주재 영국총영사관이 북경주재 O'Conor 공사에게 발송한 것은 다음 날인 6월 2일이다. 이로써 영국정부가 조선 국왕의 지대한 관심사인 영국해군 교관의 파송을 적극적으로 추진하기 시작했음을 알 수 있다. 북경주재 공사 O'Conor는

---

2) 『舊韓國外交文書』 卷13(英案), 문서번호 909호, 486쪽.

6월 13일자 외교공한에서 몇 가지 수정사항을 제시했고, 이 수정안은 다시 서울주재 Hillier 총영사를 통해 독판교섭통상사무 南廷哲에 전달되고 다시 고종에게 전달되었다.

이 때의 수정안은 원칙적인 사항에서는 異見이 없이 수락하나 세부사항에서 몇 가지 수정안이 제의되었다. 즉 제1조, 제3~7조와 제11~12조까지는 조선정부가 제의한 조건을 수락하고, 제2조, 제8조, 제9조, 제10조는 添削한 수정안이 지시되었다.

수정안의 내용은 다음과 같다. 먼저 제2조에서 고용기간은 계약 체결일로부터 2년으로 하기보다 교관이 조선에 도착한 날로부터 2년으로 수정하고(*Instead of from the date of the settlement of this contract, I consider it would be fairer to the Corean Government to say "from the date of Mr. ○○○'s arrival in Corea),* 제8조에서 "*without just cause being shown*" 대신 "*to the satisfaction of H. B. M's Consulate General and after the words 'passage money*[여비 : 인용자]"를 끝부분에 추가 삽입하고, 다음 "*If however Mr. ○○○ should be wilfully disobedient to the orders of Corean Government or be guilty of disorderly conduct or if he should be voluntarily resign before the expiration of the period specified in his contract, his salary will immediately cease, but the Corean Government will pay him 700 Mexican Dollars on account of his return passage.*"을 추가했다. 제9조에서는 "*on any protect*"를 삭제하고, "*students*" 대신 "*officers*"를 삽입하고, 조항 끝 부분에 "*the persons employers in teaching the pupils English shall likewise be under the control of the British naval officer Mr. ○○○*"를 추가하였다. 고용계약서 문안에 대한 수정이 이렇게 구체적인 것으로 보아, 북경주재 O'Conor 공사가 영국정부를 대신하여 직접 이 문제에 관여하고 있음을 알 수 있다.

조선정부는 이 교관 고용계약서 수정안을 수락하였다. 그리하여 정식으로 고용계약서가 작성되었는데, 조선측 기록에는 漢文本만이 전해 온다. 영국 외교문서에 수록되어 있는 영문 고용계약서 全文은 다음과 같다.

Conditions for Services of British Naval Officer to Corean Government

'Translation'

Nam, President of the Corean Foreign Office in the matter of the arrangement of a contract.

Whereas the Government of Corea has now established a Central Maritime Department, and has founded a school in which students are to be enrolled for the study of navigation, drill, and hundred matters connected with coast defence, they propose to invite a British Naval Officer to come to Corea and undertake the duties of Instructor in this Naval School under a Contract of Service, the conditions of which are enumerated below.

Ⅰ. Mr. ○○○ has been engaged as Instructor in the Corean School of Maritime Defence.

Ⅱ. The said Instructor is engaged for a period of two years from the date of his arrival in Corea.

Ⅲ. The salary of the said Instructor is fixed at five thousand ($5,000) dollars per annum in Japanese Yen, or Mexican dollars, which will be paid every month in twelve monthly instalments, according to European reckoning by the Corean Maritime Customs.

Ⅳ. The Chief Commissioner of Corean Customs will receive instructions to this effect, and will pay the said amount in monthly instalments to the said Instructor.

Ⅴ. On the day upon which the said Instructor arrives in Corea, the Corean Government will provide him with suitable house accommodation or, in lieu thereof, he will be given a sum of forty dollars ($40) a month as house rent, which will also be paid to him by the Chief Officer of Maritime Customs.

Ⅵ. Upon the day on which the said Instructor arrives in Corea, the Corean Government will pay him the sum of seven hundred dollars ($700) for passage money.

Ⅶ. Upon the day on which this Contract expires, the Corean Government will pay to the said Instructor the sum of seven hundred dollars ($700).

Ⅷ. Should the Corean Government wish to dispense with the services of the said Instructor before the expiration of his agreement without just cause being shown to the satisfaction of H. B. M's Consulate General, they shall pay to the said Instructor his salary for the full two years, together with his return passage money, if, however, the said Instructor should be wilfully disobedient to the orders of the Corean Government, or be guilty of disorderly conduct, or if he should voluntarily resign before the expiration of the period specified in his Contract, his salary will immediately cease, but the Corean Government will pay him seven hundred dollars ($700) on account of his return passage.

Ⅸ. Upon the arrival of the said Instructor in Corea and after the negotiation of this Agreement, the said Instructor shall be under the direction and control of the Corean Central Maritime Department. He will be required to perform his educational duties consecutively, whether on sea or land, and with the exception of Sundays, when he will do no work, he will not relax his efforts. The students, officers, non commissioned officers, and men will be under the direction and control of the Instructors, whose authority they will not be permitted to disregard. The persons employed in teaching the pupils English shall likewise be under the contract of the British naval officer.

Ⅹ. The said Instructor upon arrival in Corea will be expected to provide his own maintenance and his own medical attendance and medicines in case of sickness.

XI. This Contract is drawn up in duplicate, one copy being retained by the Instructor, and the other by the Corean Foreign Office.

Nam, President of Corean Foreign Office
Her. Majesty's Council General
Mr. ○○○ Naval Instructor

8th day of the 5th moon of the 502nd year of the Corean Era[3)]

'번역문'

고용계약 조항에 관련하여 조선정부 外部 南(정철)

조선정부가 지금 해군영을 창설하고 학당을 설립하여 항해학, 군사교련과 해안방위를 위한 제반 사항을 교육시킬 학도들을 입교시키고자, 영국해군 사관 한 명의 초청을 제의하고, 그리고 근무계약에 따라 이 해군사관학교에서 군사교관의 임무를 맡기고자 함으로써 조항을 아래에 열거한다.

1. ○○○씨를 朝鮮水師海防學堂 교관으로 고용한다.
2. 상기 교관은 조선 도착일로부터 2년간 고용한다.
3. 상기 교관의 봉급은 일화 또는 멕시코 금화로 연 5000불이며, 조선해관에서 유럽통화로 12개월로 나누어 매달 지급한다.
4. 조선해관 총세무사는 이에 대한 지시를 받고, 그리고 상기 교관에게 매달 상기 금액을 지불한다.
5. 상기 교관이 조선에 도착한 날로부터 조선정부는 거주시설을 제공하거나 또는 대신에 한 달 가옥 임대료로 40불을 역시 조선해관에서

3) F.O. 17/1170, 253~255쪽. 계약서에서 大朝鮮 502년 5월 8일은 양력으로 1893년 6월 21일에 해당된다.

그에게 지불한다.

6. 상기 교관이 조선에 도착하는 날 조선정부는 그에게 부임여비 700불을 지급한다.
7. 이 계약이 종료하는 날 조선정부는 그에게 700불을 지급한다.[귀국여비를 의미한다 : 인용자]
8. 영국총영사가 만족하는 조건이 없이 그의 계약 종료 전에 조선정부가 해약을 하고자 하면 상기 교관에게 만 2년분 봉급과 귀국여비를 지불하여야 한다. 만일 상기 교관이 조선정부의 지시를 고의적으로 위반하거나 또는 치안문란의 행위를 범하거나, 또 만일 그의 계약기간 종료 전에 자의로 사임을 하고자 하면 그의 봉급은 즉시 중지된다. 그러나 조선정부는 그의 귀국여비 700불은 지불한다.
9. 교관이 조선에 도착하고 계약의 협상이 된 후에 상기 교관은 조선정부 해군영의 지시와 통제를 받는다. 그는 일요일을 제외하고 해상이거나 또는 육상이거나 계속적으로 그의 교육근무를 수행하여야 하며, 그가 근무를 하지 않고자 할 때에도 그는 그의 노력을 줄이지는 않는다. 사관생도, 사관, 비상근 사관과 요원들은 교관의 지시와 통제를 받고, 그 권위에 대해 이들은 불복하지 않는다. 생도들에게 영어를 교육하는 요원 또한 영국 해군사관의 통제를 받는다.
10. 상기 교관이 조선에 도착한 이후 자신의 부양비와 질병의 경우 치료비와 의약품비는 자비 부담한다.
11. 이 계약서는 두 부 작성하여 한 부는 교관이 보관하고, 나머지 한 부는 조선정부 외부가 보관한다.

조선정부 外部 南(정철)
영국총영사
해군교관 ○○○씨

대조선 502년 5월 8일

이 고용계약서를 조선정부가 작성한 것은 6월 21일이고, 영국총영사관은 수정 의견을 붙여 7월 5일에 이를 조선정부에 제시하였다. 영국해군교관의 고용조건으로 확정된 계약사항은 다음과 같다.

계약기간은 조선 도착일로부터 2년간, 연봉은 멕시코 금화 5000불 또는 日貨로 5000원, 부임과 귀국 여비 각각 금화 700불(日貨 700원), 館舍는 조선정부가 제공하며 만일 제공하지 못할 경우는 매월 40불(日貨 40원)을 별도로 지급하고, 봉급과 부임 및 귀국 여비는 조선해관에서 지급한다.

서울주재 영국총영사관은 이 고용계약서를 보내면서 교관으로 예비역 해군장교 1명 외에 조교 1명이 더 있어야 원활한 해군 군사교육이 될 것이라며 하사관 출신 조교관의 채용을 제의하였다.(*It is suggested therefore that it would be in the interest of the Corean Government to authorise the officer selected to engage the services of a petty officer to assist him in the more elementary branches of the subjects he is required to teach.*)[4] 이 제의도 조선정부가 7월 11일 수용하여[5] 영국정부가 파송할 교관으로는 예비역 해군장교 1명과 하사관(Petty Officer) 1명으로 확정되었다. 이 때 영국 측이 제시한 조교관의 고용조건은 월급 멕시코 금화 150불(日貨 150원), 부임 및 귀국 여비로 각각 멕시코 금화 450불(日貨 450원)이었다. 당시 조선정부가 작성한 조교관 고용계약서는 영문본과 한문본 모두『舊韓末外交文書』(英案)에 수록되어 있는데, 특이한 점은 이 조교관 고용계약서에 조교관이 교관의 통제를 받도록 명시되어 있다는 것이다. 이것은 영국정부가 조선에 파송하는 교관단의 행동통일과 명령계통을 명시하기 위한 고려에 따른 것으로 판단된다. 이렇게 해서 영국정부는 서울주재 영국총영사관과 북경주재 영국공사관을 통해서 조선정부가 창설하는 해군사관학교에 좋은 고용조건으로[6] 군사교관을 파견하게 되었다.

---

4)『舊韓國外交文書』卷13(英案), 문서번호 920호, 492쪽.

5)『舊韓國外交文書』卷13(英案), 문서번호 924호, 495~496쪽.

6) 이 계약조건은 당시 練武公院에 파송되어 육군 군사교육을 담당했던 미국인 Dye 장군(연봉 5,000불)과 일반 교관(대령급 연봉 3,000불)의 고용계약조건과 비교하여도 손색이 없는 조건이다.(李光麟,「美國 軍事教官의 招聘과 練武公院」,『韓國開化史研究』, 189쪽)

2. 조교관의 고용계약 조건

조선정부의 기록에서는 조교관을 '海軍敎師幇敎習'이라 표기하고 있는데, 이것은 교관의 보조역이라는 뜻이다. 조교관 고용계약서 초안은 두 영국 군사교관이 조선에 도착한 후인 1894년 7월 6일에야 서울 주재 영국총영사관이 조선정부 교섭통상사무 趙秉稷에게 외교문서를 보내면서 동봉해 왔다. 이 외교문서에는 英文本도 유첨되어 있는데, 두 계약서의 전문은 다음과 같다.7)

海軍敎師幇敎習合同稿

擬立水師幇敎習合同稿

1. 延訂克智司 充當朝鮮水師海防學堂幇敎習
2. 海防敎習延定日期 自來朝鮮之日起 以年爲限
3. 該幇敎習薪水 每月計 日本洋(或英洋)一百五十元 每月由朝鮮海關給發
4. 朝鮮海關總稅務司 接奉關文 卽按月將薪水照數給發 由敎習轉給幇敎習領收
5. 該幇敎習到朝鮮之日 須由朝鮮政府豫備合式住房 爲該幇敎習起居之所
6. 該幇敎習到朝鮮之日 由朝鮮政府卽付盤費四百五十元
7. 合同期滿之日 由朝鮮政府付該幇敎習回國盤費四百五十元
8. 如合同日期未滿 朝鮮政府或欲將幇敎習無故辭退 未先會同英總領事議妥須將該幇敎習兩年薪水給回國盤費照數付足 倘該幇敎習有意違背朝鮮政府之明令 或故生事端 或合同期限未滿 自行辭退 該薪俸自應卽行停撥 由回國盤費四百五十元 應由朝鮮政府發給
9. 該幇敎習到朝鮮立合同後 須聽水師敎習約束調度 如幇敎習有與朝鮮官府商辦等事 均由敎習辦理 凡水師事務 無論在岸在海 皆須

7)『舊韓國外交文書』卷13(英案), 문서번호 1033호, 548~550쪽.

盡心教導 除禮拜停公日外 不得廢弛

10. 該幫教習到朝鮮後 伙食及患病醫藥等費 皆其自備

11. 合同繕錄兩分 該幫教習與朝鮮通署各執一紙

同上英譯

WARRANT OFFICER'S CONTRACT

'Translation'

1. Mr. Curtis has been engaged as Assistant Instructor in the Corean School of Maritime Defence.

2. The said Assistant Instructor is engaged for a period of two years from the date of his arrival in Corea.

3. The salary of the Assistant Instructor is fixed at $150 per menses in Japanese yen or Mexican dollars which will be paid every month by the Corean Maritime Customs.

4. The Chief Commissioner of Customs has received instructions to this effect and will pay the said amount monthly to the Naval Instructor for transmission to the said Assistant Instructor.

5. Upon arrival in Corea of the said Assistant Instructor suitable house accommodation will be provided for him.

6. Upon the day on which the said Assistant Instructor arrives in Corea the Corean Government will pay him the sum of $450 for passage money.

7. Upon the day which this contract expires the Corean Government will pay to the said Assistant Instructor the sum of $450 as return passage money.

8. Should the Corean Government wish to dispense with the services of the said Assistant Instructor before the expiration of the Agreement without just cause being shown to the satisfaction of H.B.M' Consul General they shall pay to the said Assistant

Instructor his salary for the first two years together with the return passage money. If, however, the said Assistant Instructor should be wilfully disobedient or be guilty of disorderly conduct, or if he should voluntarily resign before the expiration of the period specified in his contact, his salary will immediately cease but the Corean Government will pay him $450 on account of return passage money.

9. Upon the arrival of the said Assistant Instructor in Corea and after the negotiation of this agreement, the said Assistant Instructor still be under the direction and control of the Naval Instructor. The Assistant Instructor shall not have any direct communication with the Corean authorities : all his official communication shall pass through the Naval Instructor.

He will be required to perform his educational duties consecutively, whether on sea or on land and with the exception of Sundays, when he will do no work, will not relax his efforts.

10. The said Assistant Instructor shall be expected to provide his own maintenance and his own medical attendance with medicines in case of sickness.

11. This contract is drawn up in duplicate, one copy being retained by the Assistant Instructor and the other by the Foreign Office.

President of Foreign Office
H. M′ Consul General
Assistant Instructor

조교관 고용계약서[8)]

---

8) 조교관 고용계약서는 '준사관 계약서(Warrant Officer's Contract)'로 표기되어 있다. 이것은 조선정부가 '준사관'이라는 해군 용어의 개념을 인식하지 못하고 있음을 보여준다.

'번역문'

1. 커티스 씨를 朝鮮水師海防學堂 조교관으로 고용한다.
2. 상기 조교관은 조선 도착일로부터 2년간 고용한다.
3. 조교관의 봉급은 매월 일화 또는 멕시코 금화 150불로 하고, 조선해관이 매달 지불한다.
4. 조선해관 총세무사는 이에 대한 지시를 받고 매달 교관에게 상기 금액을 지불하여 조교관에게 전달한다.
5. 상기 조교관이 조선에 도착하면 거주시설을 제공한다.
6. 상기 조교관이 조선에 도착하면 조선정부는 그에게 부임여비 450불을 지불한다.
7. 이 고용계약이 종료하면 조선정부는 상기 조교관에게 귀국여비 450불을 지불한다.
8. 영국총영사의 만족함이 없이 계약 종료 이전에 조선정부가 상기 조교관의 근무를 해지하고자 하면 귀국여비와 함께 2년분의 봉급을 상기 조교관에게 지불한다. 만일 상기 조교관이 고의적으로 위반하거나 또는 치안문란의 행위를 범하거나 또는 만일 그의 계약기간 종료 전에 자의로 사임하고자 하면 그의 봉급은 즉시 중지되고, 그러나 조선정부는 그의 귀국여비 450불은 지불한다.
9. 상기 조교관이 조선에 도착하고 계약협상 이후에 상기 조교관은 해군교관의 지시와 통제를 받는다. 조교관은 조선정부 관계기관과 직접 연락하지 않고, 모든 공식적인 연락은 해군교관을 통한다. 그는 일요일을 제외하고 해상이거나 또는 육상이거나 계속적으로 그의 교육근무를 수행하여야 하며, 그가 근무를 하지 않고자 할 때에도 그는 그의 노력을 줄이지는 않는다.
10. 상기 조교관이 조선에 도착한 이후 자신의 부양비와 질병에 걸렸을 경우 치료비와 의약품비는 자비 부담한다.
11. 이 계약서는 두 부를 작성하여 한 부는 조교관이 보관하고, 나머지 한 부는 조선정부 외부가 보관한다.

외부독판
영국총영사

조교관

교관단 일행이 조선에 도착하고 2개월 이상 지나서 작성된 이 계약서에는 조교관의 이름이 한문으로 '克智司'로 표기되어 있다. 고용계약서가 조선정부 대표 교섭통상사무 조병직에게 전해지자 조선정부에서는 7월 16일자로 계약서에 서명을 하고 다시 영국총영사관에 이를 외교문서로 보냈다.[9] 영국정부와 조교관의 고용계약 체결이 이렇게 지연된 이유는 미상이나, 이미 교관 고용계약이 합법적으로 체결되어 있었고 이들도 이미 조선에 도착하여 강화 해군사관학교에서 군사교육을 실시하고 있었기 때문에 독촉을 하지 않았기 때문이 아닌가 한다.

조교관의 고용계약서에 따르면 계약기간은 조선에 도착한 날로부터 만 2년, 봉급은 멕시코 금화 150불(일화 150원)을 조선해관에서 매월 지급하고 부임과 귀국 여비로 각각 멕시코 금화 450불(일화 450원)을 지급하고 관사를 제공하게 되어 있었다. 나머지 고용조건은 교관의 고용조건과 거의 비슷하다.

조선정부가 이 고용계약서에 날인하여 영국총영사관에 보낸 것은 1894년 7월 16일이니 이 때까지 강화 해군사관학교에서는 정상적인 군사훈련이 실시되었음을 알 수 있다. 그러나 이 날 이후 舊韓國外交文書뿐만 아니라 海關文書에도 이들 두 영국해군 군사교관에 관련된 기록은 전무하다. 따라서 기록상 조선정부가 두 영국 교관에게 지불한 돈은 Callwell 대위에게 부임여비로 준 700원이 유일하다. 조선정부의 기록이 유실되어 전해오지 않는 것인지, 아니면 청일전쟁으로 인해 조선정부가 이들에게 봉급을 지급하지 못한 것인지 여하간 관련 기록이 없다. 이에 비해 당시 鍊武公院에 교관으로 근무했던 미국 군사교관단과 조선정부에 고용된 외국인 고문들에게 지급된 봉급과 여비는 해관문서에 소상히 기록되어 있다.

9) 『舊韓國外交文書』 卷13(英案), 문서번호 1036호, 551~552쪽.

3. 영국정부의 군사교관 추천

1) 교관 William H. Callwell 해군대위의 선발

양극 외교문서를 보면 영국 외무성이 조선에 파견할 해군 군사교관 추천을 해군성에 의뢰하고 선발에 고심한 흔적이 역력하다. 이미 영국 정부는 일본해군에 1867년 Richard E. Tracy 해군중령[10]을 단장으로 하는 17명의 제1차 군사고문단을 파견하고,[11] 1873년 Archibald L. Douglas 해군중령을 단장으로 하는 34명의 대규모 제2차 군사고문단을 파견한 바 있다. 또한 1879~1890년까지 청국의 북양함대에도 Lang 해군대령을 파견하였었다. 그러나 조선에는 적어도 고급장교를 파송할 의사를 갖고 있지 않았다. 이러한 점은 1893년 6월 15일 북경주재 공사 O'Conor가 본국 외무성에 보고한 보고서에서도 명백하게 드러난다. 그는 이 보고서에서 "여러 가지 이유로 연령 30세에서 35세 사이의 대위급이 중령이나 그 이상의 사관급보다 좋을 것으로 생각한다."(*I consider, for various reasons, that a Lieutenant between the age of thirty and thirty five would be better than a Commander or other superior officer.*)라고[12] 보고하고 있다. 여기에서 '여러 가지 이유'란 일본과 청국을 의식한 표현으로 보이는데, 이 같은 의견은 외무성을 통해 해군성으로 전달되어 위관급 장교로서 퇴역한 후보자를 물색하기에 이르렀다.

영국 해군성이 퇴역사령관 출신인 John Teesdale Hardinge에게 조선에 파견할 교관 추천을 의뢰한 것은 1893년 5월 16일자였다.[13] 해군성이 외무성으로 보낸 답신을 보면, 이 때까지만 해도 파견 교관의 직

---

10) 1898년 11월 29일 해군대장으로 승진.

11) 篠原宏, 『海軍創設史 - イギリス軍事顧問團の影 - 』, 東京 : (株)リプロボ-, 1986, 40~41쪽. 부단장 Arthur K. Willson 해군소령.(영국해군에 복귀하여 후일 艦隊長官 및 海軍卿 역임)

12) F.O. 17/1170, 265쪽.

13) F.O. 17/1170, 191쪽.

급에 대한 구체적인 언급은 없이 적임자의 추천만을 Hardinge에게 이미 요청해 두었다고 되어 있다. 그러나 적임자를 찾는 일은 그렇게 용이하지 않았다. 영국 해군성으로서는 30~35세 전후의 연령에 대영제국 해군의 자부심을 보여줄 수 있는 퇴역장교를 원했으나 희망자들은 대개 50세를 넘긴 경우가 많아 위관급 적임자를 선정하는 데 많은 시일이 소요되었다. 게다가 영국과 조선 정부 간의 연락은 영국 외무성 → 해군성 → 외무성 → 북경주재 영국공사관 → 서울주재 영국총영사관을 경유하였기 때문에 통신에도 많은 시일이 소요되었다. 그 동안 조선정부에서는 서울주재 영국총영사관을 통해 교관의 파견을 재촉하고 있었다. 조선정부는 이미 교관 고용계약서 수정안도 수락했고, 영국정부가 추가로 제안한 조교 동행안도 수락한다고 7월 11일자 서울주재 영국총영사관에 공문으로 통고한 바 있었다.[14] 그럼에도 영국에서 해군 퇴역장교 가운데 적임자를 찾지 못해 교관 파견이 계속 지연되고 있었다. 1893년 10월 4일자 북경주재 O'Conor 공사는 외무성으로 보낸 비밀전문에서 조선정부가 "매우 애타게 교관의 도착을 고대하고 있고, 강력하게 취임을 독촉하고 있다."(*Naval Instructor for Corea. Gov't presses for arrival of Strongly urges compliance.*)고 알렸다.[15] 이 電文은 즉시 해군성에 전달되었다.

드디어 1893년 10월 4일 영국 해군성은 적임자로 William H. Callwell 예비역 해군대위를 선발하여 이를 외무성에 통고하고,[16] 10월 13일 이 사실을 북경주재 O'Conor 공사에게 비밀전문으로 알렸다.[17] 한편 Callwell 대위 본인이 외무성으로 조선 해군사관학교 교관직 수락서를 보낸 것은 10월 12일이다.[18] 조선정부가 영국정부에 해군 군사교관 파견을 요청한 지 9개월 만에 적임자가 선정된 것이다. 그가 해군

14) 『舊韓國外交文書』 卷13(英案), 문서번호 제924호, 495~496쪽.
15) F.O. 17/1170, 275쪽, Telegram No. 43.
16) F.O. 17/1170, 279쪽.
17) F.O. 17/1170, 293쪽.
18) F.O. 17/1170, 287쪽.

성의 지시에 따라 외무성에 제출한 친필 취임수락서 全文은 다음과 같다.

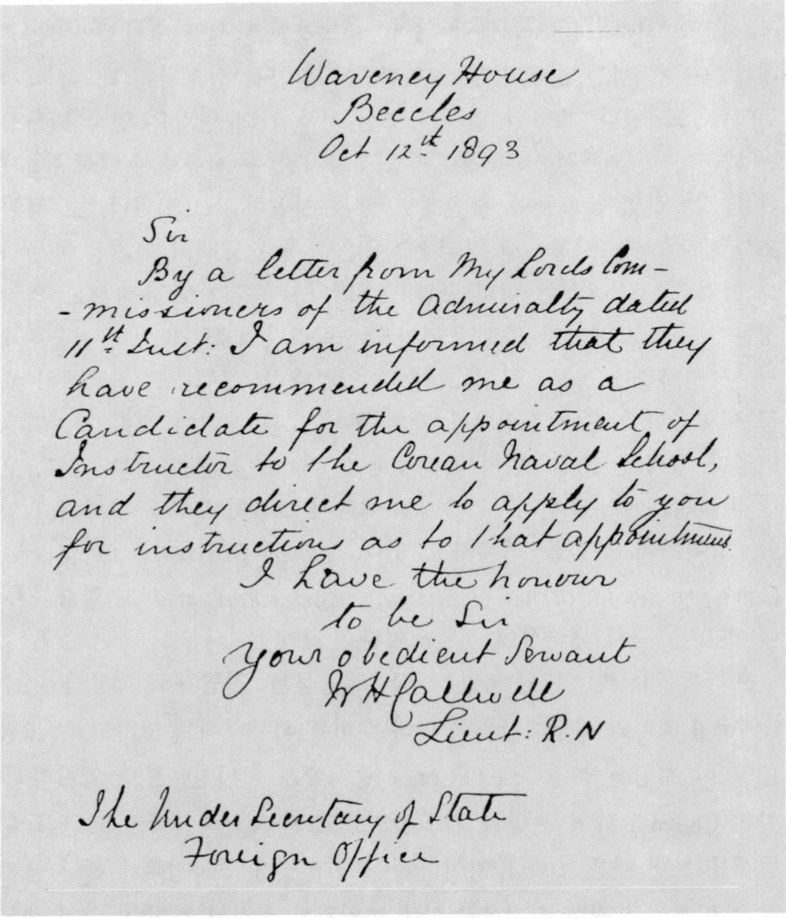

Waveney House
Beecles
Oct 12th 1893

Sir
By a letter from My Lords Com-
-missioners of the Admiralty dated
11th Inst: I am informed that they
have recommended me as a
Candidate for the appointment of
Instructor to the Corean Naval School,
and they direct me to apply to you
for instructions as to that appointment.
I have the honour
to be Sir
Your obedient Servant
W H Callwell
Lieut: R.N

The Under Secretary of State
Foreign Office

<사진 3> 1893년 10월 12일자 Callwell 대위가 외무성에 보낸 친필 교관취임 수락서

Waveney House
Beecles
Oct. 12th 1893

Sir,

By a letter from My Lords Commissioners of the Admiralty dated 11th Inst : I am informed that they have recommended me as a Candidate for the appointment of Instructor to the Corean Naval School, and they direct me to apply to you for instructions as to that appointment.(이 달 11일 해군성 장관으로부터 온 서신에 의하여 제가 조선 해군사관학교 교관 후보자로 추천되었음을 알려드리며, 이 지명에 의한 교관직 신청을 貴省으로 하라는 지시를 받았음을 알립니다.)

I have the honour
to be sir
Your obedient Servant
W. H. Callwell
Lieut. R.N.

The Under Secretary of State
Foreign Office

Callwell 대위가 이 수락서를 외무성에 제출하자 해군성에서는 조교관으로 포술 준사관 출신 William Newill을 추천하였다. 그러나 그를 직접 면담해 본 Callwell 대위는 그의 나이가 56세라 부적합하다고 하면서 자신에게 조교관 선발권을 부여해 줄 것을 요청하는 한편, 적임자를 물색하기 위해 군함 H.M.S. Excellent호를 방문하는 것을 허락해 주도록 해군성에 요청했다.[19] 이후 그는 함께 조선으로 갈 조교관 선발에 전념하여 적임자로 39세의 현역 포술 준사관인 William Barrett[20]를 지명했다. 그러나 영국 해군성이 그의 예편을 거부한데다[21] 요구조건도 많아 무산되었다. 해군성이 제시한 Barrett 준사관에 대한 조건은, 일단 예비역 자격으로 조선에 갔다가 귀국 후 다시 원대 복귀한다

19) F.O. 17/1170, 300쪽, dated on 21st Oct. 1893.
20) F.O. 17/1170, 309쪽, dated on 5th Nov. 1893.
21) F.O. 17/1170, 314쪽, Admiralty to F.O. dated on 9th Dec. 1893, 321~324쪽.

는 것으로, 조선 근무기간에는 영국해군이 지급하는 모든 혜택이 상실된다는 것이었다. 이에 Callwell 대위는 다른 적임자를 찾아나섰고, 해가 바뀐 1894년 초에야 새로운 적임자로 John W. Curtis[22]를 선발하게 되었다. 이들 두 영국인은 각자 부인을 동반하고 1894년 3월 3일 영국을 출발하여 조선으로 향했고, 이 사실은 즉시 서울주재 영국총영사관을 통해 조선정부 독판교섭통상사무 趙秉稷에게 통고되었다.[23]

서울주재 영국총영사관은 1894년 3월 15일자로 독판교섭통상사무 조병직에게 외교공문을 보내, 이들 해군사관학교 군사교관이 4월 15일경 조선에 도착할 것이며 이미 조선정부와 체결한 고용계약서 제5조에 따라 조선정부는 조선해관 총세무사에게 이들의 봉급을 매달 지급하라는 훈령을 정식으로 내려줄 것을 요청하였다.[24] 이 공문을 통해 처음으로 영국정부가 파견하는 군사교관이 예비역 해군대위 Callwell(賈禮)과 예비역 포술하사관 Curtis(克智司)라는 사실이 조선정부 측에 알려지게 되었다.

영국의 두 교관이 조선정부가 강화 성내에 마련해 준 숙소에 여장을 풀고 나자, 서울주재 영국총영사관에서는 외교문서를 보내 부임한 교관 Callwell 대위가 독판교섭통상사무대리 金鶴鎭에게[25] 5월 11일 오전 11시 반에 부임신고를 하게 될 것이라고 알렸다.[26] Callwell 대위가 조선에 도착하고 나서 한 달 가까이 된 시기였다. 부임신고가 이처럼

---

22) 필자는 이 하사관의 이름을 'James Curtis'로 밝힌 바 있었다.(金在勝, 『近代韓英海洋交流史』, 인제대학교출판부, 1997. 5 ; 「江華 海軍士官學校와 英國人 海軍 軍事敎官」, 『海洋戰略』 95, 해군대학, 1997. 6 ; 「江華島 海軍士官學校」, 『制海』 52, 해군사관학교, 1998. 9) 이는 영국 국방성 자료실(Department Record Office, Ministry of Defence, Bourne Avenue, Hayes, Middlesex, UK)의 기록관 Lesley A. Moore 여사가 1997년 2월 12일자 회신에서 알려준 것이나, 영국 외교문서에서는 'John W. Curtis'로 밝혀져 이를 정정한다.

23) 『舊韓國外交文書』 卷13(英案), 문서번호 990호, 527~528쪽.

24) 『舊韓國外交文書』 卷13(英案), 문서번호 990호, 527~528쪽.

25) 그는 독판 조병직의 후임으로 1894년 4월 25일자 督辦署理交涉通商事務에 취임했다. 『舊韓國外交文書』 卷13(英案), 문서번호 1005호, 533~534쪽.

26) 『舊韓國外交文書』 卷13(英案), 문서번호 1011호, 536쪽.

지연된 것은 두 교관의 초청 담당부서인 교섭통상사무 독판이 조병직에서 1894년 4월 25일 金鶴鎭으로 교체된 데 이유가 있는 것으로 보인다.

강화읍에다 여장을 풀고 조선생활을 시작한 영국인 군사교관은 매일 조랑말을 타고 갑곶진에 있는 해군사관학교로 가서 사관생도들에게 기초 군사훈련을 실시하였다.[27] 당시 사관생도들은 이미 1893년 9월부터 영국인 Hutchison으로부터 영어교육을 받고 있었다. 따라서 생도들은 근 8개월간 받은 이 영어교육을 바탕으로 Callwell 대위와 Curtis 하사관으로부터 군사교련을 받는 데 별로 지장을 받지 않았던 것으로 보인다.

예컨대 Callwell 대위는 그의 논문 「朝鮮의 한 要塞」에서 사관생도들의 우수성에 대해 "그들은 상당히 총명해 보였고, 교련도 아주 빠르게 향상되었다."(*They may be considered fairly intelligent, and pick up drill pretty quickly.*)[28]라고 표현하고 있다. 또 필자가 발굴한 강화해군사관학교 생도들의 훈련광경 사진을 보아도 짧은 기간의 군사훈련이었지만 Callwell 대위가 만족할 만한 수준이었음을 짐작할 수 있다. 반면 조선 관리들의 무능과 부패는 서구 자본주의 사회에서 성장하고 대영제국 해군장교로 근무했던 그에게 큰 실망을 안겨주었다.

어쨌든 이 생도들이 영국해군 군사교관으로부터 근대식 해군교육을 이수하고 청년장교로 임관되었더라면 조선은 개화로 가는 길목에서 유용한 인재들을 확보할 수 있었을 것이나, 조선을 식민지로 만들기 위해 암약한 일본의 책동으로 끝내 결실을 보지 못한 것은 우리 나라 근대사의 큰 비극이 아닐 수 없다.

2) 조교관 선발을 위한 William H. Callwell 대위의 활약

27) 이들에게 조랑말이 지급되었다는 사실은 『畿甸 江華 營事例』에 수록되어 있고, 사료 값도 강화부 예산으로 편성되어 있다.

28) William H. Callwell, "A Corean Fortress", *The Morning Calm* Vol. 10 No. 79, Feb. 1899, 23쪽.

조선정부가 영국정부에 요청한 군사교관의 초빙문제가 구체화되고 있던 1893년 7월, 영국총영사관이 교관을 보좌할 조교관을 한 명 더 채용할 것을 먼저 제의했다는 것은 이미 지적한 바 있다. 7월 12일자 영국총영사 Hillier가 북경주재 O'Conor 공사에게 보낸 보고서에 보면 "조선정부가 준사관 한 명을 더 추천해 줄 것을 희망하고 있다."(…… *the Corean Government are desires of engaging, and also to recommend that the officer selected should be authorised to engage the services of a warrant officer to assist him.*)[29]라고 되어 있는데, 조선정부도 처음에 영국 군사교관 파견을 요청할 때 1~2명의 해군장교 파송을 원했기 때문이다. 이에 따라 조교관의 추가 고용문제가 협의되었는데, 당시 조선정부가 제시한 고용조건은 O'Conor 공사가 본국 외무성에 보낸 8월 2일자 보고서에 따르면, 월급은 매월 150불(20파운드), 부임 및 귀국 여비로 900불(120파운드)이 제시되었다.[30] 이 때 조교관으로 요청한 직급은 준사관(Warrant Officer)이었다. 그러나 당시는 교관도 아직 선정되지 않은 상태였기 때문에 조교관 선정작업은 Callwell 대위가 1893년 10월 12일 영국 외무성에 교관 취임을 수락한 직후에 착수되었다. 즉 조교관의 선정이 지연된 것은 교관 선정이 늦어지고 또 선정된 교관의 의견을 듣고 선정하고자 했던 영국 해군성의 의사에 따른 것으로 짐작된다.

교관 Callwell 대위는 취임 수락 즉시 조교관 선정에 착수했는데, 자신의 해군사관학교 친구와 선후배들에게 많은 편지를 보내 적임자의 추천을 요청했다.[31] 1893년 10월 당시 그의 해군사관학교 동기생들은 대개 중령에서 대령 급까지 진급하여 현역에 근무하는 고급장교가 많았고, 그는 이미 현역에서 전역한 지 12년이나 지나 준사관 급에 대한 정보가 없었기 때문이다. 그로서는 장기간 조선에서 함께 생활을 해야

---

29) F.O. 17/1170, 245쪽.
30) F.O. 17/1170, 242쪽.
31) F.O. 17/1170, 349~350쪽, a letter to Mr. Wylcle, the Admiralty on 19th Dec. 1893.

하기 때문에 호흡도 잘 맞고 航海學에도 능력을 갖춘 준사관을 희망했을 것이다.

1893년 10월 18일 영국 해군성이 처음 외무성으로 추천한 인물은 준사관 William Newill로,[32] 10월 21일에 교관 내정자 Callwell 대위에게도 이 사실을 통고했다.[33] 이 날 그는 해군성에 편지를 보내 예비역 준사관으로 적임자를 찾기가 어려울 것이라면서 Portsmouth에 가서 직접 Newill을 만나보겠다는 뜻을 전했다.[34] 이를 위해 해군성 Wylecle에게 군함 Excellent호를 방문하여 그를 만나 면담할 수 있도록 허락해 줄 것을 요청했다.[35] 이 요청에 따라 해군성은 Portsmouth 항 해군사령관에게 그에게 편의를 제공해 줄 것을 지시했다.[36] 그런데 당시 현역으로 있던 Newill은 포술(Gunner) 준사관으로 퇴역을 준비하고 있던 인물로 42세의 Callwell 대위보다 14년이나 연상이었다. Callwell 대위는 그를 조교관으로 동행하고 조선에 가서 지휘하기에는 아무래도 어려움이 있다고 판단하여 부정적인 생각을 가지고 있었다.

군함 Excellent호에 가서 Newill을 직접 만나 본 Callwell 대위는 11월 5일자로 해군성에 다음과 같은 보고편지를 보냈다. Newill은 56세로 해군성이 전역시켜 주면 조교관직을 수락하겠다고 하였지만 항해술(Navigation)에 전혀 지식이 없어 예상대로 적임자가 아니다. 대신 Excellent호에서 다른 적임자로 William Barrett를 찾아냈는데, 그는 현역으로 해군성에서 전역을 허락해 주면 조교관직을 수락하겠다고 하면서 월급은 95파운드(미화 712.5불)를 요구한다고 알렸다.[37] 따라서 William Barrett는 Callwell 대위가 직접 선정한 인물이었다. 그런데 몇 가지 문제가 생겼다.

즉, 해군성이 12월 9일자 외무성으로 보낸 공한에서 해군복무규정에

32) F.O. 17/1170, 295~296쪽.
33) F.O. 17/1170, 298~299쪽.
34) F.O. 17/1170, 300쪽.
35) F.O. 17/1170, 304~305쪽.
36) F.O. 17/1170, 308쪽, Admiralty to F.O. dated on 30th Oct. 1893.
37) F.O. 17/1170, 309~310쪽.

따라 50세 이하의 현역은 전역할 수 있으며, 그가 자진전역을 하게 될 경우 해군 연금기금에서 주는 어떠한 보상(퇴직금과 연금)도 조선에서 근무하는 동안은 포기해야 한다고 알려온 것이다. 동시에 현재 39세인 Barrett가 조선에서 근무를 마치고 귀국하는 대로 현역으로 복귀하는 조건을 받아들인다면 수락할 수 있다고 통고하면서[38] 이러한 조건을 교관 내정자 Callwell 대위에게도 알려줄 것을 요청했다.

Callwell 대위는 조교관으로 그를 꼭 동행하고 싶어했던 것으로 보인다. 그는 Barrett와 자주 편지로 연락하면서 해군성, 외무성과 서울 주재 영국총영사관 Hillier 총영사와도 많은 의견을 나누었다. Barrett는 Callwell 대위에게 보낸 12월 12일자 편지에서, 해군성이 원대복귀와 조선에서 근무하는 동안은 해군으로부터 어떠한 보수도 받지 않는다는 조건으로 잠정 전역을 수락하겠다고 하니, 다음 조건을 조선정부가 수락하면 조교관으로 함께 동행하겠다며 협조를 요청했다.

① 연봉은 450파운드(미화 5400불)
② 자신과 자기 부인의 부임 및 귀국 편은 1등석으로 하고, 부임여비는 사전에 지불할 것.
③ 월급은 계약서 서명일로부터 지불할 것.
④ 영국을 출발하기 전에 2개월분 급료를 선불할 것.

그리고 자신이 조선으로 떠난 후 자녀들은 영국에 남아 생활해야 하므로 연봉 450파운드는 무리한 요구가 아니라고 덧붙였다.[39] 이 요구조건은 조선정부가 제시한 연봉과는 너무 차이가 있었다. 즉, 조선정부가 영국 측에 제시한 조교관의 연봉은 240파운드(미화 1800불)에 부임 및 귀국 여비 120파운드(미화 900불)로, Barrett는 그 두 배를 요구한 것이다. 이에 Callwell 대위는 준사관으로는 고용이 불가능할 것으로 판단하고 하사관(Petty Officer) 급으로 하향 조정하여 선정하기로 작

38) F.O. 17/1170, 321~324쪽.
39) F.O. 17/1170, 337~338쪽.

정하고 이 사실을 12월 22일 외무성에 통고했다.[40] 먼저 자신의 생각을 이미 해군성 Wylecle 씨에게 알렸음을 밝히면서, 조교관을 준사관급에서 하사관급으로 낮추고, 연령은 40세 정도의 예비역 출신 중에서 선정하는 것이 좋겠으며, 이것은 조선정부가 제시한 고용조건 때문이라는 설명을 덧붙였다. 그리고 이 하향 조정 건에 대해 조선정부의 의향을 타진해 줄 것을 서울주재 Hillier 총영사에게도 요청했다. 또 그는 12월 29일자 해군성으로 보낸 서한에서, Hammond 해군대령이 다시 Portsmouth에 가서 새 후보자를 물색할 것을 제의했다고 하면서 영국 해군에서 준사관이 받는 봉급은 연봉 160파운드(미화 1200불) 수준이므로 조선정부가 제시한 240파운드(미화 1800불)는 적은 것이 아니라고 했다.[41]

영국 외무성은 1894년 1월 1일자 해군성 T. Sanderson 경에게 보낸 公翰에서 서울주재 Hillier 총영사도 Callwell 대위의 선택에 대해 조선정부도 만족해할 것이라고 하였음을 알렸다. 이에 조선으로 파견할 조교관은 예비역 포술 하사관 중에서 선발하기로 합의가 이루어졌다.[42] 그리하여 Callwell 대위는 하사관급 조교관을 물색하기 위해 해군에 근무하고 있는 친구들에게 편지를 쓰기도 하고 직접 찾아나서기도 했다. 이렇게 어려운 과정을 거쳐 1894년 1월에 그가 선발하여 해군성과 외무성에 추천한 인물이 John W. Curtis 하사관이었다. 따라서 조교관을 준사관에서 하사관 급으로 계획을 바꾼 것은 전적으로 Callwell 대위의 노력이며, 이는 조선정부가 제시한 고용조건을 충족시키기 적절한 선택이었다. 이 조교관 선발 과정을 통해 Callwell 대위의 인품과 대영제국 해군사관학교 출신의 장교로서 책임감도 함께 엿볼 수 있다.

이렇게 하여 조선정부가 고용계약 조건을 영국정부에 제시한 지 7개월 만에 두 군사교관이 선정되었고, 이들은 1894년 3월 3일 각자 부인을 동반하고 큰 희망을 안고 영국을 출발했다.

---

40) F.O. 17/1170, 340~341쪽.
41) F.O. 17/1170, 348~350쪽.
42) F.O. 17/1170, 351~352쪽.

3) 영국 해군장교로서의 William H. Callwell 대위

영국 해군장교 William H. Callwell 대위는 1851년 5월 2일 북아일랜드 Antrim 市 명문가에서 출생하여 1865년 3월 24일 명문가 자제들이 입교하는 해군사관학교에 입학하였다.[43] 1867년 1월 25일 유년사관(Naval Cadets) 과정을 수료하고, 1867년 1월 26일 사관생도(Midshipman) 과정을 거쳐 1871년 7월 26일 영국 해군사관학교를 졸업하였다. 1871년 8월 13일 해군 장교시험에 합격하여 8월 14일에 해군중위로 임관했다.(당시 영국해군에는 소위 계급이 없었다) 그야말로 정통 코스를 밟은 해군장교다.

군함 H.M.S. Cadmus호에서 함상 근무를 시작한 그는 1874년 4월 5일 군함 H.M.S. Curlew호(774톤, 811마력, 砲艦)를 비롯하여 H.M.S. Royal Adelaide호, H.M.S. Vistory Emanuel호, H.M.S. Modeste호 등 여러 군함에서 초급장교로 복무하였다.

1875년 10월 15일에는 대위로 진급하여 중국주둔함대(China Squadron) 배속 군함 H.M.S. Curlew호(함장 Edmund J. Church 중령) 副長으로 발령받아 9개월간 근무하면서 처음 동양세계를 경험하였다. 군함 H.M.S. Curlew호는 이미 그가 중위 시절인 1874년 4월 5일에 근무한 경험이 있던 군함으로, 1874년 12월 1일자 홍콩주둔 중국함대로 배속되자[44] Edmund J. Church 함장의 발탁으로 전출되어 온 것으로 보인다. 이렇게 전도 유망하던 청년장교인 그가 어떤 연유인지는 알 수 없으나 1876년 7월 11일 영국해군 현역(Active)에서 예비역(Reserve)으로 전역했다.[45]

---

43) 영국 해군사관학교의 입학 연령이 13세에서 14세로 바뀐 것은 1851년 2월 20일부터였다.(A. B. Sainsbury, *The Royal Navy Day by Day*, UK Surrey : Ian Allen Ltd., 1992, 47쪽)

44) *The Royal Navy*, UK Royal Navy, 1876, 137쪽.

45) The Service History of William Henry Callwell, Royal Navy, 1851~1916, Research conducted at Ministry of Defence's Admiralty Library, London in Feb. 1999.

당시 영국 해군장교는 현역과 예비역으로 구성되어 있었는데, 전투 장교는 현역이 담당하고 교육훈련이나 수송 같은 비전투 분야는 예비역이 담당하였다. 예비역 장교는 일일 4펜스의 수당을 받았으며, 현역 소집과 예비역 편입을 반복하는 인사체제에 의해 예비역 장교도 진급이 되었다.

영국해군이 예비역 제도를 처음 시작한 것은 1859년 8월이다. 이 제도는 1년에 3~4회씩 본국으로 돌아오는 상선의 선원들을 유사시에 해군병력으로 활용한다는 데 그 취지가 있었다. 해군 예비역은 1년에 28일씩 훈련을 받고 수당도 받았으며, 유사시 현역소집에 응해야 하는 의무를 지고 있었다.[46] 이러한 특수한 해군편제는 당시 5대양 6대주를 지배하고 있던 영국해군으로서는 최선의 선택이었다.

그가 예비역 대위로 다시 영국해군에 복귀한 것은 현역에서 전역한 지 12년 만의 일이었다. 영국해군에 복귀한 후 1889년 3월 2일부터 5월 29일까지 3개월간 군함 H.M.S. Excellent호에서 어뢰 및 포술 교육을 받고, 1892년 2월 27일부터 4월 29일까지 2개월간 군함 H.M.S. Vernon호에서 역시 어뢰교육을 받았다. 1892년 7월 2일부터 9월 5일까지 2개월간은 군함 H.M.S. Alexandra호에서, 1893년 6월 20일에서 8월 26일까지 2개월간 군함 H.M.S. Anson호에서 연료 담당관으로 복무하여 현역 소집에도 응했다.

이렇게 그는 예비역 장교로 현역에 소집되어 교육 및 승선근무에서 예비역 장교 신분을 반복하다가 해군성의 추천으로 1894년 3월에 미지의 땅 조선으로 오게 된 것이다.

46) 『일본 · 영국 해군사』, 해군본부, 1997, 320쪽.

Ⅳ. 강화 해군사관학교의 출발

1. 사관학교의 명칭과 생도수

필자는 그 동안 강화 해군 군사교육기관을 오늘날의 해군사관학교와 같은 개념으로 볼 수가 있는가 하는 점에 대해 의구심을 가진 사람들로부터 질문을 많이 받았다. 현재 우리 근대사에서 이 학교에 대한 기록은 단편적인 것을 제외하면 거의 없고, 그나마 오류가 심해서 이 학교의 존재 여부에 대해서조차 부정적인 시각을 가진 사람이 적지 않다. 그 대표적인 오류가 Callwell 대위의 이름으로 우리 나라 각종 문헌에는 姓氏만 'Caldwell'로 기록되어 있다.[1)] 어쨌든 위와 같은 질문은 과연 당시 조선의 형편으로 해군사관학교라는 근대식 군사교육기관을 설치할 가능성이 있었겠느냐 하는 의구심에서 나온 것으로 보인다. 하지만 그 명칭으로 보아 이 학교가 근대식 해군장교를 양성하기 위한 교육기관이라는 점은 명백하다.

당시 조선정부 독판교섭통상사무(오늘날의 외무부와 통상산업부)가

---

1) 한국정신문화연구원에서 발행한 『대백과사전』과 『민족문화 대백과사전』, 『국사대사전』을 비롯하여 거의 대부분의 국내 근대사 문헌에는 '칼드웰(Caldwell)'로 표기되어 있다. 이것은 1904년 Horace N. Allen이 *Korea : Facts and Fancy, a Chronological Index of Foreign Relation of Korea from Beginning of Christian Era to 20th Century*를 서울 Methodist Publishing House에서 출판할 때 인쇄 誤植을 일으킨 때문이다. 이 문헌을 많은 국내 학자들이 아무 검증 없이 그대로 인용했기 때문에 혼란이 생긴 것이다.

<사진 4> 1894년 6월 말경 강화 해군사관 생도들의 군사훈련 광경
(사진 우측에서 영국 해군장교 白色禮服을 착용하고
지휘검을 손에 쥐고 있는 사람이 Callwell 대위)

영국정부와 체결한 해군 군사교관 고용계약서에는 이 학교가 '朝鮮水師海防學堂'[2]이라고 분명히 밝혀져 있다. 여기에서 朝鮮水師란 근대식 해군장교를 의미한다. 그리고 『舊韓國官報』에서는 統制營學堂[3] 또는 總制營學堂이라고 기록되어 있는데, 이는 아직 근대식 해군 개념이 보편화되지 못했던 시기라 舊制 호칭을 관습적으로 사용하고 있었던 데 기인한 것으로 보인다. 외국 기록의 경우에는 각양각색으로 기술되어 있는데, 모두 의미상 오늘날의 해군사관학교(Naval Academy)와 같은 개념으로 사용되고 있다.

영국 외교문서 기록에는 Corean Naval School,[4] School of Naval

2) 『舊韓國外交文書』 巻13(英案), 문서번호 제909호 「水軍教師의 應聘周旋要請 및 同雇聘合同擬稿의 送交事」(1893년 6월 1일자) ; 同附錄 「水軍教師雇聘合同」, 485~486쪽. 1867년 청국이 세운 해군사관학교의 명칭도 '水師學堂'이었다.

3) 『舊韓國外交文書』(清案 1), 문서번호 772호 「統制營學堂 設立費 調達에 관한 件」.

Cadets,[5] Royal Naval Academy, Royal Naval College,[6] 또는 School for Naval Cadets[7]로, 미국 외교 기밀문서에는 The Naval School[8]로 표기되어 있다. 한편, 당시 서울에서 발행했던 영문잡지 *The Korean Repository* 誌에서는 'The School for Naval Cadets(海軍士官候補生學校)'[9]로 보도하고 있다. 이러한 영문 명칭으로 짐작해 보건대 학교 설립의 기본목적은 근대식 해군을 편제하기 위한 해군 군사교육과 증기선식 군함에 승무할 사관을 양성하기 위한 군사교육에 있었음이 분명하다. 또 영국 성공회 주교 C. J. Corfe 신부[10]가 1893년 12월에 작성하여 *The Morning Calm* 誌 1894년 3월호에 투고한 기고문에는 다음과 같은 내용이 수록되어 있어, 당시 조선주재 영국인들이 이 학교를 Royal Naval Academy(王立海軍士官學校)로도 불렀음을 알 수 있다.

---

4) F.O. 17/1170, 196쪽.

5) F.O. 17/1170, 237~238쪽.

6) *The Morning Calm* Vol. 5 No. 45, March 1894. 이 잡지에서 Corfe 주교는 Royal Naval Academy로, Warner 신부는 Royal Naval College로 표기하고 있는데 모두 오늘날의 '해군사관학교'와 같은 개념으로 사용된 것이다. 영국에서 해군사관학교를 Naval College로 부르기 시작한 것은 1873년 1월 16일부터다.(A. B. Sainsbury, *The Royal Navy Day by Day*, 14쪽)

7) William H. Callwell, "A Corean Fortress," *The Morning Calm* Vol. 10 No. 75, Feb. 1899, 23쪽.

8) H. N. Allen, Legation of the United States in Seoul to Secretary of the State, dated on 16th Oct. 1893. Diplomatic Document No. 471.

9) Daniel Gifford, "Education in the Capital of Korea," *The Korean Repository* Vol. 3, July 1896, 286쪽. 원문 내용은 다음과 같다. "……*Mr. W. du F. Hutchison was engaged from fall of 1893 in teaching English upon the island of Kang Wha, between Chemulpo and Seoul, in connection with the school for naval cadets.*"(허치슨은 해군사관 생도와 관련하여 제물포와 서울 사이에 있는 강화도에서 영어를 가르치도록 1893년 가을부터 고용되어 있다.)

10) 강화도 僻地에 있는 William H. Callwell 대위와 John W. Curtis 하사관 두 영국인 군사교관을 물심 양면으로 크게 도와준 영국 성공회가 파견한 조선주재 주교신부로, 1890년 9월 29일 조선에 도착했다. 그도 前 영국해군 軍從神父 출신이라 이들과 특별히 가까웠던 것으로 보인다.

There was, therefore, much for us to talk over. Amongst the most interesting facts of the present and the possibilities for the future, is the recent establishment by the Corean Government of a large school in Kang Hoa - with a stone's throw of Mr. Warner's house. It is styled, rather grandly, Royal Naval Academy."[下線은 인용자]

그러므로 우리가 이야기했던 대로 현재 가장 흥미롭고 장래 가능성이 있는 일 가운데 하나가 조선정부가 강화－Warner 씨 집에서 돌을 던져 떨어질 만큼 가까운 거리에 설립한 큰 학교이다. 이 학교는 왕립 해군사관학교라 부르고 있다.[11]

이렇게 조선정부의 고용계약서에서는 '水師海防學堂'으로 표기되어 있고 외교문서와 구한국관보에는 '統制營學堂' 또는 '總制營學堂'으로 기록되어 있으나, 앞에서 설명하였듯이 이는 근대식 해군 창설을 준비하면서 통일된 용어가 없어 여러 가지를 혼용한 데서 나온 것이다.

그렇다면 강화 해군사관학교의 사관생도는 얼마나 되었을까? 이 사관학교에 대한 조선정부의 구체적인 기록이 없어 정확한 숫자는 알 수 없으나 대략적인 추산은 가능하다. 일본외교문서에는 사관생도 50명, 수병과정 500명으로 계획하고 있다고 기록되어 있고,[12] 성공회 조선교구 Corfe 주교의 보고서에도 약 50여 명이라고 했으나[13] 모두 좀 부정확한 숫자로 보인다. 우선 당시 練武公院의 육군사관 생도가 40여 명밖에 되지 않았다.[14] 일본공사관의 기밀보고에도 水兵 300명을 모집했다[15]는 보고가 보이는데, 일본공사관의 이 같은 부정확한 첩보는 그만

11) *The Morning Calm* Vol. 5 No. 45, March 1894, 34쪽.

12) 『日本外交文書』 卷26, 문서번호 221호 「朝鮮國海軍統禦營江華島ニ設置南陽灣ニ分營設置內定情報ノ件」(明治 26年 5月 4日字 참조).

13) *The Morning Calm* Vol. 5 No. 45, March 1894, 34쪽.

14) Palmer, Spencer J., *Korean-American Relations, Documents Pertaining to the Far Eastern Diplomacy of the United States, The Period of Growing Influence 1887~1895* Vol. Ⅱ, Berkeley & L.A. : Univ. of California Press, 1963, 145쪽.

큼 사관학교 설립이 비밀리에 추진된 국가사업임을 반증한다.

한편, 영국 군사교관이 도착하기 전 해군사관학교의 생도수를 알려주는 기록으로는 상기 C. J. Corfe 주교의 다음과 같은 기고문이 있다.

> *There are some fifty Corean youths of the better class, between the ages of 18 and 26, who are now living together under the charge of an Englishman, who, as head-master, is teaching them english. Most of these Corean schemes, as you know, seem doomed to failure. It is too soon yet to say what will be the outcome of this. But it has made a good start - the youths making excellent progress with their English.*
>
> 상급반은 50여 명의 조선 청년들로 나이는 18세에서 26세 사이인데, 현재 교장 자격을 갖고 그들에게 영어를 가르치는 영국인과 함께 기숙하고 있다. 여러분이 알고 있는 것처럼 대부분의 조선 계획들은 결국 실패할 것으로 보인다. 이 시도가 어떤 결실을 맺을지는 아직 단언하기 이르다. 그러나 영어로 청년들을 우수한 인재로 만드는 것으로는 출발이 좋다.[16)]

이 기록에 의하면 사관생도반(better class)은 50여 명으로 구성되어 있고 나이는 18~26세 사이다. 그런데 현재 확인된 사진에는 26명만이 보인다. 강화도 객지에 들어와 군사교육을 받는 양반자제들 가운데는 집단생활과 영어교육을 따라가지 못해 중도에 퇴교하는 사례도 일부 있었기 때문에 생도수가 여러 가지로 기록된 것이 아닌가 보인다.

전체적으로 보건대, 조선정부가 영국정부와 강화 해군사관학교 교관 초빙문제를 협상할 때 영국총영사관이 조선정부 대표 교섭통상사무 南廷哲에게 20~24명 정도로 시작할 것을 권유하고 있는 점(……*that*

---

15) 『日本外交文書』 卷26, 「朝鮮國海軍營設置ニ關聯シ次ノ一文書附記ス」(明治 26年 5月 4日字 참조).

16) C. J. Corfe's letter in December 1893, *The Morning Calm* Vol. 5 No. 45, 1894, 34쪽.

it was proposed to commence with twenty to twenty-four students of age ranging from fifteen to twenty years.),[17] 1894년 6월 말경 촬영된 것으로 보이는 군사훈련 광경 사진에 사관생도가 26명만 보인다는 점에서 강화 해군사관학교의 사관생도 수는 30명을 초과하지 않았던 것으로 봄이 타당할 듯하다.

2. 校舍의 준비

조선정부는 영국정부에 해군군사교관의 파송을 요청하여 1893년 5월 25일 고종을 알현한 북경주재 O'conor 공사의 호의적인 답변을 듣고 강화에 해군사관학교를 설립하기 위한 준비작업에 착수했다. 그리하여 1893년 6월 1일 독판교섭통상사무 南廷哲이 조선해관 총세무사 馬根에게 신축자금을 요청하여 1000원을 받았다는 것은 앞에서 설명한 바와 같다. 한편 조선정부는 교사의 신축자금만 지원하고 경상운영경비는 강화부 예산으로 지급했다는 것을 규장각 소장문서 『畿甸 江華 營事例』(1895년 3월경 작성)[18]를 통해 알 수 있다. 이 기록에는 1893~94년도의 지출내역이 자세히 기록되어 있는데, 사관학교 교육생뿐만 아니라 행정요원들의 군량미, 피복 및 교관 숙사 개축비용까지 상세히 기록되어 있다.

한편 강화 해군사관학교는 영국인 영어교사 Hutchison이 부임함과 동시에 바로 영어교육을 시작하였는데, Hutchison은 서울주재 영국총영사관이 조선정부와 영국해군 군사교관의 고용계약서 초안을 작성할 때부터 漢譯과 英譯을 보좌한 인물로서 일찍부터 영어교사로 내정되어 있었다. 따라서 이 학교의 개교는 그의 영어교육으로 시작되었다고 볼 수 있다.

1893년 가을부터 강화도에 주재하고 있던 성공회의 Warner 신부가

---

17) F.O. 17/1170, 217쪽, dated on 2nd June 1893.
18) 奎章閣 所藏, 문서번호 12182호.

<사진 5> 1893년 10월경에 촬영된 강화 해군사관학교 건물

서울주재 영국총영사관 Wilkinson 대리총영사에게 9월 초에 보낸 편지에는 강화 해군사관학교 신축 교사와 관사에 대한 전경이 기술되어 있어 그 규모를 짐작할 수 있다.

> *The island of Kanghoa is, as you are aware, formed by the bifurcation of the Han or Söul river some 25 miles north of Chemulpo. It forms one of the four fortress, guarding the approaches to the capital, and as such is surrounded by a crenelated wall. The entrance, or landing stage, nearest to Söul, is known as Kapkochi, and have the small river steamers stop to take up or set down passengers for the principal town, Kanghoa, some three miles inland. It is at Kapkochi that the buildings for the Naval School have been erected. The school proper is situated just inside one of the gates, while the house for the Instructor and his aides are built on the top of a grassy hill some two hundred yards*

above the school compound. In the latter enclosure are two newly built Corean houses, one "consisting mainly of a large maru(마루) a sort of enclosed verandah with wooden floor, not suitable for living in winter, flanked at either end by a small room of one Kang in size." [8 feet square] The other is a large straightly barrack like building divided into three fair-sized rooms, capable of holding comfortably about a dozen boys. "The two buildings are", says Mr. Yox, "of the roughest description", distinguishable only by their tiled roofs from the shankes in the neighbourhood. In the same compound a space of some 20 yards by 30 has been levelled, evidently for a drill ground.[19]

당신이 알고 있는 것처럼 강화도는 제물포에서 북쪽으로 약 25마일 떨어진 漢江 또는 京江의 분기점에 위치하고 있다. 이 곳은 네 개 요새의 하나로 수도로 진입하는 것을 경비하고 있고, 흙벽으로 둘러싸여 있다. 서울에서 가장 가까운 입구 또는 접안지는 갑곶진으로 알려져 있고, 약 3마일 내륙에 있는 邑都에는 강화행 승객이 타고 내리는 江上 소형 증기선이 다니고 있다. 갑곶진에는 해군사관학교 건물이 세워져 있다. 학교 본관은 성문 바로 안쪽에 위치하고 있으며, 교관과 조교용 관사는 교정에서 약 200야드 떨어진 푸른 언덕 위에 서 있다. 뒤에 동봉한 것은 최근에 세운 두 한식 건물로, 하나는 "나무판으로 둘러싸인 베란다 형식의 큰 마루로 되어 있어 겨울철에는 거주하기가 용이하지 않고, 양쪽 끝에는 한 칸 크기(사방 8피트)의 작은 방이 있다." 다른 하나는 적당한 크기의 방이 세 개로 나누어진 긴 막사처럼 생긴 건물로, 수십 명의 생도들을 안락하게 수용할 수 있다. 욕스 씨가 "대략적으로 설명하기를," 두 건물은 주위와 기와지붕만으로도 식별 가능하다고 한다. 같은 지역 내를 약 20~30야드 크기로 절개했는데, 분명히 훈련장용이다.

이 기록에 의하면 교사는 순 한식 기와건물로, 바닥에는 마루가 깔려 있고 좌우로 작은 방이 배치되어 있다. Callwell 대위가 1899년 *The*

19) F.O. 17/1170, 270~271쪽.

Morning Calm 지에 기고한 글에 게재된 사진의 건물이 바로 이것이다. 그리고 생도들이 거주하는 숙소는 긴 병영식 건물로 3칸으로 구성되어 있음을 알 수 있다. 또 약 200평 정도의 낮은 언덕을 절개해서 훈련장으로 사용하였음도 알 수 있다. 그 위치는 오늘날 강화읍 갑곶리 1062번지 일대다. 건물 뒤에는 야트막한 야산이 있고, 앞은 강화나루가 보이는 해변이다.

1998년 8월 6일 해군본부의 위촉을 받아 필자 일행 5명이 현장을 찾았을 때는 하절기라 야산의 숲이 울창하여 필자가 지참하고 간 본관 건물 사진과 대조하는 데 혼란을 겪기도 했으나 현장에서 기왓조각이 무수히 발견되어 이 곳이 강화 해군사관학교 자리임을 확인했다. 그리고 이번에 입수한 영국 외교문서에 수록되어 있는 기록을 통해 이 곳이 영국해군 군사교관단이 교육과 훈련을 했던 곳임이 재확인되었다.

3. 교관단의 館舍

한편 영국인 군사교관단이 거주했던 관사는 지금도 강화읍 관청리 250번지에 거의 원형 그대로 남아 있다. 초가지붕이 슬레이트 지붕으로 바뀌고 일부 개수된 곳이 있었지만 주춧돌과 기본 구조는 원형 그대로였다. 건물은 두 채가 'ㄱ'자형으로 배치되어 있는데, 기와집 건물에는 교관 Callwll 대위 부부가 기거하고, 초가 사랑채에는 Curtis 부부가 살았다. 주변은 얕은 야산으로 감나무가 무성하게 자랐고, 주위는 얕은 담장으로 에워싸여 있었다. 이들 영국인 교관 가족들은 이 집과 그 주변을 매우 흡족해하였던 것으로 보인다.[20)]

관사의 부지 면적은 약 3000여 평에 달하여 교관 부인들은 여기에 밭을 일구어 채소를 재배하고 가축도 길러 고기와 야채를 조달하였다.

---

20) *The Morning Calm* Vol. 8 No. 74, 1897, 134쪽, Reported by Bishop Corfe to S.P.G.(The Society for the Propagation of the Gospel).

<사진 6> Callwell 대위 부부가 거주한 관사 건물(1998년 8월 26일 촬영)

당시 Callwell 대위 부인은 영국에서 가지고 온 무를 이 곳에 재배하였는데, 이것이 현재 강화 특산물로 되어 있는 보랏빛 순무의 시초다.[21] 관사 부근에는 조선인 부부가 남매를 데리고 와서 살면서 하인으로서 교관단 가족을 도왔는데, Callwell 대위 일행이 귀국한 후에서도 이들 부부는 순무를 계속 재배하여 오늘날의 강화순무로 키워냈다.

현재 이 곳은 성공회 소유로 되어 있는데, 1896년 5월 Callwell 대위 일행이 강화를 떠나 영국으로 귀국한 후 약 1년간 빈집으로 남아 있던 것을 1897년 이른 봄에 성공회 조선교구가 16파운드(미화 120불)에 사들였다.[22] 성공회는 이 건물의 매입으로 비로소 강화 城內로 진입할 수 있었으며, 이를 강화 선교본부로 사용하기 시작했다고 대한성공회의 『강화 선교 백년사』에 밝히고 있다.[23] 이는 강화 성문 안에 두 영국

21) *The Morning Calm* Vol. 8 No. 74, 1897, undated note about the house, possibly by Bishop Trollope, supplied by Miss A. J. Roberts, MBE.

22) "Rev. M. N. Trollope's Letter on June 26, 1897," *The Morning Calm* Vol. 8 No. 74, 1897, 133~135쪽.

23) 金玉龍, 앞의 책, 26쪽.

<사진 7> Curtis 하사관 부부가 거주한 관사 건물

인 교관단 부부를 제외하고는 외국인이 거주한 첫 기록이기도 하다.

이 관사는 여름철이면 당시 조선에 와서 선교사업과 의료봉사를 펴고 있던 영국인 수녀 5명[24]이 휴양지로 사용하기도 했는데, 1895년 2월 10일자 한 영국 수녀의 편지에서 "콜웰 부인(Mrs. Callwell)께서는 강화에 있는 그 분의 집을(가구도 있고) 여름에 6개월 가량 사용해도 된다고 하셨습니다. 만일 그 전에 조선을 떠나지 않으실 경우에는 기분전환을 위해 다른 곳으로 가신다고 합니다. 그래서 집에 누가 와 있기를 원합니다. 이 집은 제물포까지 가는 거리의 절반 정도 되는 곳에 있고, 휴식처로 쓰기에 참 좋다고 생각합니다. 우선 두 수녀가 3주일간 쓰고, 그 후에는 병원 형편에 따라 다른 두 수녀들이 이 집을 이용하게

---

24) 이들 영국인 수녀들의 이름은 S. Nora, S. Rosalie, S. Alma, S. Margaretta, Lay S. Lois로, 1893년 11월 4일 조선에 도착했다. 이들은 영국을 떠나기 전에 런던에 있는 성 조지 병원(St. Geroge's Hospital)에서 의료 연수교육을 받고 조선에 와서 선교활동과 함께 의료봉사에 헌신한 영국 상류사회 출신 수녀들이다.(대한성공회 성가수녀회 편, 이재열 역, 『언제나 주님 계신데 이르러』, 서울대한성공회출판부, 1995, 4~10쪽)

될 것입니다."[25]라고 알리고 있다.

이 편지가 쓰여질 당시에는 이미 두 영국 교관단이 강화생활에서 고초를 겪고 있었는데, 그 부인들이 강화를 떠나고 싶어하고 있음을 엿볼 수 있는 대목이 보인다.

4. 영어교사 W. du F. Hutchison의 고용

W. du F. Hutchison은 영국 교장자격증을 가진 교육자 출신으로 홍콩우정국에 근무한 바 있다. 1885년 10월 조선우정국 고문으로 취임하기 위해 조선에 왔으나 조선우정국은 이미 1884년 12월 4일 갑신정변으로 혁파되었기 때문에, 1885년부터 5년 계약으로 월봉 멕시코 금화 300불에 조선해관 촉탁으로 근무하였다.[26] 그의 촉탁 근무는 독일 출신 외교고문 겸 조선해관 총세무사였던 Möllendorf의 초빙과 배려에 의한 것이었다. 그러나 1885년 9월 4일 Möllendorf가 해임되고 청국해관 총세무사 Robert Hart가 보낸 미국 출신 Henry F. Merrill(墨賢理)이 새로 부임하자 그는 인사정리 대상자가 되어[27] 1887년 10월 조선해관 임시직을 사임하고 귀국하였다.[28]

따라서 그가 조선우정국 고문으로 부임하여 근무했다고 한 Horace N. Allen의 *A Chronological Index* 1885년 10월조 기록은 잘못된 것이다.[29] 아마 그가 조선에 오기 전에 홍콩우정국에 근무한 경력이 와전된 것이 아닌가 생각된다.

1887년 10월 사임하고 일단 영국으로 귀국했던 그는 조선에 재입국

25) 대한성공회 성가수녀회 편, 이재열 역, 『언제나 주님 계신데 이르러』, 44쪽.
26) 高柄翊, 『東亞交涉史의 硏究』, 서울대학교출판부, 1988, 477쪽.
27) 高柄翊, 위의 책, 477쪽.
28) Horace N. Allen, *A Chronological Index*/金源模 譯, 『近代韓國外交史年表』, 120~121쪽.
29) 金在勝, 『韓國文位郵票使用畢硏究』, 金海 : 仁濟大學校 電子出版硏究院, 1994, 19~49쪽.

하여 無職으로 지내다가, 조선정부가 해군사관을 양성하기 위해 영국 군사교관을 고용할 계획이 있다는 사실을 알고 영어교사직을 얻기 위해 서울주재 영국총영사관 측과 접촉한 것으로 보인다. 물론 그는 영국총영사관을 통해 이 정보를 입수했을 것이고, 영국영사관 측은 조선에서 수년 간 근무한 경력도 있고 조선어도 어느 정도 해득하고 있는 그를 강화 해군사관학교 영어교사로 추천했을 것이다.

이 일련의 과정은 영국 외교문서를 통해서도 일부 확인된다. 즉 1893년 6월 2일자 Hillier 총영사가 O'Conor 공사에게 보고한 보고서에 보면 "……영국 교장자격을 가지고 있는 허치슨이 지금 서울에서 직장을 구하고 있다."(……*that an English ex-national master called Hutchison is at present in Söul seeking employment.*)라는 기록이 보이며, 이 때부터 그는 영국총영사관에서 본국 정부와 북경주재 O'Conor 공사에게 보내는 漢文本 공문을 번역하는 데 조력하기도 한 것으로 믿어진다.

그는 1893년 9월 초 강화 해군사관학교 교사가 완성되자 바로 영어교육을 실시하였다. 이 교육은 일정하게 성과를 거두어 1894년 4월 15일경 영국에서 온 해군교관이 군사훈련을 시작했을 때 생도들은 교관과의 언어소통에 큰 지장을 받지 않았던 것으로 보인다. *The Morning Calm* 지에 소개된 「강화도(The Island of Kang-hoa)」에 따르면, "지금 잘 설립된 해군사관학교에는 이미 사관생도가 30~40명 정도 되고, 모두가 영국 교장 출신인 허치슨 씨의 지도를 받아 영어가 빠르게 늘고 있다."(*The 'Academy' is now fairly established - there is already a school of some thirty or forty cadets, all learning English as fast as they can under the instruction of Mr. Hutchison, an English school master.*)[30]라고 되어 있다.

1894년 11월 강화 해군사관학교의 사관교육이 사실상 중지되자 그는 자신을 따르던 다수의 사관생도를 데리고 한성외국어학교로 갔

30) *The Morning Calm* Vol. 5 No. 53, Nov. 1894, 173~174쪽.

다.[31] 이후 한성외국어학교 영어교사로 근무하다가 1901년 7월 23일 서울 수표교 부근 자택에서 신병으로 사망하였다. *Korean Review* (Vol. 1 No. 7, July 1901)에 나온 Hutchison의 사망 부고란 및 『대한매일신보』 1904년 9월 15일자 기사에는 그가 1893년 강화도 해군사관학교 교장을 역임한 것으로 되어 있다. 강화 해군사관학교에서 그가 제일 먼저 사관생도 교육을 시작했고, 1894년 4월에 도착한 해군 군사교관들도 그보다는 나이가 젊었기 때문에 당시 주한 외국인들 사이에서 그가 이 학교의 교장으로 알려져 있었던 것으로 보인다. 물론 이는 잘못 알려진 것으로, 조선정부로부터 공식적으로 임명받은 것은 영어교사직이다. 그가 조선정부로부터 사관학교 교장 자격을 부여받았을 가능성은 당시 조선의 관행이나 전후 사정으로 미루어 불가능하다.

한편, 서울주재 미국공사대리 H. N. Allen이 미국무성에 보고한 1893년 10월 16일자 보고서에서도 Hutchison은 漢城英語學校(한성외국어학교 영어과를 외국인들은 통상 이렇게 부르고 있었다) 교사로 재직하고 있는 미국인 Bunker와 비교하여 절반 수준도 안 되는 대우를 받고 이 학교에서 영어를 가르치고 있다고 보고하고 있다. 이 비밀보고서의 原文 중에서 Hutchison과 관련되는 부분만 인용하면 다음과 같다.

Mr. Heard in his Nos. 372, Mch 21, and 374, Mch 22, has fully discussed the subject of the new naval school, to which I informed the British government is sending a regular, and a warrant officer;

---

31) Daniel Gifford, "Education in the capital of Korea," *Korean Repository* Vol. 3, July 1896, 286쪽. 原文은 다음과 같다.
"*Mr. W. du F. Hutchison was engaged from the fall of 1893 in teaching English upon the island of Kang Wha, between Chemulpo and Seoul, in connection with the school for naval cadet. In the late fall of 1894 he was transferred to School to fill the vacancy made by the departure of Mr. Bunker in the English School at Pak Dong. He brought with him a score of his former pupils.*"[下線은 인용자]

> *while Mr. Hutchison, an Englishman here, is about to be engaged at less than half the price of Mr. Bunker, as teacher of English for his school. Mr. Hutchison has a head-master's certificate.*
>
> 3월 21일자 372호와 3월 22일자 374호 보고서에서 히어드 씨가 해군사관학교 문제를 충분히 논의했습니다만, 제가 알려드렸다시피 영국정부는 정규사관 한 명과 준사관 한 명을 조선에 파견하고자 합니다. 이 곳에 있는 영국인 허치슨 씨는 영어학교 교사인 벙커 씨가 받는 보수의 반도 안 되는 보수로 고용되어 있습니다. 허치슨 씨는 영국 교장자격증을 가지고 있습니다.[32]

그러나 조선정부와 계약한 그의 영어교사직 고용계약서는 『舊韓國外交文書』나 영국 외교문서에도 남아 있지 않아 정확히 알 수가 없다. 그는 강화 해군사관학교에서 봉급도 제대로 받지 못하던 참에 서울 한성영어학교에서 좋은 고용조건을 제시하자 강화 해군사관학교를 떠난 것으로 보인다. 1897년 11월 1일 한성영어학교 재고용계약 조건은 계약기간 2년에 월급 300원, 주거비 30원, 퇴직금은 월급 2개월분, 年 2개월 휴가로 비교적 좋은 조건이었다.[33]

5. 군사교관 赴任 전의 상황

1893년 9월 초 교사가 준비되자 강화 해군사관학교는 Hutchison이 부임하여 영어교육부터 시작하였다. 한편, 강화에 해군사관학교가 세워져 영국에서 군사교관이 온다는 소식[34]과 함께 조선도 군함을 가지

32) Palmer, Spencer J., *Korean-American Relations, Documents Pertaining to the Far Eastern Diplomacy of the United States, The Period of Growing Influence 1887~1895* Vol. Ⅱ, Berkeley & L.A. : Univ. of California Press, 1963, 181쪽.

33) 『舊韓末古文書解題目錄』, 한국도서관협회, 1970, 57쪽.

34) Rev. Mark Napier Torollope, “The Island of Kang-hoa,” *The Morning Calm* Vol. 5 No. 53, Nov. 1894, 174쪽.

게 될 것이라는 소문이 금방 퍼져 나갔다. 그리하여 조선의 젊은 청년들이 강화로 몰려오기 시작하였다. 이렇게 자발적으로 찾아온 청년들은 수병요원으로 편성되었는데, 당시 상황을 *The Morning Calm* 지에서는 다음과 같이 보도하고 있다.

> *The Governor of Kang-hoa, in addition to his other dignities, has become the "Comptroller-General of His Royal Corean Majesty's Naval Affairs," and the old barracks of the city of Kang-hoa are full to repletion with budding sailors only waiting for their initiation into the mysteries of steamship, while the cadets at Kapkotchi, having learnt the English tongue, are to become their officers.*
>
> 강화유수는 다른 관직을 겸직하면서 왕립조선해군영의 최고 감독관[海防營 都摠御使를 의미한다 : 인용자]이 되었다. 그리고 갑곶진에서 사관생도들이 사관이 되기 위해 영국식 영어를 배우고 있는 동안에도 강화읍의 草家에는 증기선의 신비 속에 들어가고자 하는 신참 수병들로 만원이다.[35]

이 기록이 강화에서 작성된 것은 1893년 12월경이니, 강화 해군사관학교가 개교한 지 3개월 후의 일이다. 이렇게 강화 해군사관학교의 출발이 순조롭자 조선 청년들은 이 학교에 큰 기대를 걸고 모여들었고, 이 학교에서 사관생도가 배출되면 조선정부가 군함을 살 것이고 자신들도 근대식 군함을 타게 될 것이라는 희망에 부풀어 있었다.

한편 江華留守로 閔應植이 부임하여 이 해군사관학교를 순시했는데, 이 때의 광경을 *The Morning Calm* 지는 이렇게 전하고 있다.

> *The other day the Governor of the island arrived from Seoul. He is a nobleman of very high rank, and a relative of the Queen. The little river steamer brought him, and, contrary to custom, anchored*

---

35) *The Morning Calm* Vol. 5 No. 53, Nov. 1894, 174쪽.

alongside of the village. All the retainers of the Governor were drawn up on the bank, together with two hundred troops in uniform, and with fixed bayonets ; the officials who came to greet him were in full dress, i.e., in black silk gowns with scarlet sleeves, and looked like so many Doctors of Divinity. The Governor was met by his private barge, and rowed to the shore ; on his landing there was an attempt to let off some fireworks, but only one cracker went off ; the rest fizzed away dismally and made no report : but it is only fair to say that this was the only fiasco in the reception, for the rest of the function was really well carried out. After landing, the Governor was placed in an open chair, seated on a leopard skin, and eight trumpeters with long shawms marched in front of him, clad in yellow and blue uniforms. The first thing the Governor did was to go and inspect the Royal School buildings, and I understand he expressed himself very well satisfied.

얼마 전 강화유수가 서울에서 도착했다. 그는 고위직 양반으로 왕비의 친척이 된다. 그가 타고 온 작은 江上用 증기선은 관행과 다르게 마을 한쪽에 정박했다. 유수의 모든 막료들이 제방 위로 도열하고, 제복을 입고 총검을 휴대한 200명의 병사가 함께 서 있었다. 그를 영접하기 위해 나온 관리들은 정장 차림이었는데, 주홍색 소매가 달린 검은 명주 도포를 입고 있어 신학박사들처럼 보였다. 그를 태운 전용 쪽배가 해안으로 배를 저었다. 그가 상륙하자 몇 차례에 걸쳐 폭죽을 터뜨리려는 시도가 있었으나 터진 것은 한 방뿐이었다. 나머지는 폭음소리를 내지 못하고 참담한 소리만 내었다. 그러나 영접식에서 실패한 것은 이 정도가 유일하고, 나머지 일은 매우 잘 진행되었다. 상륙한 부사는 마련된 의자의 표범가죽 위에 앉았다. 그리고 노랗고 푸른 복장으로 잘 차려 입은 긴 목관악기를 가진 8명의 나팔수가 그의 앞에서 연주를 했다. **부사가 첫 번째로 했던 일은 해군사관학교 건물에 가서 사열을 받는 것이었다. 그는 매우 만족스러워하는 것으로 보였다.**[하선과 강조는 인용자][36]

閔應植은 1893년 3월 23일 고종으로부터 이미 海防營 都統禦使로 제수되었던 고위관리로, 1893년 가을에 다시 강화부사로 제수되어 겸직을 하게 되었다. 따라서 그는 重臣들 가운데 강화 해군사관학교에 가장 관심이 많았던 인물이었다.

1844년(헌종 10)에 태어나 1882년(고종 19년) 증광문과 別試에 병과로 급제한 그는 같은 해에 임오군란이 일어나자 민비를 장호원에 있는 그의 집으로 피난시켜 출세 가도를 달리고 있었다. 1891년 예조판서가 되고, 1892년 방곡령으로 일본공사관 측과 黃斗賠償問題가 발생하자 일본의 고압적인 태도를 규탄한 바 있었다. 순탄한 길을 가던 그의 발목을 잡은 것은 1894년 7월 26일의 갑오경장이었다. 친일내각인 김홍집 내각이 들어서자 그는 개혁파와 대립하여 물의를 일으켰다 하여 古今島로의 유배가 결정되었다.[37] 7월 29일에는 후임 강화부사로 김윤식이 임명되었다.

이렇게 보면 그의 귀양은 갑오경장으로 설립된 친일내각의 개혁 추진 과정에서 빚어진 것이었다고는 하나, 당시 그가 강화부사이자 해방영 총수를 겸하고 있었던 점으로 미루어, 강화 해군사관학교를 없애고자 암약한 일본공사관의 사주에 의한 것일 가능성도 크다. 따라서 그의 파직과 유배는 강화 해군사관학교의 비운과도 밀접한 관계가 있을 것으로 생각된다.

---

36) *The Morning Calm* Vol. 5 No. 45, March 1894, 56~57쪽, Correspondence by Bishop L. O. Warner in December 1893 at Kang-hoa.

37) (社)江華文化院 編, 『江華人物史』, 1997, 174쪽.

V. 강화 해군사관학교의 군사교육

1. 해군 군사교관단의 부임

1893년 9월에 개교를 본 강화 해군사관학교의 출발은 순조로웠다. 영국정부로부터 해군 군사교관을 파견해 주겠다는 확약도 이미 받아 둔 상태였기 때문에 교사가 완성되자 즉시 어학교육부터 시작하였다. 근대식 해군 총수 격인 민응식도 자주 영국총영사 Hillier를 만나 지원을 부탁하였다. 중앙정부에서도 강화부사에게 지시를 내려 해방영과 해군사관학교 예산을 반영하도록 조치했다. 교육은 우선 사관생도를 중심으로 운영하는 한편, 수병편제도 시작되었다. 개교 초기의 이러한 매끄러운 출발은 성공회 조선교구 Corfe 주교의 기록에도 잘 나타나 있다.[1] 또한 Corfe 주교와 후에 부임한 군사교관 Callwell이 모두 이 학교의 사관생도들에 대해 매우 우수하다는 칭찬을 아끼지 않았음은 이미 앞에서 살펴본 바 있다.

사관생도들이 이렇게 우수한 평가를 받을 수 있었던 것은 일단 그들이 양반자제로서 이미 漢學을 다년간 배우고 온 인재들이었다는 사실과 관련이 있을 것이다. 특히 영어와 한문은 어순이 비슷하여 영국 교관들이 생각한 것보다 그들의 영어 습득력이 매우 빨랐던 것으로 보인다.

군사교육은 영국식으로 실시되었다. 훈련생들을 집합시키고 해산시킬 때는 영국식 나팔을 불어 강화도 갑곶진은 영국식 나팔소리가 요란

1) C. J. Corfe, *The Morning Calm* Vol. 5 No. 45, March 1894, 34쪽.

하게 퍼져 나갔다. Corfe 주교는 1895년 4월 서신에서 그 광경을 다음과 같이 묘사하고 있다.

> *In this City of Kang Hoa I am once more in the midst of English naval bugle calls, Mr. Callwell and his assistant Mr. Curtis having taught the Corean recruits to give an excellent representation of the calls with which our seamen are summoned to their various duties on board ship. I saw these Corean recruits being drilled the other day, and was astonished at the quickness and intelligence which they showed. The words of command, given in English, were at once interpreted by the petty officer, and obeyed with smartness. Yet it was only the tenth day since these particular men had been under drill.*
>
> 강화의 이 도시에서 나는 콜웰 씨와 그의 조교 커티스 씨가 함상에서 우리 수병들이 각종 업무를 수행할 때 하듯이 조선 신병들에 대해서도 훌륭한 집합 표시인 영국 나팔소리의 한가운데에 서 있다. 요전날 이들 신병이 교련을 받는 광경을 본 적이 있는데, 그들이 보여주는 신속함과 총명함에 놀랐다. 영어로 지휘하는 구령은 즉시 하사관에 의해 전달되었고, 신병들은 이 명령에 민첩하게 복종했다. 이 특별한 사람들이 교련을 받은 지 단 열흘 만이었다.[2)]

이 기록을 통해 Callwell 대위 일행이 영국에서 올 때 군사훈련을 위한 몇 가지 개인장비를 가지고 왔으며 영국식 군사훈련을 실시하였음을 알 수 있다. 영국 군사교관이 군사교육을 시작한 지 불과 10일 만에 훈련생들의 교육훈련 상황이 이 정도였다면, 두 영국 군사교관이 만족할 만한 수준이었음은 분명하다. 물론 두 군사교관으로부터 군사훈련을 받은 교육생들은 사관생도들이다.

한편, 1894년 4월 15일경 조선에 도착한 Callwell 대위 일행 4명은

---

2) C. J. Corfe, "The Bishop's Letter in April 1895," *The Morning Calm* Vol. 6 No. 62, 1895, 103~104쪽.

조선정부가 제공한 江華邑內 관사에 여장을 풀고 초청 당사자인 조선정부 교섭통상사무 金鶴鎭 督辦에게 5월 11일 11시 반 강화 해군사관학교 군사교관으로 부임한 것을 신고했다.[3] 이미 강화 해군사관학교와 생도들의 상황을 사전에 점검하고 군사교육을 시작하는 데 아무런 문제가 없음을 확인한 후였다.

2. William H. Callwell 대위의 야망

현재 영국 해군성 자료실에 남아 있는 Callwell 대위의 인사기록부에는 그가 1889년 1월 1일 해군 예비역 장교로 복귀한 것으로 되어 있다. 이것은 1876년 7월 11일 해군 현역장교에서 전역하고 12년 만의 일이다. 그 사이의 행적은 아직 확인되지 못했으나, 스코틀랜드의 명문가 출신이었으니 생활에는 큰 불편을 느끼지 않고 지낼 수 있었을 것으로 짐작된다. 이 12년 동안 그의 사관학교 동기생 가운데 현역으로 남아 있던 친구들은 중령에서 대령 급까지 진급하여 현역 해군장교로 복무하고 있었다. 따라서 예비역 대위에 머무르고 있던 그로서는 조선의 해군사관학교에서 영국해군에서 이루지 못한 자신의 꿈을 이루어 보고자 하는 야심이 분명 있었을 것이다.

예컨대 그의 해군사관학교 10년 이상 선배인 Douglas 중령은 34명의 대규모 해군 군사고문단(British Naval Mission)을 이끌고 일본으로 건너가 일본해군의 근대화에 기여하고 화려하게 귀국한 후 제독으로 승진하여 해군에 근무하고 있었고,[4] 거의 같은 연배인 R. N. Lang 대령도 청국의 북양함대 고문으로 11년을 근무하다가[5] 귀국하여 영국

---

3) 『舊韓國外交文書』 卷13(英案), 문서번호 1011호, 536쪽.

4) 篠原宏, 『海軍創設史 - イギリス軍事顧問團の影 -』, 東京 : (株)リプロポ-, 1986, 255~265쪽.

5) 그는 1879년 이홍장이 영국에서 군함 '超勇', '揚威' 등 4척의 군함을 구입하여 귀국할 때 함께 청국으로 와서 북양함대의 해군 군사고문으로 1890년까지 근무한 영국 해군사관학교 출신이다. 그는 북양함대에서 전함 '定遠', '鎭遠'

<사진 8> 일본해군 顧問團長 Douglas 대령

해군에 복귀해 있었다. 따라서 그도 Douglas 제독이나 Lang 대령처럼 대영제국의 해군장교로서 이루지 못한 꿈을 조선에서 이루고 싶었을 것이다.

그의 인사기록부에는 1893년 8월 27일부터 1897년 2월 26일까지 3

을 비롯하여 순양함 6척과 기타 다수의 군함을 지휘했다.(J. O. P. Bland, "Li Hung-Chang," Basil Williams ed., *Makers of the Nineteenth Century*, New York : Henry Holt & Co., 1917, 227쪽) 그는 1888년 북양함대가 개편되어 함대사령관으로 정여창 제독이 부임하고 전함 '定遠'의 함장으로 劉步蟾, '鎭遠'의 함장으로 林泰曾이 임명되자 劉步蟾 總兵(대령)과 마찰을 일으켜 사임하고 귀국했다.(篠原宏, 『海軍創設史 - イギリス軍事顧問團の影 - 』, 355~359쪽)

년 6개월 동안 조선정부 해군사관학교로 파송된 것으로 기록되어 있다.(*Permitted to accept employment under the Korean Government to organise and instruct a school of cadets*) 그가 조선에 도착한 1894년은 그의 나이 42세로 중년기에 해당된다. 그는 애초에 계약기간인 만 2년을 채우고 나서도 여건만 허락된다면 조선의 해군사관학교에서 장기근무를 생각하고 있었던 것으로 보인다. 이는 그가 영국을 출발하기 전에 여러 가지로 장기체류를 위한 준비를 한 데서도 엿볼 수 있다.

1893년 12월 4일 해군성으로부터 부인을 동반해서 조선으로 가도 좋다는 승낙을 받았고, 부인 동반 계획은 12월 7일 외무성 전문으로 북경주재 O'Conor 공사에게 전달되어 조선정부에 알려졌다. 이 때만 해도 조교관이 확정되지 못한 상태였기 때문에 교관 Callwell 대위의 부인만 거론되었으나, 1894년 1월 Curtis 하사관이 선정되자 그도 부인을 동반하여 조선으로 올 수 있게 되었다.

1894년 3월 3일, Callwell 대위 일행은 교육문제로 자식들은 영국에 남겨둔 채 조선으로 떠났다. 부인은 조선에서의 장기체류를 준비하여 관사 영내의 밭에 심을 채소 씨앗을 가지고 왔고, Callwell 대위는 당시로서는 희귀했던 사진기를 들고 왔다. 이 사진기로 강화 해군사관학교뿐만 아니라 강화 풍경과 풍물도 많이 촬영했다는 사실은 그가 1899년에 발표한 논문 「조선의 한 요새」에서도 알 수 있다.[6)]

그러나 그가 강화에 도착하자 3개월 만에 청일전쟁이 발발했고, 이 전쟁의 여파로 강화 해군사관학교가 비운을 맞게 되자 그의 꿈도 허망하게 사라져 버렸다.

3. 江華府의 支援狀況

오늘날 우리 나라에 전해오는 강화 해군사관하교에 대한 지원 상황

---

6) 金在勝, 『近代韓英海洋交流史』, 194~208쪽 참조.

<사진 9> 江華府 鎭撫營(沁營)

은『畿甸 江華 營事例』[7]라는 고문서를 통해 볼 수 있다. 모두 58쪽으로 구성된 이 문서에는 1894년 11월부터 1895년 2월까지의 江華府 재정 상황이 수록되어 있는데, 江華府가 작성하여 1895년 3월 이후 조정에 보고하였다. 여기에는 海軍營이라는 항목이 있어 행정조직 상황과 각종 지급 상황을 구체적으로 볼 수 있다.

조선시대에는 西海의 해안경비를 1700년(숙종 26) 강화부에 설치한 江華 鎭撫營이 담당했는데, 1779년(정조 13) 강화부에서 떨어져 나와 중앙정부의 直轄營이 되었고, 1887년(고종 24)에는 명칭을 沁營으로 개칭했다. 이 營에는 正2品의 鎭撫使를 두도록 규정되어 있으나 통상적으로 강화유수가 겸직하였다. 鎭撫營은 국방상 수도의 관문을 지키는 중요한 군영이라 그 유지를 위해 '砲糧米'라는 특별세를 징수하였다.[8] 營은 오늘날 강화 郡農協 건물 옆자리에 위치해 있었다.

1893년 이 沁營 外에 따로 海軍營을 두었다. 이 자료에 따르면 "海

---

7) 奎章閣 所藏文書 도서번호 12182호로,『江華邑誌』에 수록되어 있다.
8)『江都의 脈』, 江華文化院, 1998, 106~107쪽.

軍營 癸巳八月 新設"이라고 附記하면서 해군영의 조직구성을 다음과 같이 밝히고 있다. 哨官 1명, 差官 1명(執事兼帶), 哨長 1명, 策應官 1명 書記 2명, 火丁(취사요원) 10명, 長夫(잡부) 5명, 兒旗手(기수) 3명, 策應所庫直(창고직) 1명, 書記廳 文書直(문서 작성원) 1명, 卜馬軍(마부) 4명. 여기에 海軍 100명, 糾飭 2명, 什長 8명, 教習 3명이 별도로 기재되어 있다.[9] 위의 哨官 이하 29명은 행정요원이고, 해군 100명은 사관생도와 수병요원을 의미한다. 糾飭 2명과 什長 10명은 군사훈련 교육생을 위한 지원요원이며, 教官 3명은 영국인 교관단이다.

따라서 강화 해군영은 해군사관학교의 해군 군사교육을 위해 만든 편제임을 알 수 있고, Callwell 대위가 강화에 도착한 1894년 4월에 160명에 달했던 교육생은 청일전쟁으로 일부가 사관학교를 떠나 1895년 2월 말에는 100여 명만이 남아 있었음을 알 수 있다. 당시 남아 있던 교육생은 대부분 수병요원으로 생각되는데, 이들은 객지에서 자진하여 찾아온 지원자들로서 강화에서는 마땅히 갈 곳이 없어 교육이 중단된 학교에 무작정 체류하고 있었던 것으로 보인다. 당시 이들의 상황은 1895년 10월 17일자 한 성공회 수녀의 편지에서도 나타나는데, 먹을 것이 없어 도둑질까지 하고 있었다고 하니 그 어려운 상황을 충분히 짐작할 수 있다.

이 문서에는 해군영 소속 행정요원과 군사교육 훈련생에 대한 군량미를 비롯한 각종 지급 및 보급 상황도 기록되어 있는데, 매월 백미 1,454石 6斗와 葉錢 8,568兩이 지급되었다.[10] 월별 지급기준에서는 백미는 海軍哨官 1명 1石 3斗, 哨長 1명 1石 5斗, 策應官 1명 1石 5斗, 書記 2명 2石, 海軍 100명 100石, 糾勅 2명 4斗, 什長 8명 10斗, 教師 1명 1斗, 長夫 5명 4石, 火丁 10명 6石, 策應所 庫直 1명 9斗, 兒旗手 3명 1石 6斗, 卜馬軍 4명 1石 3斗,[11] 書記廳 文書直 1명 7斗로 규정하고 있다. 여기에서 교육생에게는 매월 백미 1석씩을 지급하면서 영국

9) 『畿甸 江華 營事例』, 803쪽.

10) 위의 책, 812~813쪽.

11) 이 문서에는 1石 13斗로 기록되어 있으나 1石 3斗의 誤字로 추정된다.

교관들에게는 1斗밖에 지급하지 않은 것은 이들 영국 교관에게는 고용계약에 의거하여 봉급이 책정되어 있기 때문으로 보인다.

이 문서에서 특이한 점은 좁쌀[小米]이 海軍 哨官 1명에게 5斗, 書記 8명에게 1石 9斗, 中營 書記 2명에게 6斗, 海軍 書記 2명에게 6斗가 추가 지급되었고, 海軍營 말 4필의 사료로 콩 2石 6斗가 지급된 점이다.[12)]

한편, 현금[葉錢]과 광목도 지급되었는데, 현금의 경우는 매월 해군 哨官 1명에게 12兩, 哨長 1명에게 10兩, 策應官 1명에게 12兩, 書記 2명에게 12兩, 교육생인 海軍 100명에게 600兩, 長夫 5명에게 30兩, 火丁 10명에게 15兩, 卜馬軍 4명에게 6兩, 策應所 庫直 1명에게 3兩을 지급했고, 별도로 書記 2명에게는 紙筆 값으로 14兩을 지급했다. 그리하여 해군영에 지급된 현금은 매월 714兩으로 연간 총액 8,568兩이었다.[13)] 여기에서 사관학교 교육생들은 1인당 매월 현금 6兩을 용돈으로 지급받았으나, 3명의 영국인 교관은 별도 고용계약에 의거하여 월급이 책정되어 있었기 때문에 역시 제외되었음을 알 수 있다.

광목은 고위관리에게만 지급되었는데, 海軍 哨官 1명에게 6疋, 哨長 1명에게 8疋, 그리고 策應官 1명에게 1疋, 書記 2명에게 4疋로 총 5명에게 지급되었다.[14)] 해군 교육생에게는 면포가 지급되었는데, 100명에게 총 18同이 지급되었다. 海軍營 書記 2명에게 면포 18疋, 長夫 5명에게 45疋, 火丁 10명에게 1同7疋, 兒旗手 3명에게 27疋, 策應所 庫直 1명에게 9疋, 書記廳 文書直 1명에게 9疋, 卜馬軍 4명에게 36疋, 中營 書記廳 文書直 1명에게 9疋이 지급되었다.[15)] 그리고 海軍將官所 4곳과 書記所 1곳, 海軍[교육생 기숙사를 의미하는 듯함 : 인용자] 12곳, 庫直 1개 소에는 "各直所紫油債秩"이라 하여 각각 연료인 나무 값과 燈油도 배급되었다.[16)]

---

12) 위의 책, 817~818쪽.
13) 위의 책, 891쪽.
14) 위의 책, 820쪽.
15) 위의 책, 824쪽.

또 해군영에는 "海軍營春秋鋪陳茵席價例下"라 하여 40兩이 특별 지급되고, 해군 훈련생 100명에게 면포 2同과 광목 2同이 별도 지급되었는데 이는 훈련생의 군복용이었다. 이 밖에 長夫 2명에게 면포 2疋, 書記 8명에게 8疋, 그리고 書記 8명에게 8필, 中營書記 2명에게 2필, 長夫 5명에게 광목이 5필씩 지급되었는데, "間年軍服差上下"라 附記되어 있는 것으로 보아 군복용으로 추정된다.[17] 따라서 이들 행정요원들도 해군영 소속 해군으로 편성되어 있었음을 알 수 있다.

또한 "海軍營捄獘錢"이라 하여 매월 27兩 7錢 6分의 현금이 지급되었는데, 이는 행정업무 추진비용으로서 연간 총액 333兩 1錢 3分에 달했다.[18] 또 "不恒上下"[잡지출]라는 항목을 보면 "洋教師家舍修改隨所入上下"라 하여 미곡 15石이 지출되었다. 여기에는 "重記色例下"라고 기록되어 있어 두 영국 군사교관이 기거한 館舍가 신축건물이 아니라 기존 건물을 개축한 것임을 증거해 준다.[19]

이와 같이 강화 해군영은 해군사관학교를 운영하기 위한 조직으로서, 행정 및 관리요원들에게는 俸祿이, 해군사관학교 훈련생에게는 급식비와 피복비는 물론 매달 6兩의 용돈까지 지급되었다. 이 문서로 보건대 해군영의 운영이 1893년 9월부터 1894년 늦은 가을까지는 정상적으로 집행되었음을 알 수 있다. 그리고 중앙정부에서 지원한 강화 해군사관학교 본관 건물 1棟과 훈련생용 기숙사 1棟의 신축자금 1000원, 3명의 영국인 교관의 봉급을 제외하면 모든 예산이 강화부 예산으로 집행되었음을 알 수 있다.

이 같은 강화부의 1894년도 임금지급과 보급상황을 보면, 당시 조선의 재정상황에 비추어 사관학교 운영이 매우 체계적으로 이루어지고 있음을 알 수 있다. 동시에 이를 기록한 『畿甸 江華 營事例』는 갑오경장 이후 근대식 재정제도가 만들어지면서 작성된 문서임을 알 수 있

16) 위의 책, 824~825쪽.
17) 위의 책, 827쪽.
18) 위의 책, 826쪽.
19) 위의 책, 829쪽.

다.

그런데 1894년 말부터는 교육훈련생뿐만 아니라 행정요원을 포함한 모든 海軍營 소속 장병에게 매월 지급되어야 할 봉급은 물론 기타 경비도 지급되지 못했다. 이에 따라 당연히 강화 해군사관학교는 정상적인 교육과 훈련을 실시할 수 없었다. 동학란과 청일전쟁 이후 일본정부의 압력으로 이 학교가 폐쇄의 길을 걷고 있었기 때문이다.

4. 軍事敎官과 聖公會 朝鮮敎區와의 관계

누차 언급했듯이 강화 해군사관학교와 영국인 군사교관에 대해서는 우리 쪽에서는 구한국외교문서와 일부 기록을 제외하면 구체적인 기록이 거의 없으나, 성공회 조선교구가 런던에서 발행한 종교잡지 *The Morning Calm* 지를 비롯하여 조선에 파견되어 선교와 의료봉사를 펼쳤던 수녀들의 편지에는 적지 않은 자료가 남아 있다. 물론 1893년에서 1896년 사이에 조선에 와 있던 영국인이 얼마 되지 않아 군사교관과 이들 성공회 신부와 수녀들이 개인적으로 친분을 가졌기 때문일 수도 있으나, 성공회 자료를 통해 보건대 그저 통상적인 관계로만 보이지 않는 부분들이 있다.

이를 구체적으로 살펴보기 위해 우선 당시 성공회 조선교구장이었던 Charles John Corfe(한국명 고요한) 주교의 이력을 볼 필요가 있다. 그는 1843년 5월 14일 영국 Salisbury에서 연주가 겸 작곡자인 음악박사 C. W. Corfe의 장남으로 태어나 1865년 Oxford 대학을 졸업하고 1869년 동 대학에서 석사학위를 받았다. 1867년 Tenbury에서 사제 서품을 받은 후 1867년부터는 영국해군의 종군신부로 현역 복무를 하였다. 군함 The Duke of Edinburgh호에서 근무한 바 있고,[20] 1889년 영국성공회 The Society for the Propagation of the Gospel이 조선파견

20) F.O. 17/1170, 205쪽.

<사진 10> 聖公會 朝鮮敎區長 Corfe 주교

신부로서 그를 발탁하자 영국해군 종군 사제직을 사임하였다.[21] 그 해 11월 1일 주교로 陞品되었고, 1890년 9월 29일 인천항에 도착하여 조선교구 창설과 의료 선교사업을 시작했다. 그리고 1893년 봄 강화지방 선교사업의 가능성을 타진하기 위해 직접 강화 갑곶진을 답사하였다. 당시 강화부의 법칙상 외국인은 성내에 들어갈 수 없게 되어 있었기 때문에 그는 우선 강화성 밖에서 선교를 시작할 것을 결정하였다.[22]

이 해 가을에는 7월에 도착한 Warner(王欄道) 신부를 강화로 파송하여 鎭海樓 밖 나루터에 한옥 한 채를 마련하고 선교사업을 시작하도

21) 金玉龍, 앞의 책, 21쪽.
22) 金玉龍, 위의 책, 24쪽.

<사진 11> 성공회 Warner 신부가 상주했던 강화 기도소 전경
(1896년 신축. 성공회 강화교회 金玉龍 선생 제공)

록 하였다. 따라서 그는 당시 조선에 있던 영국인 가운데 누구보다도 강화 사정에 밝은 사람이었다. 그는 성공회 조선교구 초대 주교로 있다가 1904년 7월 25일 만주 뉴창과 대련에서 목회활동을 하고 1921년에 사망했다.

그가 조선에서 선교사업을 위해 해군을 떠날 때 해군에 있는 친구들은 상당한 금액을 병원과 의료사업비로 쓰도록 그에게 기부했다.[23] 그리고 그의 선교와 의료봉사 자금의 일부도 영국해군병원(Hospital Naval Fund)으로부터 정기적으로 보조를 받고 있었다.[24] 따라서 영국해군의 후배인 군사교관들이 강화에서 봉급도 받지 못하며 고난을 겪고 있는 것을 알고는 많은 지원을 해 준 것으로 추정된다. 물론 Callwell 대위는 조선의 해군사관학교가 강화에 있음을 알고 있어 영국을 떠나기 전에 이미 영국해군 종군신부 출신으로 강화 사정에 밝은 그에게 많은 문의를 했을 것이다. 부부 동반으로 미지의 땅에 가서 새

23) 이재열 譯, 앞의 책, 28쪽.
24) *The Morning Calm* Vol. 1 No. 1, July 1890.

로운 생활을 시작해야 할 그로서는 당연한 사전준비였을 것이다. Corfe 주교와 Callwell 대위와의 관계는 대위가 영국을 떠나기 이미 오래 전부터 시작된 것으로 보인다. 이는 Corfe 주교가 그의 보고서에서 "나의 오랜 친구 Callwell"이라고 쓰고 있는 데서도 명확한데, 아마 해군 종군신부로 근무할 때부터 알게 된 것이 아닌가 생각된다.[25)]

그는 1895년 부활절(3월 말)에도 강화에 와서 이들 부부를 위로했으며,[26)] 생활비도 지원을 해 주었다. 1896년 5월 이들 교관단 일행의 귀국을 도운 것도 Corfe 주교의 배려로 보인다. 뿐만 아니라 Callwell 대위와 두 교관 부인들이 인천이나 서울에 나올 때에는 성공회 수녀들의 숙소에서 지내기도 했으니,[27)] 이들 영국 군사교관들과 성공회와의 관계는 단순히 같은 같은 영국인이라는 일상적인 관계를 넘어서고 있었음을 알 수 있다.

한편 강화 갑곶진에 상주하고 있던 L. O. Warner 신부는 해군사관학교와 "돌을 던져 떨어질 만큼 가까운 거리"에 있으면서 많은 사관생도들과 친하게 지냈다. 사관생도들은 그에게 영어를 가르쳐 줄 것을 부탁하기도 했는데, 그가 영국 성공회로 보낸 보고서에는 다음과 같이 기술되어 있다.

> *I have many friends in the village, and they are not badly disposed towards Christianity, though in no wise anxious to learn. Many of the students in the new Naval College, however, come to see me, and claim my services as a right, to teach them something of the rudiments of English. This, however, I am not very enthusiastic about, as I have found that a knowledge of English often proves detrimental to the trustworthiness of a Corean. This may be prejudice, but I have not seen many favorable specimens of*

---

25) C. J. Corfe, "The Bishop's Letter in April 1895," *The Morning Calm* Vol. 6 No. 62, 1895, 102쪽.

26) *The Morning Calm* Vol. 6 No. 62, August 1895, 102쪽.

27) 이재열 譯, 앞의 책, 24~25쪽.

English-speaking Coreans. However, in the case of those at the Royal College, they are leaning for a definite purpose, and certainly could not get on without it.

마을에는 많은 친구가 있는데, 그들은 기독교를 열심히 배울 생각을 갖고 있지는 않지만 그렇다고 해서 나쁘게 생각하는 것도 아니었다. 그래서 새 해군사관학교의 많은 생도들은 나에게 와서 영어의 기초를 가르쳐 주라고 요청하기도 한다. 하지만 나는 그것에 별로 흥미를 느끼지 않았는데, 그 이유는 영어를 할 줄 안다는 것이 오히려 조선 사람에 대한 신뢰감에 부정적인 효과를 가져온다는 것을 알았기 때문이다. 나의 편견일지도 모르나 나는 영어를 할 줄 아는 조선 사람들 중에서 마음에 드는 경우를 거의 보지 못했다. 그러나 해군사관학교 생도들의 경우에 그들은 분명한 목적을 가지고 영어를 배우고 있고, 또 확실하게 영어를 하지 못하고는 공부를 할 수 없었다.28)

이 기록에서도 강화 해군사관학교 생도들과 성공회 강화 선교소와의 관계를 충분히 짐작할 수 있는데, 일과 후 사관생도들이 Warner 신부와 매우 친밀하게 지내고 있음을 알 수 있다. 강화 갑곶진에는 주민들의 초가 200여 호 외에는 해군사관학교와 성공회 강화선교소밖에 없었기 때문에 자연히 사관생도들이 일과 후 선교소로 찾아가 함께 지내는 시간이 많았던 것으로 보인다. 따라서 강화 해군사관학교의 제반 상황은 성공회 조선교구에서도 잘 알고 있는 일이었다.

Warner 신부는 1865년 1월 23일 영국 Leister에서 출생하여 1890년 Oxford 교구에서 부제 서품을 받고 조선에 와서 1892년 3월 13일 Corfe 주교에게 사제 서품을 받은 신부로, 1896년 가을 천식으로 인해 영국으로 귀국하여 신부로 근무하다가 1914년 3월 21일 향년 47세로 사망했다.

한편 영국인 군사교관 부부는 필요한 생활필수품을 강화도에서 생산되는 것을 제외하고 모두 인천에서 구입해야 했다. 이러한 물품을

---

28) Rev. L. O. Warner, "Correspondence from Kap-Kot-Chi Village, Island of Kang-Hoa, Corea," *The Morning Calm*, Vol. 5 No. 45, March 1894, 56쪽.

<사진 12> 성공회 강화 선교본부 당시의 助敎官 관사 내부

구입하고 전달하는 과정에서 성공회 조직은 협조를 아끼지 않았으며, 계약된 봉급이 조선정부에서 매월 지급되지 않자 생활비의 일부까지 보조해 주었다. 교관 Callwell 대위는 영국 상류사회 출신이라 조선에 올 때 적지 않은 개인자금을 가지고 왔을 것이나, 그렇다 하더라도 1894년 4월 말 강화에 도착하고 나서 조선정부로부터 받은 것은 1894년 5월에 받은 부임여비 700원뿐이었으니[29] 강화생활의 어려움은 짐작하고도 남음이 있다.

29) 『舊韓末古文書解題目錄』, 한국도서관협회, 1970, 57쪽.

Ⅵ. 강화 해군사관학교의 悲運

1894년 4월 15일경 두 영국 군사교관이 인천항에 도착했을 때 조선은 동학란으로 인해 政局이 어수선하였다. 조선정부는 자력으로 동학도를 진압할 힘이 없어 6월 3일 조선주재 청국대표 袁世凱를 통해서 李鴻章에게 淸兵의 파병을 요청했고, 그는 直隷提督 葉志超와 北洋艦隊 사령관 丁汝昌 提督을 지휘관으로 삼아 순양함 濟遠號·揚威號를 인천으로 파견했다. 이후 상황은 신속히 진행되었다. 6월 8일 청군 2000명이 牙山灣에 상륙한 것을 시발로 일본도 바쁘게 움직이기 시작했다. 일본정부는 청국의 행위가 天津條約에 위배된다고 반격하면서, 이 기회를 이용하여 조선으로의 군대 파견을 결정했다. 청군이 아산만에 상륙한 지 이틀 후인 6월 10일 청국과의 전쟁을 바라고 있던 일본은 일본군 제5사단 大島義昌 소장의 지휘 아래 군함 八重山號 편으로 육전대 488명과 순사 20명을 대동하고 대포 4문을 장착하여 요코스카港을 떠나 인천에 상륙하고 이어서 서울로 진주했다. 6월 13일에는 일본 정규군 1000명이 추가로 도착하여 800명은 서울로, 200명은 제물포로 배치되었다. 6월 24일에는 다시 5000명이 도착했고, 6월 28일 일본공사는 고종에게 청국의 대조선종주권 주장의 폐기선언을 강요했다. 7월 18일에는 일본 浪人輩 3000명을 동반한 일본군 1만 5천 명이 도착하여 7월 23일 경복궁을 완전히 장악했다.[1)]

---

1) Horace N. Allen, "An Acquaintance with Yuan Shi Kai," *North American Review* No. 196, 1912, 109~117쪽/金源模 譯, 「袁世凱論」, 『近代韓國外交史年表』, 48~59쪽.

조선정부의 요청이 없는 일본군의 출병은 청국은 물론 조선 정부를 당황하게 하였다. 조선정부는 즉각 일본 임시대리공사 杉村濬에게 항의하는 한편 조선주재 외국공관에 도움을 호소했다. 그리하여 淸日同時撤軍案이 제의되었으나, 일본은 이 기회를 이용하여 조선에서 청국의 세력을 무력화시켜 조선을 식민지로 만들려는 책동을 시작했다. 두 영국 군사교관은 조선에 도착한 지 세 달 만에 이러한 사태를 보게 된 것이다.

1. 청일전쟁의 餘波

William H. Callwell 대위 일행이 강화로 부임하여 해군 군사교육을 실시할 당시인 1894년 4월 말 현재, 이 학교의 교육생은 160명[2]으로 기록되어 있으나 이 숫자는 사관생도와 수병요원을 합친 것이다. 수병요원들의 경우는 강화로 찾아오는 대로 편성되었지만 이들에 대한 군사교육은 실질적으로 이루어지지 않았다. 그러나 사관생도의 경우는 두 영국인 교관의 부임과 함께 즉시 교련훈련부터 실시되었다. 생도들의 군사훈련에는 무기가 지급되지 않아 우선 길이 2m 크기의 나무봉이 이용되었다.

그러던 중에 조선정부가 동학도를 토벌한다는 명목으로 청국의 출병을 요청하면서 조선 서해안에 전운이 감돌기 시작했다. 일본도 자국민을 보호한다는 명목으로 조선에 군사를 파병하여 조선에서는 청일간에 곧 전쟁이 일어날 기세였다. 결국 전쟁이 발발하고 그 여파는 즉시 강화로 전해져, 강화 해군사관학교도 전쟁의 소용돌이에 휩쓸리게

2) William H. Callwell, “A Corean Fortress,” *The Morning Calm* Vol. 10 No. 79, London, Feb. 1899, 23쪽. 原文은 다음과 같다. “*A school for naval cadets was got together on Kanghoa, and 160 men enlisted.*” 따라서 1893년 개교 이후 모집된 교육생 가운데 일부는 영국인 군사교관단이 도착하기도 전에 이미 훈련을 포기하고 떠났음을 알 수 있다.

되었다. 이 동학란과 청일전쟁으로 인하여 강화 해군사관학교에 대한 고종의 관심은 멀어지고, 교관들은 봉급도 제대로 받지 못하게 되었던 것으로 보인다. 초빙 미국 군사교관들의 봉급을 비롯한 고용 외국인에 대한 급여의 지불수단은 해관의 관세수입이 유일한 것이었다. 당시 練武公院 교관들도 급여를 제때 지급받지 못해 미국 공사관은 자주 조선 정부에 항의공문을 보내었다.[3)]

이처럼 조선정부에 초빙되어 온 고문이나 교사들이 계약된 봉급을 제때 받지 못해서 야기된 분쟁은 많은 외교문서 자료에서 보이는데, 1886년 고종의 외교고문으로 초빙되어 온 미국 출신 Owen N. Denny의 경우를 보면 실감할 수 있다. 그는 1890년 4월 15일 사임했으나 체임 문제가 해결되지 못하여 조선을 떠나지 못하고 있었다. 그는 1889년에서 1890년까지 수차례에 걸쳐 조선정부에 봉급지불을 독촉했고,[4)] 결국 미국공사관의 도움으로 1890년 겨울 체임 문제를 해결한 후 1891년 1월 22일 조선을 떠났다. 그러한 상황이었으니 중앙에서 멀리 떨어져 있는 강화 해군사관학교는 더 말할 것도 없었을 것이다.

청일전쟁의 양상은 海上戰으로 나타나 7월 25일 東鄕平八郎 대좌가 지휘하는 군함 浪速號(3709톤급 순양함, 1885년 영국에서 건조)가 청병 1200명을 태우고 인천으로 입항하는 영국국적 상선 高陞號(S.S. Kowshing)를 격침시키고[5)] 기선을 잡아 유리한 戰況을 만들었다.[6)] 지원군 병력의 파견이 두절된 청국은 이를 계기로 결국 청일전쟁에서 패

---

3) 李光麟, 『韓國開化史硏究』, 一潮閣, 1974, 189~190쪽.
4) R. R. Swartout, Jr. 著, 申福龍 譯, 『데니의 생애와 활동(*Mandarins, Gunboats and Power Politics - Owen N. Denny and the International Rivalries in Korea*)』, 평민사, 166쪽, 218~219쪽.
5) Isabella Bird Bishop, *Korea and Her Neighbours*, Seoul : Yonsei University Press, 1970, 207쪽.
6) Horace N. Allen, "An Acquaintance with Yuan Shi Kai"(金源模 譯, 앞의 책, 56쪽). 이 글에서는 영국상선을 격침한 일본군함을 순양함 吉野號(배수톤수 4225톤, 1893년 영국 암스트롱사에서 건조)로 기술하고 있으나, 함장 東鄕平八郎 대좌가 지휘한 군함은 순양함 浪速號(배수톤수 3709톤, 1886년 영국 암스트롱사가 건조)가 정확하다.

하게 된다.[7] 이것이 이른바 豊島海戰이다. 당시 영국 상선은 청국의 추가병력 수송에 傭船된 상선으로, 영국기를 게양하고 있었다. 따라서 일본 군함이 영국 상선을 격침시켰다는 이 소식은 즉시 *The Time* 지를 비롯한 영국 신문과 잡지에 보도되어 전 영국을 흥분시켰다. 이 사실을 상해에서 타전된 電文으로 접한 일본 수상 伊藤博文는 海軍大臣 西鄕從道를 힐문하고 海軍大臣 官房主事(해군대신 특별보좌역) 山本權兵衛 해군대좌를 불러 "해군은 실로 유감스러운 일을 저질렀다. 국제법상 일대 곤란을 야기시켰는데, 귀관은 어떻게 생각하는가?" 하고 책임을 추궁했다.[8] 함장 東鄕平八郎는 그의 가고시마 同鄕 선배로,[9] 山本는 누구보다 그의 인물됨에 대해 잘 알고 있었다. 伊藤 수상의 추궁에 그는 東鄕가 영국 국기가 게양된 상선을 격침한 데는 그만한 이유가 있을 것이라며, "차선책을 준비하는 것이 좋겠다"고 했다. 山本는 東鄕가 영국 상선인 줄 알면서도 격침시켰다는 것은 거기에 전략상 충분한 이유가 있었을 것으로 판단한 것이다. 청일전쟁이 끝나고 10년 후 벌어진 러일전쟁 때 해군대신이 된 그는 東鄕를 일본연합함대 사령관으로 발탁하기도 했다.

東鄕는 1873년 8월 영국으로 군사유학을 가서 템즈 해양대학(The Thames Nautical Training College, H.M.S. Worchester)에서 영국식 상선교육을 받았다.[10] 템즈 해양대학은 1862년 5월 29일 William Manton Bullivant가 상선사관을 양성하기 위해 개설한 학교로, 교사는 군함 H.M.S. Worcester호(1500톤 1843년 건조)를 사용했다.

군함 浪速號를 지휘하고 조선 서해안으로 출동한 東鄕 함장은 이미 일본 해군대신 西鄕이 1894년 6월 18일 청국 북양함대의 동정을 살피기 위해 스파이로 상해에 파견한 영국인 고문 John Mathews James

---

7) 白鍾基, 『近代韓日交涉史硏究』, 正音社, 1977, 328쪽.

8) 篠原宏, 『海軍創設史 - イギリス軍事顧問團の影 - 』, 東京 : (株)リプロボ-, 1986, 373쪽.

9) 田中宏巳, 『東鄕平八郎』, 東京 : ちくま新書, 1999, 55~56쪽.

10) 篠原宏, 위의 책, 242쪽.

해군대위[11]의 정보로 이 영국 상선에 淸兵이 타고 조선으로 갈 계획이라는 정보를 입수하고 있었다.[12] 東鄕는 이 병력이 청군의 추가 파병병력으로서 조선에 상륙하게 될 경우 육상전투에서 일본군에게 큰 타격을 주리라는 것을 파악하고 있었다. 실제로 육상전투에서 추가병력의 보급이 없으면 청군은 일본군에 포위되어 독 안에 든 쥐나 다름없게 될 상황이었다. 따라서 東鄕는 淸兵이 타고 있는 상선이 영국 국적임을 알면서도 전쟁에서 勝機를 잡기 위해 국제법을 무시하고 포격을 가하여 격침시켜 버린 것이다. 그리하여 예상대로 추가병력의 보충이 없어 사기가 극도로 저하된 청군은 成歡戰鬪에서 패하고, 이어 황해해전에서 일본해군이 청국의 북양함대를 크게 격파하는 계기가 되었다. 따라서 東鄕의 함장으로서의 판단과 이를 예견하고 伊藤 수상의 질책에서 그를 변호해 준 山本의 안목만은 평가해 주어야 하지 않을까 생각한다.

이렇게 해서 청일전쟁에서 승리를 거둔 일본은 조선에서 청국 세력을 몰아내고 수단과 방법을 가리지 않고 조선정부에 압박을 가하였다. 당연히 강화 해군사관학교에 대해서도 갖은 책동을 부려 방해를 했을 것이다. 조선을 식민지화하려는 야욕을 갖고 있던 일본이 자주국방을 꾀하는 조선을 그냥 보고만 있지 않았을 것이기 때문이다. 이는 일본의 외교 기밀문서 속에도 잘 나타나 있다. 즉, 인천주재 일본영사관 二等領事 能勢辰五郎가 大鳥圭介 공사에게 보고한 기밀문서 제15호

11) 1839년 출생한 영국해군 측량장교 대위 출신으로, 1857년 인도에서 영국해군에 입대했다. 21년간 일본에 체류하면서 일본해군의 초창기 군함 龍驤號 함장을 역임하고 일본해군의 근대화에 기여한 인물로, '시나가와(品川) 제임스'로 잘 알려져 있다. 그는 일본해군 수뢰부로부터 전폭적인 신임을 얻고 있었으며, 그가 上海・芝罘・天津에서 수집한 정보는 매우 유익한 것으로 일본이 청일전쟁에서 急造艦隊를 갖고 북양함대를 조기에 격파할 수 있는 요인이 되었다고 篠原宏의 『海軍創設史』에는 기록하고 있다.(371쪽) 당시 그는 상해에 잠입하여 영국인 스파이 Wook・Morris・Wilson 3명과 중국인 2~3명을 고용하여 청국 군함의 동정과 보급품 수송상황에 관한 정보를 수집하여 일본해군 수뢰부로 타전했다.

12) 篠原宏, 앞의 책, 370쪽.

「영국인 2명의 動靜과 解雇要請」[13]에는 영국 해군대위 콜웰(Callwell)에 대한 언급이 보이는데, 그가 청일전쟁에 휩쓸린 사실과 일본 측이 그의 해고를 조선정부에 요청하려 한다는 이야기가 그것이다.

2. 일본정부의 방해공작

조선의 젊은 청년들이 영국 해군사관학교 출신의 장교에게 근대식 해군 군사교육을 받는다는 사실은 조선의 식민지화를 기도하고 있던 일본으로서는 방관할 수 없는 일이었다. 그 이유를 보면 다음과 같다.

첫째, 일본도 이미 1873년에 영국해군 군사고문단 34명이 파견되어 단기간에 근대식 해군을 양성한 경험을 갖고 있었다. 일본은 처음 근대화를 추진하면서부터 근대식 해군을 창설하기 위한 인재양성에 힘을 기울였다. 그래서 개항 직후 네덜란드 교관으로부터 해군 군사교육을 받았고, 明治정부가 수립되고 난 후에는 영국으로부터 교육을 위한 대규모 군사고문과 조선 기술자를 초빙하는가 하면,[14] 해군사관학교 출신 청년장교를 연수교육과 훈련이라는 명목으로 영국으로 다수 파견했었다. 이들 가운데 일부는 직접 영국 군함에 승선하여 영국해군의 운영방법과 작전기술을 전수받았다. 따라서 조선에 영국 해군장교가 와서 군사교육을 실시한다는 것이 일본의 대조선 공략에 어떠한 영향을 미칠지는 충분히 예상할 수 있었다. 즉 영국 해군장교 1~2명이 와서 군사교육을 실시하는 정도로 끝날 문제가 아니었던 것이다. 영국정부가 해군 군사교관을 조선으로 파견하게 되면 이어서 조선 해군장교들이 영국으로 유학을 가는 기회가 제공된다. 이렇게 되면 조선해군과 영국해군 사이에는 직접적인 유대관계가 형성된다. 일본정부로서는 상

13) 『駐韓日本公使館記錄』 卷2, 臨機密公 第15號 1894年 9月 10日字, 108쪽.

14) 金成根, 「1860年代における朝・日兩國の科學技術政策の推移」, 東京：東京大學校 修士學位論文, 1999, 30쪽；篠原宏, 『日本海軍にお雇い外國人』, 東京：中公新書, 1986.

황이 여기에 이르기 전에 미리 차단할 필요가 있다고 판단했을 것이다.

이러한 일본정부의 속셈은 7월 20~21일 신임 일본공사 井上馨가 조선을 압박하기 위해 고종에게 제시한 소위 「井上 公使의 내정개혁 강령 20개조」에 분명하게 나타난다. 井上는 자신의 의중은 숨기고 "그동안 쌓여 온 폐습을 제거하기가 쉽지 않을 뿐만 아니라, 밖으로는 대원군과 이준용 및 그 일파가 있고 안으로는 민비와 민씨 일족이 있어서 모두 개혁을 달가워하지 않기 때문에 그들을 제치지 않고 결행하기는 대단히 어려울 것"이라고 하면서, "만일 중도에서 포기하게 되면 도리어 쇠퇴만 가속화시켜 차라리 처음부터 착수하지 않는 편이 나을 것이니 숙고하기 바란다"라며 고종에게 수락을 강요하였다.[15] 이 내정개혁 강령 제8조는 '군부 정비'에 대한 것으로 "……군비의 기초를 확립하기 위해서 무엇보다 사관을 양성하는 길을 열고, 兵學의 지식과 경험을 가진 자를 장교로 임명해야 한다. 그러나 세입을 고려하지 않고 군비를 확장하는 것은 재정을 약화시키는 결과를 가져오게 되므로 마땅히 이 점을 감안해야 한다. **또 육군제도도 아직 확립되어 있지 못한 지금 해군 양성에 먼저 착수해서는 안 된다. 이것은 나중에 육군의 기초가 공고해지고 세입에 여유가 생긴 다음에 서서히 계획하는 것이 좋다.**"[16][강조는 필자]라고 하여 근대식 해군을 양성하려는 조선의 노력을 방해하겠다는 책략을 노골적으로 드러내었다.

井上는 이미 일본공사관 및 각 영사관의 정보망을 통해 조선정부가 영국해군 군사교관을 초빙하여 강화에서 사관생도를 양성하고 있다는 사실을 알고 있었다.

둘째, 청일전쟁의 초기에 잡은 승기는 조선에서 청국 세력을 몰아내는 데 결정적인 계기가 되었다. 일본으로서는 이 기회를 이용하여 조선의 근대식 해군의 총수인 閔應植을 포함한 閔氏 일족을 제거하고

15) 杉村濬, 『明治27~8年 在韓苦心錄』/韓相一 譯, 『서울에 남겨둔 꿈』, 건국대 출판부, 1995, 163쪽.

16) 위의 책, 166쪽.

조정을 하루빨리 장악할 필요가 있었다. 이는 黃海海戰이 끝나자 서둘러 고종을 압박하여 친일내각을 구성, 조선정국을 조정한 데서 분명해진다.

셋째, 강화 해군사관학교에서 해군장교가 배출될 경우 이들은 영국식 군사교육을 받아 서구 자본주의와 弱肉强食을 일삼고 있는 열강의 대조선 침략행위를 구체적으로 인식하게 될 것이다. 이 같은 선진적인 사고를 가진 그들은 곧 일본의 대조선 정책이 부당한 침략이라는 사실도 깨달을 것이고, 결국 해군사관학교 출신 신세대는 일본이 조선을 식민지화하는 데 장애가 되는 인재들이 될 것이다. 일본으로서는 이를 그냥 두고만 볼 수 없었을 것이다.

넷째, 강화 해군사관학교에서 사관생도가 수료를 하고 해군장교가 배출되면, 그 다음 단계로 조선정부는 군함을 사서 근대식 해군을 본격적으로 가동하게 될 것이다. 이는 일본해군에게 새로운 껄끄러운 상대가 생긴다는 이야기가 된다. 이것이 바로 육군사관학교인 '練武公院'은 그대로 두면서 '강화 해군사관학교'는 없애고자 파괴공작을 시도한 이유다.

일본정부가 강화 해군사관학교를 없애기 위해 비밀공작을 하였다는 사실은 앞서 언급했듯이 일본외교문서에도 극명하게 나타나는데, 기밀문서의 原文은 다음과 같다.

機密文書 第15號

英國人 2名ノ動靜ト解雇要請

在港英國人ストリブリング及朝鮮政府雇海軍教師英國人ハチソン兩人ハ豫テ在港英領事及稅關長海軍大尉カルウエル等ト結託シ我軍情オ偵察シテ在北京總稅務司ハ-ト氏へ密報スルヤノ模樣有之候ニ付此輩一派ノ擧動ニ就テハ充分注意致居候次第ニ有之候然ルニ右兩名ハ三週間程以前ヨリ何地へカ出發シ形迹甚甚疑ハシク被考候ニ付夫夫探偵爲致候處同人等ハ昨九月江華島近傍ヨリ朝鮮船ニ乘リ漢江

ニ沿フテ下リ直チニ碇泊英艦ヘ漕付ケ二三時間ノ後上陸致候由探報スルトコロニ據レハ該兩名ハ今回平安道地方迄陸行シ所在ノ我軍隊ノ情形オ熟察シ來レルモノ、如クニ有之候仰モ前記'ハチソン'ハ'カルウエル'ト共ニ原來閔門ニ寅緣シテ前海軍總制營ニ敎師トシテ雇聘セラレタルモノニ有之今回ノ事件發生以來署中休暇オ得タリト稱シ當港ニ滯寓シ英領事稅關官吏等ノ支那黨ト結託シ種種ノ妨害オ我ニ加ヘンオシタルハ顯然タル義ニ有之今日ノ場合ニ於テ此等朝鮮政府ノ雇官吏ガ優遊自在各地方ニ徘徊シ敵國ノ爲メニ我軍機オ偵報シ朝鮮政府オシテ其獘オ受ケシムルカ如キハ我軍事上莫重ノ關繫オ有スルノミナラス其雇用者タル朝鮮政府ハ直接ニ其利害オ感スヘル義ニシテ現今ノ勢最早一日モ此等人物ノ溷跡オ容ルスペカラザル事ト被存候就テハ稅關官吏始メ右等支那ノ雇外國人ハ朝鮮政府ニ於テ此際一槪解雇相成候義日韓兩國ノ爲メ最急務ニ可有之歟ト愚考致候此段爲御參考申進候. 敬具

明治二十七年九月十日

在仁川 二等領事 能勢辰五郎 (印)

特命全權公使 大鳥圭介 殿

위 원문의 번역문은 다음과 같다.

기밀문서 제15호

영국인 2명의 동정과 해고요청

인천항에 있는 영국인 '스트립프링그'[17] 및 조선정부 고용 해군교사

---

17) 本名은 A. B. Stripling. 영국인으로 1883년 묄렌도르프가 조선해관을 창설하기 위해 고빙한 27명의 외국인 가운데 한 사람이다. 그는 1883년 6월 16일부터 인천해관에서 감독관(Commissioner)으로 근무했지만, 1894년 9월 당시 인천해관장 서리는 영국 출신인 W. C. Osborne(阿玆本)이었다.

영국인 '허치슨' 두 사람은 일찍이 在港領事 및 세관장으로 해군대위 '콜웰'[18] 등과 결탁하여 우리 軍情을 정찰, 在北京總稅務司 '하트' 씨에게 密報하는 모양입니다. 그래서 이들 일파의 거동에 관하여 충분히 주의하고 있습니다. 그런데 이 두 사람은 3주일 전쯤 이전부터 어디론가 출발하여 形迹이 매우 의심스럽다고 생각되어 각각 탐정시켰더니, 이들이 어제 9일 한강 뚝섬 근방에서 조선 배를 타고 한강을 따라 내려와 곧장 정박하고, 英艦에 배를 저어 가서 2~3시간 후 상륙하였다는 것입니다. 탐정한 바에 의하면, 이 두 사람은 이번에 평안도 지방까지 육로로 가서 그 곳에 있는 우리 군대의 정황을 熟察하고 온 것 같습니다.

애초 앞에서 말한 '허치슨'은 '콜웰'과 함께 원래 閔氏 측과 결탁하여 前 海軍總制營 교사로 雇聘되었던 사람이며, 이번 사건이 발생한 이래 여름휴가를 얻었다는 핑계로 當港에 滯寓하면서 영국영사, 세관 관리 등의 淸國黨과 결탁하여 우리를 여러 가지로 방해하려고 한 것은 엄연한 사실입니다. 오늘처럼 이들 조선정부의 고빙관리가 優遊自在, 각 지방을 배회하면서 敵國을 위하여 우리의 군 기밀을 정찰·보고하여 조선정부에게 그 弊를 끼치게 하는 것 따위는 우리 군사상 막중한 관계를 가질 뿐 아니라 그 고용주인 조선정부는 직접으로 그 해를 느낄 것이므로 지금과 같은 정세에서 하루라도 더 이상 이들 인물의 더러운 발자취를 받아들일 수 없다고 생각됩니다. 이에 관하여는 세관 관리를 비롯한 이들 淸國黨과 雇聘 외국인을 解雇하는 것이 日·韓 兩國을 위하여 급선무가 아닐까 하는 어리석은 생각을 해 보았습니다. 이 점 참고하시도록 말씀드리는 바입니다. 敬具

1894년 9월 10일

在仁川 二等領事 能勢辰五郎 (印)

---

18) 영국해군 Callwell 대위의 이름을 日本公使館 機密文書 原本에는 "カルウエル"로 기재하고 있고, 국사편찬위원회가 발행한 『駐韓日本公使館記錄』(卷2, 108쪽)을 비롯한 국내 각종 문헌에서는 한글로 '칼두웰'이라고 표기하고 있다. 그러나 그의 본명이 William. H. Callwell로 밝혀진 이상 '콜웰'로 정정 기술함이 옳을 것이다.

특명전권공사 大鳥圭介 殿[19)]

이 기록은 인천소재 일본영사관 二等領事가 서울주재 特命全權公使에게 보고한 기밀 보고서로, 전적으로 일본 측의 시각에서 쓴 것이라 다소 과장이 없지 않을 것이다. 그러나 강화도 해군사관학교 교관단 일행이 청일전쟁에 휩쓸려 있었던 점, 일본 측이 이들의 행적을 계속 감시해 왔다는 점, 그리고 이들 영국 군사교관단 일행에게 좋지 않은 감정을 가지고 있었다는 점 등은 충분히 보여주는 자료다.

일본정부의 강화 해군사관학교에 대한 염탐은 이미 학교의 설립준비 과정에서부터 시작되었는데, 일본외교문서 속에 이들의 움직임이 자주 언급되고 있다. 「朝鮮國 海軍統禦營 江華에 設置한 南陽灣 分營設置內定 情報의 件」[20)]이나 「朝鮮國 海軍營設置에 관한 3次文書」[21)] 같은 보고서는 이를 잘 입증해 준다.

그런데 영어교관 '허치슨', 군사교관 '콜웰' 두 사람은 조선정부에 고용되어 있으면서 왜 자신의 직분과는 전혀 관련이 없는 사건에 연루되게 된 것일까? 아마 평소 가깝게 지내던 인천 거주 영국인이자 전 인천해관에 근무한 경력이 있던 A. B. Stripling이 북경에 있는 Robert Hart 청국해관 총세무사의 지시에 따라 해군과 군함의 동정에 밝은 강화 해군사관학교 교관단 허치슨'과 '콜웰' 대위에게 일본 해군과 군함의 동정을 탐색해 줄 것을 부탁한 것이 아닌가 한다. 여하간 이들의 행적이 일본측 정보망에 노출됨으로써 강화 해군사관학교에 대한 일본정부의 와해공작은 더욱 가속화되었으리라 생각할 수 있다.

또 이 기밀문서의 내용으로 짐작할 수 있는 일은 1894년 8월 1일 일본이 청국에 선전포고를 하고 청・일 간에 전쟁이 본격화된 시기에 강화 해군사관학교가 군사교육을 정상적으로 실시하지 못하였으리라는 점이다. 즉 '허치슨'과 '콜웰' 대위의 행적이 일본영사관 측에 처음 탐지

19) 『駐韓日本公使館記錄』 卷2, 108쪽.
20) 『日本外交文書』 卷26, 문서번호 221호, 明治 26年(1893) 5月 4日字.
21) 『日本外交文書』 卷26, 문서번호 222호, 明治 26年(1893) 5月 4日字.

된 것은 8월 20일경부터인데, 이 때 이들은 강화도를 나와 평안도 일대에서 일본군의 현황을 탐지했고 9월 9일에는 인천 외항에 정박중인 영국군함에서 2~3시간 밀담을 나누고 인천항으로 돌아왔다고 했다. 그렇다면 당시 강화 해군사관학교의 군사훈련은 조교관 Curtis가 맡아 파행적으로 실시되고 있었다고 볼 수 있다.

그렇다면 강화 해군사관학교가 폐쇄된 것은 언제일까? 조선정부의 공식 문건이 없으므로 정확한 시기는 알 수 없지만 영어교사 Hutchison이 사관생도 가운데 자기를 따르는 다수 학생을 데리고[22] 서울 漢城英語學校로 간 것이 1894년 11월이었으니,[23] 이 때 강화 해군사관학교의 사관교육은 사실상 중단되어 있었다고 판단해도 무방하겠다. 그런데 앞에서 밝힌 영국 성공회 신부 Corfe 주교가 군사교관단 부부를 강화에서 만난 것은 1895년 부활절(3월 하순경)이었다고 했다. 강화 해군사관학교의 교육이 사실상 중지된 상태임에도 왜 그들은 강화도에 계속 남아 있었을까?

우선 강화 해군사관학교에 영국 군사교관을 초청한 당사자인 外部의 경우 인사교체가 매우 잦았다. 1893년 5월 12일까지 趙秉稷이 통섭통상사무 독판이었으나 5월 13일에는 南廷哲, 1894년 5월 27일에는 다시 趙秉稷, 7월 28일에는 金鶴鎭이 督辦署理, 8월 4일에는 金允植으로 교체되었다.[24] 강화에 있던 영국 교관 Callwell 대위로서는 조선정부와 대화를 할 수 있었던 유일한 창구가 閔應植뿐이었는데, 그의 파직과 함께 대화창구도 동시에 상실하게 되었다. 뿐만 아니라 의정부는 11월 6일 해방영 집행 예산이자 강화 해군사관학교의 운영자금인 "米穀 9,855석을 海防營이 폐지되었다 하여 經理廳으로 移管"[25]시켜 강

22) Daniel Gifford, "Education in the capital of Korea," *Korean Repository* Vol. 3, July 1896, 286쪽.

23) "Editorial Department - Our School," *Korean Repository* Vol. 5, Oct. 1898, 381쪽.

24) 交涉通商事務 督辦이 外部大臣으로 명칭이 바뀐 것은 1894년 8월 20일이다.

25) 『舊韓國官報』 卷1, 開國 503年 10月 初9日字, "統衛營前海防衙門移劃米九千八百五十五石經理廳移劃."

화 해군사관학교의 보급을 차단시켜 버렸다. 조선정부의 이 같은 행정체계와 인사체제의 난맥상은 강화 해군사관학교의 운영과 유지를 어렵게 만들고, 강화부로부터 지급되어야 할 급식과 모든 행정지원까지 차단시켜 버렸다.

게다가 조선정부 고위관리인 후임자는 전임자가 한 일에 대해 책임을 지지 않으려 했다. 이는 1895년 12월 Callwell 대위가 서울로 와서 초청 당사자인 외부대신을 만나고자 면담신청을 했음에도 현직 외부대신 金允植이 면담을 계속 기피하였던 데서 알 수 있다.26) 김윤식의 경우 일본공사관의 압력을 받고 있어 면담 요청을 기피한 것으로 보인다. 이 같은 상황이 결국 Callwell 대위 일행을 계속 강화에 남아 있게 한 이유가 되지 않았나 생각된다.

3. 강화 해군사관학교의 폐쇄와 그 이후

강화 해군사관학교 비운은 직접적으로 동학란과 청일전쟁에서 비롯된 것이다. 하지만 앞서 살펴보았듯이 일본정부의 방해공작이 거기에 일정한 역할을 하였고, 동시에 조선조정의 난맥상 또한 무시할 수 없는 원인이었다.

우선 조선정부는 갑오경장을 단행하면서 일방적으로 해군영을 폐쇄시켜 버렸다. 일본의 압력 하에 실시된 갑오경장으로 인한 해군영의 폐쇄는 강화 해군사관학교에 직접적으로 영향을 미쳤다. 여기에 행정조치와 인사정책의 난맥상은 학교 운영을 더욱 어렵게 하였다. 먼저 1894년 7월 23일 해방영 총수 겸 강화부사인 민응식이 파직되었다.27) 이 때 조정에서는 "總制營革罷海軍節制移屬沁營"이라고 발표한 것으로 보아 海軍營(總制營)이 沁營으로 이관28)되었음을 알 수 있다. 7월

26) 이재열 역, 『언제나 주님 계신데 이르러』, 서울 : 대한성공회출판부, 1995, 24~25쪽.

27) 『舊韓國官報』 卷1(아세아문화사 1973년 영인), 甲午 6月 21日字.

27일에는 다른 閔氏 일족과 함께 閔應植의 유배가 결정되었고[29] 민응식은 강화에서 나와 피신해 버렸다.[30]

7월 29일 의정부는 "총제영은 이미 혁파되었으니 남양부는 경기감영으로 환속시켜 관할케 하자"고 주청하여 고종의 재가를 받았다.[31] 후임 강화부사로는 7월 31일 洪淳馨의 겸임발령이 고시되었으나[32] 8월 4일에 외무독판 김윤식을 다시 겸임으로 발령했다.[33] 그러나 그는 江華府에 부임하지 않았다.

당시 육군사관학교인 練武公院은 정부조직 편제상 軍部 소관으로서[34] 소속이 분명하나, 강화 해군사관학교의 경우는 그 관할부서가 분명하지 않다. 그런데 8월 3일 의정부가 "兵曹草記總制營革罷以江華留守下批矣海沿總制使兼親軍鎭撫使以兼鎭撫使親軍沁營外使總制營兵房兼江華府中軍修城將討捕使以江華府中軍兼修城將討捕使親軍沁營兵房並爲下批事"[35]라 하고, 또 "兼江華府中軍兼修城將討捕使親軍沁營兵房單徐丙勳"[36]이라고 하여 徐丙勳을 인사발령하고 있다. 이것을 보면 강화 해군사관학교는 강화부의 재정적 지원을 받고 있어 兵部의 소관 사항으로 보이나, 구체적인 明示는 없다. 이어서 갑오 6월 28일(양력 1894년 7월 30일)자 정부관제 軍務衙門에는 "海軍局總督全國海軍董率軍人軍屬及管內諸部參議一員主事八員"[37]이라고 되어 있어, 정부에서 海軍局을 설치하려 했음을 알 수 있다. 이것은 갑오경장으로

---

28) 『舊韓國官報』 卷1, 甲午(1894年) 6月 21日字, 6쪽.

29) 『舊韓國官報』 卷1, 甲午 6月 25日字, "……前總制使閔應植絶島定配 …… 閔應植康津縣古今島絶島定配."

30) 李光麟, 「閔妃와 大院君」, 『開化期硏究』, 一潮閣, 1994, 152쪽.

31) 『舊韓國官報』 卷1, 甲午 6月 27日字, "議政府總制營今旣革罷南陽府還屬畿營使之管轄事 傳曰允."

32) 『舊韓國官報』 卷1, 開國 503年 6月 29日字, 政事欄 참조.

33) 『舊韓國官報』 卷1, 開國 503年 7月 初4日字.

34) 『舊韓國官報』 卷1, 開國 503年 7月 18日字, 議案欄 참조.

35) 『舊韓國官報』 卷1, 開國 503年 7月 初4日字.

36) 『舊韓國官報』 卷1, 開國 503年 7月 初3日字.

37) 『舊韓國官報』 卷1, 甲午 6月 28日字 草記欄 참조.

軍國機務處가 신설되면서 정부조직의 개편과 함께 마련된 職制로서, 제대로 실현되지는 않았고 海軍局도 이름만 남아 전해오고 있다. 또 군국기무처는 1894년 9월 5일 議案을 만들어 공포하면서 "各部衙門事務新刱必資顧問外國人雇用不用少緩亟令外務衙門刻期招延事"[38]라 하여 외국인 고문을 폐지하고 그 결과를 외부에 보고하도록 조치했다. 조정의 이 같은 조치는 일본정부의 압력에 의한 것으로, 영국총영사관은 다음 날 즉시 항의 외교문서를 보내왔다. 그 항의문의 英文 全文은 다음과 같다.

H. M. Legation
Söul

September 6th, 1894

Your Excellency,

It has been reported to me that a measure is in contemplation to appoint foreigners as advisers to each of the Corean Government Department.

I would beg to call Your Excellency's attention to the fact that the selecting an undue number of such advisers from the national of any one State[下線은 인용자] *would be not only regarded as an unfriendly act and contrary to the spirit of the most favored nation clause in the Treaty between Corean and Great Britain, but would also be a direct of the appendix to the Treaty with my government whereby Corea asserts and covenants for here internal and external independence.*

I have the honor to be,
Your Excellency,
Your Excellency's most obedient humble servant,
Cecil Gardner

---

38) 『舊韓國官報』 卷1, 開國 503年 8月 初6日字 議案欄 참조.

H. M's Acting Consul General

His Excellency Kim Yun Sik
Minister of Foreign Affairs[39)]

영국총영사관, 서울

1894년 9월 6일

각하,

조선정부 各部에서는 고문으로 외국인을 지명하는 법안을 계획하고 있다는 보고를 받았습니다.

저는 어느 한 국가로부터 과도한 수의 이러한 고문을 선발하는 것에 대해 각하의 주의를 요청하고자 하며, 비우호적으로 평가되고 그리고 조선과 대영제국간 최혜국 조관의 정신에 역행할 뿐만 아니라, 그로써 조선이 국내와 국제적으로 독립을 주장하고 서약한 저의 정부와의 조약 부칙에 직접 연관이 됩니다.

총영사 대리 세실 가드너 頓

김윤식 각하
외부대신

즉, 영국총영사관은 조선정부 외부가 외국인 고문을 특정국가 출신으로 偏重雇傭을 기도하고 있는 데 대해 이의를 제기한 것이다. 그리고 이러한 조치는 조선과 영국 간에 체결한 조약과 부속서에도 명백히 위배되므로 양국 간의 우호에도 악영향을 미친다는 점을 지적하면서 항의하고 있다. 여기에서 한 국가란 물론 일본을 지칭한다. 이렇게 영국총영사관이 즉각 항의를 표시한 것은 당시 강화 해군사관학교에 근무하고 있는 영국 출신 교관단과 직접 연관이 되는 외교조치였기 때문일 것이다.

영국총영사는 외부대신 김윤식에게 면담을 요청하여 다음 날 11시

---

39) 『舊韓國外交文書』 卷13(英案), 문서번호 1052호, 559~560쪽.

그를 만나 이 문제에 대해 따졌다.[40] 이 직접 면담의 결과 9월 24일 외부대신 김윤식은 영국총영사관으로 「外國人顧問의 一國人不專顧事」라는 외교문서를 보내면서 "査雇用教師 寔爲有益俄各衙門諸務起見雇用之便否 應由俄國政府自行裁度 又不應專雇一國之人"[41]이라 했다. 즉, 조선정부는 고용하고 있는 교사(외국인 고문)를 조사하여 각 부처의 업무를 보아 고용 여부를 결정하고, 어느 한 나라로부터 전적으로 顧問을 고용을 하지 않을 것이라고 밝혔다. 이 문서에서 주목되는 점은 "査外國人 雇用顧問"이 아니라 "査雇用教師"라고 기술한 것이다. 이것은 영국총영사가 외부대신 김윤식을 만난 자리에서 강화 해군사관학교에 와 있는 해군교사의 문제를 중점적으로 거론했기 때문일 것이다.

9월 24일 조선정부 외부로부터 편중 고용을 하지 않을 것이라는 회답을 받은 서울주재 영국총영사관은 강화도에서 애타게 결과를 기다리고 있던 Callwell 대위 일행에게도 이 소식을 전했을 것으로 믿어진다.

그렇다면 조선정부의 후속 조치만을 애타게 기다리고 있던 Callwell 대위 일행은 언제 사관교육과 군사훈련의 재개가 불가능하다는 사실을 알게 되었을까? 이는 대략 1894년 11월 말경으로 추정해 볼 수 있다. 영어교사 Hutchison이 사관생도 다수를 데리고 서울 한성영어학교로 가 버리고, 의정부에서도 강화부로 하여금 해군사관학교에 보급을 못하게 海防營 예산을 經理廳으로 移管을 지시한 것이 11월 6일 이후이기 때문이다.

한편, 조선정부는 官船 汽船會社인 利運社를 日本郵船會社 인천지점에다가 소속 기선의 운항을 위탁하면서 상선 사관과 선원의 양성을 약속받았으나,[42] 이는 일본정부가 조선의 해운과 해안을 장악하기 위해 내세운 술책[43]에 불과하였다. 실제로 일본은 利運社 소속 汽船만

---

40) 『舊韓國外交文書』 卷13(英案), 문서번호 1053호, 560쪽.
41) 『舊韓國外交文書』 卷13(英案), 문서번호 1060호, 563쪽.
42) 孫兌鉉, 『韓國海運史』, 釜山 : 亞成出版社, 1982, 215쪽.

장악하고 약속은 이행하지 않았다.

상황이 이렇게 돌아가자 영국 군사교관들의 생활은 곤란해지고 부인들은 가재도구와 휴대품은 강화에 둔 채 몸만 서울로 나와 어려운 생활을 보내고 있었다.

여기에서 다음과 같은 의문이 생길 수 있다. 조선정부가 정식 고용계약까지 체결하여 초빙한 영국 군사교관단 일행에게 부임 여비를 제외한 일체를 지불하지 않았음에도 영국총영사관이 그 지급을 독촉한 흔적을 찾아볼 수 없는 것은 왜일까?

당시 조선에 와 있던 많은 외국 고문들에 대한 체임 문제는 구한국 외교문서와 해관문서에 무수히 기재되어 있고, 조선주재 외국공관은 초빙고문이나 교사들의 체임 문제를 해결하는 데 시간을 허비하고 있었다고 실토하고 있다.[44] 그럼에도 유독 이들 해군 군사교관들의 체임 문제에 대한 기록만은 全無하다. 어쩌면 조선정부가 근대식 해군을 창설하고자 하는 데 대해 영국정부가 부정적인 시각을 가지고 있어 쉽게 포기한 것이 아닌지 모르겠다. 당시 영국정부의 동북아 정책노선은 일본해군과 연계하여 러시아의 남진책을 막는 데 주력하고 있었고, 일본해군과 영국해군의 밀접한 유대관계로 인하여 내심 강화 해군사관학교에 대해 거리낌이 있었을 수도 있다.

4. William H. Callwell 대위 일행의 좌절과 귀국

강화 해군사관학교의 교관단은 영어교사 W. de Flon Hutchison, 해군 군사학 교관 William H. Callwell 대위와 포술학 교관 John W. Curtis 하사관 3인으로 구성되어 있다. 이들 중에서 두 군사교관은 가족을 동반하고 강화도에 거주하면서 학교의 장래에 큰 희망을 걸고 교육생 훈련에 착수했다. 그러나 훈련을 시작한 지 얼마 되지 않아 동학

43) 위의 책, 215쪽.
44) 文一平 著, 李光麟 譯註, 『韓美五十年史』, 探究堂, 1975, 226쪽.

란과 청일전쟁의 발발으로 강화 해군사관학교에 대한 조선정부의 관심을 기대할 수 없게 되었다.

조선에 근대식 해군을 창설하고 군함을 운영할 기간요원을 양성한다는 Callwell 대위 일행의 희망이 좌절되는 순간이었다. 게다가 청일전쟁에서 승리를 거둔 일본은 조선정부의 고위관리를 위협하여 이 학교의 와해를 책동하였다.

현재 강화 해군사관학교의 폐쇄 이유에 대해서는 조선정부의 기록을 통해 정식으로 알려진 것이 없으나 다음과 같은 추정은 가능하다.

첫째, 조선정부의 사전준비 부족과 관심의 결여라는 문제가 있다. 조선정부 외부는 서울주재 영국총영사관을 경유하여 영국 측에 근대식 해군의 창설을 위해 지원을 요청했지만, 예산을 충분히 세워 근대식 해군의 창설을 준비한 것이 아니라 舊編制를 轉用하여 海軍營을 설치하고 강화부에 모든 지원업무를 맡겨 버렸다. 영국 해군성의 거부로 군함 도입이 불가능해지자 군함 도입에 앞서 우선 해군사관학교 교육을 중심으로 해군영을 운영하기로 하였지만, 이 학교의 설립도 충분한 계획과 예산의 확보 속에서 추진한 신규 국가사업이 아니었던 것이다. 또 중앙정부 해당 관리들의 전문지식 부족과 의지 결여도 문제였다. 강화도 갑곶진에 교사를 마련하고 영국인 영어교사와 군사교관만 초빙해 놓고는 중앙정부가 후속 지원조치를 취하지 않았다는 사실은 이를 잘 보여주며, 이 때문에 영국 교관단은 큰 고통과 좌절을 겪어야 했다.

둘째, 1893년에 일어난 동학교도들의 봉기와 1894년 청일전쟁으로 인한 政局의 혼란이다. 중앙정부는 이 문제에 매달려 학교만 개설해 놓고 거의 방치 상태로 일관했다. 그 와중에 인천해관에 근무하고 있던 영국인과 강화 해군사관학교 영국 교관이 일본군함의 동정을 살펴 북경주재 청국해관 총세무사 Robert Hart 경에게 보고하기도 했다는 일본측의 비밀기록이 있는 것으로 보아, 강화 해군사관학교가 일본정부의 공격 대상이 되어 있었음을 알 수 있다. 여하간 동학란과 청일전쟁이 이 학교의 교육훈련 중지와 밀접한 관계가 있음은 분명한 사실로, Callwell 대위도 이 점을 그의 기고문에서 다음과 같이 밝히고 있다.

> *Three years ago the Corean Government decided to start a navy, in order that they might have a few cruisers for the prevention of smuggling. A school for naval cadets was got together on Kanghoa, and 160 men enlisted. A British naval officer and a gunnery instructor were provided from England to organise matters. However, shortly their arrival the war between Japan and China broke out, with Corea as the nominal bone of contention, and, owing to the general confusion and ruin of the country while warlike operations were in progress, the Naval School was abolished and then men turned into soldiers.*
>
> 3년 전 조선정부는 밀수 방지용 순양함을 가지기 위하여 해군 창설을 결정했다. 동시에 해군사관학교도 강화에 설치하게 되어, 160명이 등록되어 있다. 이를 조직하기 위해 영국에서 해군장교 한 명과 포술학 교관 한 명이 파견되었다. 그렇지만 이들이 도착한 직후 일본과 중국 사이에 전쟁이 벌어져, 이 분쟁의 대상이 된 조선에서는 맹렬한 전투가 진행되어 총체적인 혼란에 빠지고 전국이 폐허가 됨에 따라 해군사관학교는 폐지되고 교육생들은 일반군으로[45] 전출되었다.[46]

이 기록은 William H. Callwell 대위가 직접 강화도에서 쓴 것이라 가장 신빙성이 있는 기록이라 하겠다.

셋째, 일본정부의 방해공작이 매우 심했을 것이라는 점이다. 앞서 언

---

45) 여기에서 교육생이란 조선정부가 근대식 해군군사교육을 실시하기 위해 모집한 사관후보생과 수병요원을 의미하며, 이들 중에서 1894년 11월 영어교사 Hutchison을 따라 한성영어학교로 떠난 사관후보생을 제외하고 沁營(舊 鎭撫營)으로 귀속시킨 경우를 말한다.

46) William H. Callwell, "A Corean Fortress," *The Morning Calm* Vol. 10 No. 79, Feb. 1899, 23쪽.

급한 인천주재 일본영사관의 기밀문서 내용에서 알 수 있는 바와 같이 일본정부는 이 해군사관학교의 설립에 긴장했다. 그리하여 일본은 공사관과 영사관의 정보망을 동원하여 학교의 설립과 교관초청 등 제반 사실에 매우 민감하게 반응하였다. 일본으로서는 조선정부가 군함을 소유하기 위해 해군강국인 영국의 지원을 받아 해군사관을 양성하겠다는 데 호의적일 리가 없었다. 당시 일본 해군력도 서구 강대국에 비하면 미미한 수준이라 영국의 도움에 의존하고 있었고, 그것도 청국과의 전쟁을 대비하여 급조한 것이었다. 일본 해군력이 크게 증강된 것은 청일전쟁중에 鐵甲砲塔戰艦 鎭遠(7310톤),[47] 순양함 濟遠(2300톤),[48] 순양함 平遠(2100톤),[49] 순양함 廣丙(1200톤),[50] 砲艦 鎭東(420톤),[51] 砲艦 鎭西, 砲艦 鎭南, 砲艦鎭北, 砲艦 鎭中, 砲艦 鎭邊, 砲艦

47) 1881년 독일 발칸 조선소에서 건조한 전함으로, 배수톤수 7310톤, 전장 91미터, 폭 18.3미터, 흘수 6.4미터, 주기관 6000마력, 속력 14.5노트, 兵裝 30센티 크라프 포 4門. 1895년 2월 17일 威海衛에서 포획당하여 일본해군 二等戰艦으로서 러일전쟁에도 참전하였고, 일본해군이 1911년까지 사용하였다.

48) 1883년 독일 발칸 조선소에서 건조한 巡洋艦. 배수톤수 2300톤, 전장 60미터, 폭 11.8미터, 흘수 4.8미터, 주기관 800마력, 속력 15노트, 兵裝 21센티 크라프 포 2門. 1895년 2월 17일 威海衛에서 일본해군 군함에 의해 포획당하여 일본군함 三等海防艦으로 편입되어 1905년까지 사용되었다. 이 군함을 청국으로부터 빼앗음으로써 일본해군은 최초로 水中發射管이 장착된 군함을 얻게 되었다.

49) 1890년 清國 福州 馬尾船政廠에서 건조. 배수톤수 2100톤, 전장 60미터, 폭 11.8미터, 흘수 4.5미터, 주기관 2300마력, 속력 11노트, 병장 26센티 크라프 포 1門. 1895년 2월 17일 威海衛에서 일본군함에 포획당하여 일본해군 一等砲艦으로 사용하였다. 러일전쟁에 참가하여 작전중 1904년 9월 18일 어뢰에 접촉되어 침몰하였다.

50) 1891년 清國 福州 馬尾船政廠에서 건조. 배수톤수 1100톤, 전장 69미터, 폭 8.1미터, 흘수 3.6미터, 주기관 1200마력, 속력 17노트, 兵裝 12센티 크라프 포 3門. 1895년 2월 17일 威海衛에서 일본해군에 포획당하여 일본군함으로 편입되었다. 그 해 12월 21일 臺灣 澎湖島 남쪽 해안에서 좌초되어 침몰되었다.

51) 1879년 영국 암스트롱 조선소에서 건조한 砲艦. 배수톤수 420톤, 전장 38.1미터, 폭 8.8미터, 흘수 2.9미터, 주기관 420마력, 속력 10.2노트, 兵裝 28센티 암스트롱 포 1문. 1895년 2월 17일 威海衛에서 일본해군에 포획당하여 二等砲艦으로 편입되었다가 1906년 6월에 除籍되었다. 同型艦 鎭西, 鎭南, 鎭北, 鎭

操江(600톤),[52] 砲艦 湄雲(578톤)[53] 등 12척과 水雷艇 福龍(115톤),[54] 65톤급 수뢰정 3척[55] 등 도합 16척 16,565톤을 포획한 덕[56]이 크다.

개항 이래 지속력으로 해군력에 크게 신경을 쓰고 있었던 일본으로서는 조선이 근대식 해군력을 키워 가겠다는 데 대해 민감하게 반응하지 않을 수 없었고, 따라서 이 학교를 못마땅하게 여겼을 것이다.

넷째, 정부관리들의 무능과 부패를 지적할 수 있다. 군사교관 Callwell 대위가 기록하고 있는 바와 같이 교육생인 사관후보생들은 우수하고 영리한 반면, 관리들은 무능하고 정부의 인사제도는 극히 부실하였다.

> ……*but, as in China, the real difficulty is about officers, for with very few exceptions they know nothing of their works, and posts of high command are bestowed on men who do not know one end of*

中, 鎭邊도 함께 포획, 일본군함으로 편입되어 청일전쟁에 참가하였다.

52) 1876년 청국 上海에서 건조한 2本 마스트 木製 Schooner 함. 배수톤수 600톤, 전장 50.4미터, 폭 8.1미터, 흘수 3.3미터, 주기관 350마력, 속력 9.0노트, 兵裝 8센티 크라프 포 2門. 1894년 9월 12일 黃海海戰에서 일본해군에 포획당하여 청일전쟁 때 일본해군 군함으로 다시 참전했고 1903년 10월 26일 除籍되었다.

53) 淸國에서 건조한 2本 마스트 木製 Schooner 함(건조 연도는 미상이나 1870년으로 추정). 배수톤수 578톤, 전장 51미터, 폭 7.9미터, 흘수 2.7미터, 주기관 400마력, 속력 8.0노트, 兵裝 16센티 포 1門. 1895년 3월 6일 當口에서 일본해군 군함에 의해 포획되어 일본군함으로 편입되었다가 그 해 7월 7일 청국으로 반환하였다.

54) 1885년 독일 샤우 조선소에서 건조한 水雷艇. 배수톤수 115톤, 전장 42.8미터, 폭 5.0미터, 흘수 1.5미터, 주기관 1016마력, 속력 23.0노트, 兵裝砲 2문. 1894년 2월 17일 威海衛 外港에서 일본해군 군함에게 포획되어 다시 청일전쟁의 黃海海戰에 일본군함으로 참전했고, 러일전쟁에도 참가하였다가 1908년 일본해군에서 除籍되었다.

55) 1884년 독일 발칸 조선소에서 淸國이 건조한 2척의 魚雷艇 중 하나. 배수톤수 65톤, 전장 33.8미터, 폭 4.1미터, 흘수 1.2미터, 주기관 338마력, 속력 14.0노트, 兵裝 37미리 機關砲 2門. 1895년 5월 17일 일본해군에 포획당하여 일본군함으로 편입되어 1908년까지 사용되었다.

56) 『世界의 艦船 - 日本軍艦史 -』, 東京 : 海人社, 1995, 111쪽.

a rifle from the other."

……그러나 중국에서처럼, 참으로 어려운 점은 관리들에 대한 문제로, 몇몇을 제외하고는 그들은 자기가 해야 할 일이 무엇인지도 몰랐다. 그리고 고급 지휘관 자리는 소총에 대해 전혀 식견이 없는 문외한들로 채워져 있다.[57]

결국 강화 해군사관학교는 청일전쟁에서 일본이 승리하자 사실상 폐교의 운명을 맞이하였다. 일본정부는 조선에서 청국 세력을 몰아내고는 조선정부를 압박하여 국정개혁이라는 미명 하에 일본정부에의 예속을 강요했다. 그 일환으로서 조정 중신들을 막후에서 조정하여 강화 해군사관학교의 폐쇄공작을 시도하여 예컨대 두 영국 군사교관의 봉급을 지급하지 못하게 하면서 훈련생들에게도 식량과 보급을 차단시킨 것으로 보인다. 교관 Callwell 대위가 군사교관 초청 당사자인 외부대신[58]에게 면담을 요청했음에도 이를 계속 기피한 것도 같은 맥락에서 이해할 수 있다. 위의 사실은 1895년 12월 17일자 서울에 체재하고 있는 영국 성공회 소속 한 修女의 다음과 같은 편지에 잘 드러나 있다.

콜웰 씨가 오셔서 묵고 계시는데, 그는 아직도 大臣[外部大臣을 의미하는 듯함 : 인용자]을 면담하지 못하였습니다. 이제 영국으로 귀국하는 일정을 더 지연하실 수 없다고 합니다.

Mr. Callwell has come to stay, he has had no interview with the Minister yet and can no longer delay his trip to England.[59]

---

57) William H. Callwell, "A Corean Fortress," *The Morning Calm* Vol. 10 No. 79, Feb. 1899, 23쪽.

58) 조선정부의 交涉通商事務는 1894년 8월 19일부터 직제개편으로 外衙門으로 개칭되었다가[『舊韓國外交文書』 卷13(英案), 문서번호 1047호, 558쪽] 1895년 5월 18일 다시 外部로 개칭되었다.[『舊韓國外交文書』 卷13(英案), 문서번호 1096호, 576쪽]

59) Transcripts of letters from the Anglican sisters, letter of 17 December 1895 and *The Morning Calm* Vol. 10 No. 79, London, Feb. 1899.

또 이 서신에는 조선정부가 "강화에 있는 군인들이 굶거나 말거나 별로 상관하지 않고 있습니다. 군인들은 도둑질을 하기 시작했는데 아무도 그들을 비난할 사람은 없을 것입니다. 그들은 돈이 필요해서 일을 했는데도 돈을 전혀 못 받았으니까요. 그들은 강화 사람도 아니기 때문에 집도 없고 또 의지할 친구도 없습니다."[60]라고 기술하고 있다. 청일전쟁으로 강화 해군사관학교가 사실상 폐쇄된 후에도 일부 수병들은 이 곳에 남아 있었으며, 조선정부는 이 학교를 그대로 방치해 두고 있었음을 알 수 있다.

한편 강화에서 해군사관 교육의 재개를 고대하면서 기다리고 있던 Callwell 대위 일행 4명이 결국 귀국을 결심한 것은 언제일까? 1896년 3월 14일 강화를 방문한 Corfe 주교가 "유감스럽지만 Callwell 대위와 부인은 조선을 떠나는 것이 좋겠다."(*On the following day I went to Kang Hoa, staying first with Mr. and Mrs. Callwell, who, I regret to say, are shortly to leave Corea for good, and afterwards with Mr. Warner.*)라고[61] 한 것으로 보아 이 때부터 모든 것을 포기하고 귀국을 준비한 것으로 보인다. 그의 인사기록부에 보면, 그가 조선에 파견되어 군사교관으로 근무한 기간 동안 1일 4펜스의 예비역 해군대위 근무수당이 지급되었다는 사실이 기재되어 있는데, 그 동안 조선정부의 체임에도 불구하고 생활해 나갈 수 있었던 것은 주위의 지원과 함께 이 수당이 일정하게 도움이 되었으리라 생각된다.

두 영국 군사교관이 조선을 떠난 것은 1896년 5월이다.[62] 이들 교관들은 각자 부인을 동반하고 먼 이역 땅 조선에 와서 2년간 계약된 봉급과 귀국여비도 받지 못한 채 고난만 겪다가 귀국길에 오른 것이다.

여기에서 주목해야 할 점은 조선정부가 이미 1895년 11월에 계약을 일방적으로 파기하고 해군사관학교를 방치했음에도 불구하고 그들은

60) 이재열 譯, 앞의 책, 24~25쪽.
61) C. J. Corfe, "Bishop's Letter," *The Morning Calm* Vol. 7 No. 69, August 1896, 64쪽.
62) *The Morning Calm* Vol. 8 No. 74, Nov. 1896, 133쪽.

계약기간을 준수하고 떠났다는 점이다. 왜 그랬을까? 대영제국 해군의 자존심을 지키기 위한 것이었을까.

Ⅶ. 교관 William H. Callwell 대위의 귀국후 행적

1. 예비역 장교로의 해군복귀와 그의 후손

그의 인사기록부에는 1893년 8월 27일부터 1897년 2월 26일까지 3년 6개월 동안 조선정부가 설립한 해군사관학교로 파송된 것으로 기록되어 있다.(*Permitted to accept employment under the Korean Government to organise and instruct a school of cadets.*) 물론 그는 1894년 4월에 조선에 도착하여 1896년 5월에 떠났으니 그의 조선 체류기간은 2년 1개월이다. 여기에다 1893년 10월 12일 조선정부의 군사교관직을 수락하고 1894년 3월 3일 영국을 출발할 때까지 5개월간은 조교관 선발과 부임준비로 시간을 보냈고, 또 영국에서 조선까지 오고가는 데 약 3개월의 기간이 소요되었으니, 강화 해군사관학교를 위해 보낸 기간은 사실상 2년 9개월이 된다. 따라서 그는 영국으로 귀국하고도 9개월간 영국해군 예비역 장교로 복무를 시작하지 않았다. 아마도 조선 땅 강화에서 고초를 겪은 후라 상당한 휴식시간을 필요로 했기 때문일 것이다.

그리고 난 후 1897년 2월 27일자로 영국 해군 예비역 장교로 복귀한 그는 당일부터 4월 28일까지 군함 H.M.S. Vernon호에서 2개월간 어뢰교육과정을 이수하고, 당시 영국 해군사관학교인 군함 H.M.S. Excellent호에서 4월 29일에서 5월 12일까지 포술 교육과정을 이수하고, 7월 21일까지 수송장교로 근무했다. 1897년 10월 26일에서 1899년 8월 14일까지는 군함 H.M.S. Victory호에서 수송장교로 근무하다가, 1898년 6월 29일에서 7월 30일까지 한 달 간 군함 H.M.S. Nubia호 수송장교로 파견근무를 했다.

1898년 9월 3일부터 군함 H.M.S. Victory호가 인도함대(India Squadron)로 배속되자 인도근무를 했는데, 여기에서 근무한 공으로 공로훈장을 받았다. 1899년 8월 15일부터 1900년 3월 21일까지 다시 군함 H.M.S. Duke of Wellington호에서 수송장교로, 1900년 7월 3일부터 9월 1일까지는 군함 H.M.S. Alexandra호에서 연료담당 장교로 근무했다. 1900년 9월 2일 25년 만에 소령으로 진급되어 현역소집 없이 예비역 해군장교 신분으로 있다가 1915년 7월 26일 해군에서 완전 퇴역하여 50년간의 해군생활을 마쳤다.

영국 해군성에서는 그의 대영제국 해군장교로서의 성실성을 인정하여 1915년 7월 27일 연봉 500파운드의 조건으로 영국해군의 군함건조용 강판을 제조하고 있던 Sheffield 제철소의 부감독관으로 발령을 냈다. 현직에 재직중이던 1916년 9월 6일 급성 췌장염과 심장마비로 사망하여(65세) Warks 市 Edgbaston 區 Calthorpe Road 소재 묘지에 묻혔다. 1919년 12월 8일 영국해군에서는 그의 유족에게 40파운드 6온스의 전쟁퇴직금을 지급했다.

그는 한 마디로 영국해군에 일생을 바쳤으며, 대영제국의 해군장교로서 자부심을 가져도 좋을 만큼 유능한 해군사관이었다.

이제까지 필자가 발굴한 그의 자필 기록은 1899년 영국 런던에서 발행하는 성공회 월간지 *The Morning Calm* 지에 기고한 논문「조선의 한 요새(A Corean Fortress)」라는 글로 남아 전해온다.[1)]

그의 유족으로는 아들 George Nathaniel Callwell이 있었으나 1921

---

1) Callwell 대위의 논문 "A Corean Fortress"는 拙書『近代韓英海洋交流史』 192~208쪽에 原文과 譯文이 함께 수록되어 있으니 참고 바람. 원문의 복사는 Oxford 대학교 Bodelian 도서관 Susan Harris 여사의 도움으로 입수할 수 있었다. 여기에서 다시 감사의 뜻을 표한다.

년에 북아일랜드 Antrim 시 Larkfield에서 사망하고 며느리 Sarah Law Callwell도 1931년 같은 곳에서 사망하였음이 영국 족보학자 Jane Cox 여사의 조사로 확인되었다.[2] 그의 증손들이 영국에 생존해 있을 것으로 믿어지며, 필자는 지금도 이들을 찾고 있다. 기회가 되면 그들의 증조할아버지와 증조할머니가 조선에서 2년간을 보냈던 강화도 현장을 보여주고 싶다.

조교관 John W. Curtis의 행적은 영국 해군성 자료실에서도 찾을 수가 없었다. 필자가 입수한 외교문서에서도 이름 외에는 기록을 찾지 못했으며, 영국해군 포술 하사관 출신이라는 것 외에는 밝혀진 것이 거의 없다. 그러나 Callwell 대위가 심사숙고하여 선발한 인물이고, 만 2년이나 강화도에서 침식을 함께한 조교관이니 Callwell 대위와 다름이 없는 유능한 인물이었던 것으로 생각된다.

이들은 모두 조선에 와서 부임여비 700원[3] 외에 계약된 봉급과 귀국여비를 전혀 받지 못하였다. 1894년 5월 19일자 조선해관문서의 「總制營에서 해군교습으로 고빙한 賈禮(Caldwll : Callwll의 誤植)의 여비 지급에 관한 답신서」(奎章閣 문서번호 4594호)에는 "해관총세무사 栢卓安(Brown J. McLeavy : 영국인)이 Callwell 대위의 여비(부임여비를 뜻함) 洋銀 700元을 인천세무사에서 지급하겠다."고 통리교섭통상사무아문에 답신한 내용이 수록되어 있다. 洋銀 700원은 교관 Callwell 대위의 고용계약서 제6조에 규정된 그의 부임여비고, 조교관 John Curtis의 부임여비 450원에 대해서는 지급 기록이 보이지 않는다. 물론 이들 두 교관에게 매월 지급해야 할 봉급도 해관자금에서 지급한 기록이 전혀 보이지 않는 것으로 보아 이들은 계약기간 2년 동안 한 번도 월급을 받지 못한 채 조선 벽지에서 부인들과 함께 고생만 하다가 귀국한 것이 확실하다.

---

2) 이것은 필자가 조사비용을 지불하고 받은 1998년 3월 3일자 보고서에 의한 것이다.
3) 「海關文書」, 『舊韓末古文書解題目錄』, 韓國圖書館協會, 1970, 164쪽.

2. William H. Callwell 대위의 논문「朝鮮의 한 要塞」

Callwell 대위가 강화도에 체재하면서 보고 느낀 것을 쓴 논문으로 「조선의 한 요새(A Corean Fortress)」가 있다. 이 글은 그가 영국으로 귀국한 후 성공회 조선교구가 런던에서 발행하는 종교잡지 *The Morning Calm* 誌 1899년 2월호에 기고하여 발표된 것이다. 모두 10쪽에 달하는 분량으로, 당시의 조선을 알리는 사진 네 장이 함께 수록되어 있어 우리의 관심을 끌기에 충분하다. Callwell 대위는 이 사진들 외에도 몇 장을 더 기고한 것으로 보이나, 편집자가 임의로 제외하였다는 것을 본문 내용을 통해 알 수 있다. 게재된 이 사진 네 장은 다른 구한국 풍물사진 속에서도 볼 수 없는 새로운 것으로서 대단히 귀중하다.

네 장의 사진에는 ① 조선의 해군부대(*Corean Naval Brigade*), ② 조선의 한 주물공장(*A Corean Iron Foundry*), ③ 조선의 司令軍官과 막료(*Corean Military Governor and Staff*), ④ 강화부의 한 성문(*A gate of Kanghoa City*)이라는 설명이 붙어 있다.

먼저 '조선의 해군부대'란 海軍營을 의미하는 것으로, 1893년 가을 해방영 총수 민응식이 강화로 부임하여 갑곶진 해군사관학교를 현지 시찰할 때 찍은 사진이다. 이 사진은 Callwell 대위가 강화에 오기 전에 촬영한 것이라 아마 성공회 신부나 영어교사 Hutchison으로부터 받았을 것으로 짐작되는데, 조선의 근대식 해군이 실제로 존재했음을 명확히 증명해 준다.

'조선의 한 주물공장'이라는 사진은 강화도에 있는 어느 곳을 촬영한 것으로 보이는데, 위치를 식별하기는 어려우나 金玉龍 선생(84세)[4]의 조사에 의하여 강화읍에서 약 25킬로미터 떨어진 양도면 三興里 82-1번지 일대로 밝혀졌다.(현재는 밭으로 되어 있다)[5] 70년 전까지만 해

4) 인천시립박물관장과 성공회 강화교회 신도회장을 역임하였고, 현재 강화읍 관청리 250번지에 거주하고 있다.

5) 1999년 11월 23일자 私信에 의함.

도 이 곳에서는 솥이나 농기구를 주조했다고 한다.

'조선의 司令軍官과 막료'라는 설명이 붙은 사진은 江華府의 한 官用 건물인 鎭撫營으로 보인다. 마지막으로 '江華府의 한 城門'이라는 설명이 붙은 사진의 성문은 江華城 東·西·南·北 4개의 門 중에서 어느 문인지 밝히지 않았으나, 평지에 축조되어 있는 것으로 보아 현재는 그 모습을 알 수 없는 東門으로 추정된다. Callwell은 東門 안 마을 관사에서 매일 이 성문을 나와 갑곶진에 있는 해군사관학교로 조랑말을 타고 출근하였다.

논문의 내용은 강화도가 지정학적으로 중요한 곳으로서, 조선의 수도 서울을 방어하는 중요 요새가 다섯 곳(甲串墩·廣城堡·龍頭墩·德津鎭·草芝鎭)이나 있고, 예로부터 조선의 국방상 매우 중요한 곳이었음을 지적하면서, 서양 함선이 이 곳을 통해 한강으로 올라오려 했다가 조선군과 무력 충돌을 자주 일으킨 곳이라고 설명하고 있다. 또 조선의 근대식 해군의 창설과 강화 해군사관학교에 대한 설명도 있어, 이 사관학교가 개설되어 조선청년 160명이 자신의 지휘 아래 근대식 해군군사교육을 받았음을 정확히 기록하고 있다.

이 글은 Callwell 대위가 조선의 근대사와 조선의 사회상에 대해 깊은 관심과 연구력을 갖고 있었음을 보여준다. 筆力이 좋아 문장도 유려하다. 그가 영국정부가 조선에 파견한 단순한 군사교관이 아니라 학식과 인품까지 겸비한 해군장교였음을 알 수 있는 대목이다.

그는 이미 1875년 홍콩주둔 영국군함에 근무하면서 동양 세계를 경험한 바 있으며, 따라서 조선에 와서도 자기가 관심과 흥미를 갖고 있는 분야에 대해 독서도 많이 하고 세심한 관찰을 했던 것으로 보인다. 조선정부가 국방상 강화도를 매우 중요시하는 이유로 수도의 입구를 경비하고 있기 때문이라고 지적한 것이나, 강화도의 승려들은 일을 하지 않는 반면 국방의 의무를 지고 있으며 강화도에서 생산되는 쌀은 국방상 육지로의 반출이 금지되어 있다고 한 것 등은 정확한 지적이다. 뿐만 아니라 1866년 병인양요 때 프랑스군이 어떻게 패배하였는가에 대해서도 제대로 기술하고 있어 강화도에 와서 많은 자료를 섭렵했음을 알 수 있다.

따라서 「朝鮮의 한 要塞」로 보건대, 이 논문 외에 조선에 관한 다른 기고문이나 사진 등이 더 있을 것으로 짐작되나 아직 확인되지는 않았다. Callwell 대위의 후손을 찾게 되면 그가 직접 촬영한 강화 해군사관학교와 강화도의 풍물을 알 수 있는 귀중한 사진자료나 기록을 더 볼 수 있을 것으로 믿어진다.

Ⅷ. 결 론

강화 해군사관학교는 국왕 고종이 근대식 해군을 창설하기 위해 1893년 1월부터 추진하여 실시된 국책사업이었다. 1893년 3월 22일에는 해군영을 신설하고 장차 갑곶진을 해군본부로 발족시킬 계획[1)]도 가지고 있었다. 그리하여 영국정부의 협조를 받아 1893년 9월에는 해군사관학교가 교육을 시작하였고, 1894년 4월에는 영국인 군사교관들이 도착하여 짧은 기간이지만 해군사관 후보생들에게 군사훈련도 실시하였다. 그러나 우리 사학계의 관심과 연구가 부족하여 이 해군사관학교는 한국 근대사에서 묻혀진 군사교육기관이 되고 말았다. 비록 강화 해군사관학교가 1893년 9월에 교육을 시작하여 1894년 11월경에 폐쇄되기는 했지만 영국에서 온 해군 군사교관 두 사람은 1896년 5월까지 조선에 남아 조선정부가 이 해군사관학교를 재개할 것을 고대하고 있었다. 그러나 당시 조선을 식민지화하기 위해 갖은 책동을 일삼고 있던 일본은 장차 이 학교가 미치게 될 영향력을 크게 우려했다. 무엇보다도 이 학교에서 배출될 청년 해군장교들이 일본의 대조선정책에 큰 장애요인이 될 가능성이 농후하였기 때문이다. 그리하여 청일전쟁

1) Rev. Mark Napier Torollope, "The Island of Kang-hoa," *The Morning Calm* Vol. 5 No. 52, Oct. 1894, 159쪽. 원문은 다음과 같다.
"……*and, secondly, to the fact that the new Naval College, which is to be officered and trained by Englishmen, and which the Corean Government is now taking up with such enthusiasm, is to have its headquarters there.*"(조선정부가 지금 열심히 추진할 것은 그 곳에 본부를 가져야 할 일이다.)[下線은 인용자]

으로 강화된 힘을 배경으로 고종과 조선정부 중신들을 압박하여 이 학교의 재개를 막았던 것이다. 인천 일본영사관의 기밀첩보와 杉村濬의 『在韓苦心錄』은 일본정부의 이 같은 공작을 명확히 드러내 준다.

오늘날 우리 학계나 해군당국에서는 이 학교가 불과 1년 3개월밖에 존속하지 못했고 배출된 해군사관도 없었으므로 과소평가할는지도 모른다. 그러나 이는 韓國海軍史를 다시 써야 할 만큼 중요한 의미를 가지고 있다. 무엇보다도 고종이 지대한 관심을 가지고 근대식 해군을 통해서 자주국방에 착수했다는 증거이고 그 실체로서 강화 해군사관학교가 엄연히 존재했기 때문이다. 따라서 한국의 해군역사는 1945년 11월 11일 손원일 제독이 海防兵團을 창설하기 52년 전에 이미 근대식 해군의 창설을 위한 해군사관학교가 설립되어 사관생도에게 군사교육이 실시된 때로부터 시작되었다고 해야 할 것이다. 비록 일본정부의 책동으로 해군장교를 배출하지 못하고 군함 운영도 실패했지만 이 학교의 실체와 해군 군사교육은 엄연한 역사적 사실이다.

한편 우리는 이 해군의 근대화 추진 과정에서 몇 가지 귀중한 교훈을 얻을 수가 있다.

첫째, 새로운 제도나 조직을 만들기 위해서는 무엇보다 인재양성이 선결되어야 한다는 점이다. 이는 옛날이나 지금이나 다를 바 없다. 19세기는 해양의 시대로 해군력이 국력을 상징했다. 해군력은 우수한 군함도 중요하지만 우수한 인재에서 출발하며 그 주체는 사관이다. 특히 조선처럼 봉건사회에서 근대사회로 넘어가는 국가에서는 인재양성은 더욱 절실한 문제다. 1860년 영국 해군제독 Charles Napier 경이 "해군을 조직하는 것은 군함이 아니라 사람이다."(It is seamen, not ships, that constitute a navy.)[2]라고 說破한 것은 바로 이것을 강조한 것이다.

일본이 개항하고 제일 먼저 착수한 국가사업은 근대식 대포의 제조

---

2) A. B. Sainsbury, *The Royal Navy Day by Day*, UK : Ian Allen Ltd., 1992, 317쪽.

의 제조와 해군 창설을 위한 인재양성이었다. 그리하여 외국 군사고문을 초빙하고 많은 청년들을 외국으로 파견하는 등 인재양성에 힘써 짧은 기간에 근대식 해군을 만드는 데 성공하였다. 조선도 그 기회를 잡았으나 결과를 창출하지 못했으니 이는 무엇보다도 강화 해군사관학교가 중도에 폐쇄됨으로써 해군사관을 배출하지 못한 데 있었다.

둘째, 교관 Callwell 대위가 남긴 교훈은 오늘의 한국해군에도 귀감이 될 만한 일이다. 그는 조선정부의 고용계약 위반으로 봉급도 받지 못했으면서도 계약 기간인 2년을 지켰다. 당시 조선정부에 초빙되어 온 많은 외국인 고문이나 교사들은 조선정부가 계약을 위반하거나 체임 문제를 일으킬 경우 외교공관을 통해 압력을 넣는다든가 하여 문제를 해결하였지만 Callwell 대위 일행은 그러한 방법도 쓰지 않았던 것으로 보인다. 아마 조선에 도착하고 나서 재정이 빈약한 조선정부가 계약된 봉급과 귀국여비를 지불한 형편이 못 됨을 알게 되었을 것이다. 따라서 체임문제는 쉽게 포기하되 대영제국의 해군장교로서의 자존심만은 굳게 지키고자 하였다. 그 점은 1894년 11월 강화 해군사관학교가 사실상 폐쇄되었음에도 바로 귀국하지 않고 1년 6개월이나 지난 후에 귀국했다는 사실에서 분명해진다. 조선정부는 자신과의 계약을 위반했지만 그 스스로는 일단 계약한 기간을 지키고 조선을 떠난 것이다.

셋째, 그가 영국으로 귀국한 후 1897년 2월 27일 영국해군으로 복귀하여 1915년 2월 27일까지 복무한 그의 해군 근무 상황에서도 교훈을 찾을 수 있다. 그는 14세의 어린 나이에 해군사관학교에 입교하여 해군장교 생활을 시작하여 50년간 영국과 영국해군을 위해 복무했다. 물론 그는 영국 해군사관으로서 화려한 일생을 보낸 것은 아니다. 해군성의 추천을 받아 미지의 나라 조선에 발을 딛었지만 조선의 상황 변화로 별 성과 없이 귀국함으로써 Douglas 제독이나 Lang 대령처럼 英國海軍史에 이름을 남기지도 못하였다. 그는 1900년 9월 2일에 소령으로 진급하였고, 당시 그의 해군사관학교 동기들은 이미 제독이 되어 있었으나 해군성에서 제의한 Sheffield 조선소 부감독관직(Assistant Inspector)도 마다하지 않았다. 그저 자신의 주어진 직분에 따라 성실히 근무한 해군장교였던 것이다.

우리는 강화 해군사관학교에 해군 군사교관으로 왔던 이 Callwell 대위의 일생을 통해 Pax Britannia 시대(1815~1900)에 영국해군이 세계를 제패할 수 있었던 원동력이 어디에서 나왔는지를 알 수 있고, 해군장교로서의 그의 자부심을 읽을 수 있다. 65년의 일생 가운데서 해군으로 50년을 보내며 비록 계급은 소령으로 그쳤지만 영국해군에 바친 봉사정신은 어느 제독에 못지않는 훌륭한 것이었다고 평가해도 좋을 것이다. 이 점이 바로 오늘 한국해군 장교들이 배워야 할 해군정신이 아니겠는가.

제2부 : 舊韓末 軍艦 '揚武號' 史談

A Hidden History of Warship 'Yangmuho'
in the Late Chosun Dynasty

Ⅰ. 서 론

우리 나라에서 洋砲를 장착한 최초의 군함 '揚武號'에 관해서는 몇 가지 기록이 국내자료에서 散見되어 왔지만 학계의 주목을 받지는 못하였다. 이는 아직 우리 나라 학계에 기선이나 군함을 본격적으로 연구할 만한 분위기가 형성되지 못해 부득이한 일이겠지만, 해군 당국에서조차 이 군함에 대해 전혀 모르고 있다는 사실은 필자로서는 의외의 일이었다. 그리하여 1990년 해군사관학교 박물관 신축 개관에 즈음하여 필자는 몇 가지 사진자료와 함께 기록을 제공하여 현재 전시가 되고 있다. 물론 오늘날 한국해군의 입장에서 본다면 '揚武號'는 이렇다 할 기여가 없었으니 크게 관심의 대상이 되지 못했을 것이다. 또 기록을 발굴하고 보존하고자 해도 世人의 관심이 없으니 애써 사료를 발굴해서 연구할 만한 학계 인사도 없었다. 이렇게 해서 역사 속에 묻혀 있던 군함 '양무호'를 처음 연구한 학자는 놀랍게도 일본 中央大學의 高橋茂夫 교수로, 그는 1969년 일본『海事史硏究』제12호에「韓國軍艦揚武號에 關한 資料若干」이라는 논문을 발표하였다. 한편 국내에서는 張學根 박사가『朝鮮時代海洋防衛史硏究』에서 이에 대해 일부 언급한 것과 필자가 1987년 월간『海洋韓國』지에「舊韓末 軍艦 揚武號의 顚末」이라는 小論을 통해서 소개한 것이 전부가 아닌가 한다.

군함 '양무호'는 艦名에서 볼 수 있는 바와 같이 고종황제가 揚武를 표방하고자 作名하여 하사한 것이나 우리 나라 海防에는 이렇다 할 足跡을 남기지 못한 채 러일전쟁 때 일본해군에 강제로 끌려가서 수송선으로 이용된 기구한 운명의 군함이다.

高橋茂夫 교수는 풍부한 일본측 사료와 일본 해군성이 편찬한 『日露戰爭參加者史談會記錄』(非公刊)을 인용하여 '양무호'의 전력과 러일전쟁 때의 활약상을 구체적으로 밝히고 있으나, 한국해군 군함으로서 남긴 족적이나 그 군함이 어떻게 다시 일본상선으로 변신하여 韓國籍에서 사라지게 되었는지의 사실은 밝히지 못하였다. 이것은 아마도 한국측 사료를 입수하지 못하고 일본 사료에만 의존한 결과가 아닐까 믿어진다. 반면 필자가 쓴 소론 역시 국내에서 발굴한 기록을 중심으로 정리한 것이라 사료상 한계가 있고, 몇 가지 오류가 있었다는 것을 高橋茂夫 교수의 글을 읽어보고 알게 되었다. 따라서 이미 발표한 小論을 修正·補完할 필요성을 느꼈다.

임진왜란 이후 海防에 대한 조야의 관심은 점차 희박해져 英正祖 이후가 되면 水軍力은 거의 명맥만 유지하는 정도에 그쳤다. 반면 조선해역에는 異樣船의 출몰이 빈번해졌고, 1866년 丙寅洋擾, 1871년 辛未洋擾라는 두 차례 양요를 겪으면서 경험한 서양포함의 위력은 처음에는 호기심에서 점차 공포의 대상이 되었다.[1] 이에 포함의 확보는 조선정부의 염원이 되었다.

대원군이 1867년 3월에 착수한 鐵戰艦과 수뢰포의 제작도 異樣船으로부터 바다를 지키기 위한 조치였으며, 몇 차례의 시도와 좌절 끝에 드디어 우리 나라가 처음 보유하게 된 군함이 이 '揚武號'였다. 그러나 이 군함은 근대식 군함에 대한 인식과 식견이 전무했던 조선정부에 의해 막대한 국가예산만 낭비하고 원래의 목적인 海防에는 이용되지도 못한 채 비극적인 운명을 맞았다.

본고는 앞서 언급한 바와 같이 이미 발표한 필자의 논문을 수정·보완하여, 주로 '揚武號'란 어떤 선박이며 어떻게 조선정부의 군함으로 도입되었다가 어떻게 사라졌는가를 살펴보면서 여기에서 오늘날 우리 해군이 얻을 교훈은 무엇인지를 살펴보고자 한다.

---

1) 金在勝, 「朝鮮海域에 異揚船의 出現과 그 影響」, 『月刊 海技』 1987년 4~8월호, 부산 : 韓國海技士協會 참조.

Ⅱ. 군함 揚武號의 前歷과 도입과정

양무호는 1888년 영국 Middlesbrough 소재 R. Dixon사에서 건조한 화물선으로 처음 선명은 Pallas였다.[1] 이 汽船은 3432톤급 화물선으로 主機關 三連成汽 1750마력의 원양항로에 취항할 수 있는 선박이었다.

1894년 일본 미쓰이물산合名會社가 석탄운반선으로 사용하기 위하여 25만원에 구입하여 선명도 三池炭鑛의 勝立坑의 이름을 따서 따서 勝立丸(S.S. Kachidate Maru)으로 명명했다. 자회사인 미쓰이광산회사에 용선되어 주로 九州 口之津에서 홍콩 간 석탄운송에 사용되다가 1897년 9월부터 일본 육군 운수통신부에 용선되어 軍에서 사용되었다. 그러나 주연료인 석탄을 과다하게 소모한 관계로 'Coal Eater'라는 별명으로 불렸을 만큼 성능은 극히 불량한 기선이었다.[2]

일본 미쓰이물산은 이 기선을 영국에서 구입하여 자국으로 회항하다가 도중에 해난사고를 만나 싱가폴에서 수리하던 중, 청일전쟁으로 인한 군용징발을 피하기 위해 계속 영국 국적을 보유하면서 석탄운송용으로 사용하였다.

1900년대 초에 총톤수 3,432톤급 화물선이라면 일본에서도 대형선에 속하였는데,[3] 영국이 이 기선을 건조할 1885년 당시 鋼船 건조가 전체

1) 高橋茂夫, 「韓國軍艦揚武に關する資料若干」, 『海事史硏究』 12, 東京 : 日本海事史學會, 1969, 173쪽.
2) 高橋茂夫, 위의 글, 165쪽.
3) 1903년 말 일본상선의 평균 총 톤수는 600여 톤이었므로 3432톤급 화물선은 대형선에 속했다.(村上彊壽夫, 『海運の話』, 東京 : 日本經濟新聞社, 1967, 64쪽)

<사진 13> 1907년 부산항에서 촬영된 군함 '揚武號'
(愼順晟 함장의 장남 愼兌範 博士 제공)

신조선의 35%에 불과했던 만큼[4] 조선기술상 성능 면에서 부실한 선박이었던 것은 분명하다. 이렇게 성능도 부실하고 연료탄도 과다하게 소비한 관계로(일일 석탄 소모량 43톤)[5] 채산성이 없었다. 게다가 자주 기관고장을 일으켜 수리비가 과다하게 발생하는 등 운항 실적이 불량하였기 때문에 선주인 미쓰이물산은 적당한 願買者가 나타나면 매각할 생각을 하고 있었다. 여기에 걸려든 것이 조선정부였다.

당시 조선에는 1894년 11월에 강화 해군영과 해군사관학교가 폐쇄된 이후라 근대식 해군편제가 없었고, 인재양성도 거의 이루어지지 않아 중앙정부 내에 근대식 군함에 대한 식견을 가진 사람이 없었다. 극소수의 상선사관이 있기는 하였지만, 그들도 대부분 구한말 관선기선

4) 萩原正彦, 『傭船契約論』, 東京 : 海文堂, 1980, 53쪽.
5) 高橋茂夫, 앞의 글, 173쪽.

회사인 利運社와 민간 기선회사 大韓協同郵船會社 소속의 기선에 하급선원으로 선원 생활을 시작하여 사관으로 승진한 사람들이라[6] 군함과는 거리가 멀었다. 당시 그들이 타고 있던 기선의 고급사관들은 대부분 일본과 유럽 출신이었다. 그나마 근대식 기선 교육을 제대로 받은 사관은 서울 출신 愼順晟(1878~1844)과 瑞山 출신 朴完緖뿐이었는데, 그들은 조선정부의 국비유학생으로 일본 東京상선학교에서 수학하고 1901년 8월에 귀국한 상태였다.[7]

그러다 보니 군함 도입 계약에 전문식견이 없던 정부 관리가 참여하게 되었고, 여기에 미쓰이물산이 주한 일본공사관과 결탁하여 막후에서 압력을 가하여 조선정부는 중고 기선을 군함으로 도입하게 된 것이다. 미쓰이물산은 경제성이 없는 중고 화물선 勝立丸을 쓰루가조선소에서 개장공사를 하고 청일전쟁 이후 용도 폐기된 일본해군 군함 赤城號(포함 644톤)에서 뜯어낸 고물대포(12斤, 8센티)를 장착하여[8] 조선정부에 군함으로 팔아넘긴 것이다. 이 매매거래에는 주한 일본공사관이 적극 개입하였고, 조선의 중신들 사이에서도 고종황제 즉위 40주년 기념식을 앞두고 각국 외교사절이 자국의 군함을 이끌고 인천항에 입항하여 축포를 쏘고 들어오니 우리 나라도 축포를 쏘아 답례를 해야

---

6) 金在勝, 「개항기 한국의 민간 해운사정과 그 기선들」, 『韓進海運社報』 1994년 5월호, 50쪽.

7) 金在勝, 「韓國 最初의 汽船船長 愼順晟」, 『月刊 海技』 1984년 5~6월호, 부산 : (사)한국해기사협회 참조.

8) 러일전쟁 당시 주한일본공사관 무관 吉田增次郎 해군소좌(후에 해군중장까지 진급)의 수기 『日露戰爭參加者史談會記錄』에 의하면, 赤城號의 고물대포(12근)를 탑재했다고 한다. 한편, 高橋茂夫 교수는 이 점에 대해 의문을 표시하고 있으나 47밀리 砲의 탑재 가능성은 부인하지 않고 있다.(앞의 글, 175쪽) 그러나 伊藤正德의 『軍閥興亡史』에 의하면, 1894년 9월 16일 청일전쟁 중 황해해전에 참가한 청·일 양국의 주력함대의 비교표를 볼 것 같으면 赤城號는 644톤급으로 砲力 12센티, 속도 10노트로 기록되어 있어 청일전쟁 이후에 무장을 교체했을 가능성은 충분하다. 따라서 이 고물대포를 양무호에 달아 판매했을 것이라는 점은 吉田 해군소좌의 증언으로 충분히 인정할 수 있는 일이다.

할 터인데 월미도 포대에 있는 대포는 8센티 野砲뿐이니 이번 기회에 군함을 사서 축포를 쏘아야 한다는 의견이 나왔다. 이 같은 의견은 다분히 미쓰이물산의 계략에서 나온 것으로 서울주재 일본공사관을 통한 로비의 결과일 가능성이 크다. 일본정부의 러시아가 군함을 조선정부에 기증하고 해상이권을 점유하게 될 것이라는 소문이 있어서 이를 저지하기 위해[9] 선주 미쓰이물산과 내통한 것으로 보인다.

미쓰이물산은 일본공사관의 협조 하에 조선정부의 외부를 경유하여 군부와 1903년 1월 25일 매매계약을 체결하였는데,[10] 계약선가는 일화로 55만원이었다.[11] 1902년 11월 조선해관 총세무사 영국인 J. M. Brown이 총톤수 1065톤급 기선 光濟號를 일본 가와사키조선소에서 발주할 때의 신조선가가 日貨 35만원이었는데[12] 선령이 15년이나 된 중고화물선 값으로 55만원은 엄청난 高價다. 더구나 선주 미쓰이물산은 이것을 25만원에 구입하여 9년간이나 운항했는데 이것을 55만원에 판 것은 명확한 '바가지' 계약이 아닐 수 없다는 것이다.

현재 東京 미쓰이물산주식회사 사료관에 소장되어 있는 '양무호' 매

9) 高橋茂夫, 앞의 글, 165쪽.

10) 『日本外交文書』 卷36-1, 軍艦導入一件.

11) Horae N. Allen, *The Chronological Index*/金圭炳 譯, 國會圖書館 立法照査局, 1965, 115쪽.

12) 위의 책, 114쪽. Allen은 이 선박을 연안경비함으로 기술하고 있는데, 이는 군함이 아니라 해관 순시선을 의미한다. 현재 '龍山 전쟁기념관'에 전시된 '光濟號'의 사진에는 우리 나라의 첫 군함이라는 설명이 붙어 있는데, 이는 잘못된 것이다. 또 일부 문헌에 '광제호'를 假裝巡洋艦이라고 기록하고 있으나(愼兌範, 『仁川 한 世紀』, 弘盛社, 1983 : 石海星(石斗玉) 稿, 「韓末政治家에 對한 秘話」, 『湖南評論』 2-1, 목포 : 호남평론사, 1936년 1월 15일, 53~55쪽), 조선해관이 이 기선을 해관 감시선으로 발주했다는 사실은 『本邦建造船要目表(1868~1945)』(日本 : 海文堂, 66~67쪽)의 '船主는 한국세관', '건조목적은 등대순시선'이라는 기록을 통해서도 확인된다. 이 선박을 일본해군 사관들이 인천항까지 운반해 왔고 1903년 해관총세무사 Brown이 고종의 재가를 받을 때 장차 군함으로 사용할 의도를 갖고 있었던 것으로는 짐작되지만, 명확히 군함 목적으로 건조한 것은 아니며 군함으로 사용된 일도 없었다. 그런데도 이것이 군함으로 잘못 알려지게 된 것은 사관을 비롯한 승무원 전원이 해군제복과 같은 복장을 하고 있었기 때문으로 짐작된다.

매계약에 관한 1903년 2월 3일자 중역회의 의사회의록에 의하면, 선가 55만원의 내역이 기록되어 있다. 이 기록에 의하면 선가는 20만원인데, 이는 감가상각을 감안하여 구입선가보다 5만원을 낮춘 것으로 짐작된다. 그런데 그 나머지 35만원에 대한 세목을 살펴보면 얼마나 불공정 계약이었는가가 확연하다. 즉, 선체수리비 20만원, 무장설치비 4만원, 화약고 신설비 1만원, 테리크 장치비 2만원, 구조 수리비(Accommodation : 선실 수리비용을 뜻하는 것으로 보인다) 7만원, 인천항까지의 운항비가 1만원으로서, 20만원짜리 기선에 추가비용이 35만원이나 지출된 것으로 계산되어 있다. 계약협상에 참가한 조선정부 관리의 무지가 이런 '바가지' 계약을 낳은 것이다.

조선조정은 이러한 '바가지' 계약 사실을 계약체결 후에 알게 된 것으로 보인다. 이는 계약 후 약 2개월이 지나 조선정부가 外部를 통해 일본 외무성에 계약의 파기를 요청한 것에서[13] 짐작할 수 있다. 그러나 선주 미쓰이물산이 이 같은 요청에 응할 리가 없었다. 미쓰이물산은 외무성과 조선주재 일본공사관을 동원하여 선박의 인수를 강요했고, 결국 조선 軍部는 이 배를 억지로 떠맡을 수밖에 없는 지경에 이르렀다.

이렇게 해서 인천항에 도착하기 전부터 조선정부의 골칫거리가 된 이 군함은 1903년 4월 1일 '揚武號'라는 艦名을 하사받고 4월 16일 일본해군 장병들의 운전 속에 인천항에 도착했다. 이 군함의 諸元은 다음과 같았다.

함명	揚武號
전선주	일본 三井物産合名會社
원명	英國籍 : S.S. Pallas, 日本籍 : 勝立丸
건조연월	1888년 2월
건조회사	영국 Middlebrough 소재 R. Dixon사
全長	346.3尺(105m)

---

13) 『日本外交文書』 明治 36年(1903) 3月 19日字.

<사진 14> '양무호' 함장 愼順晟(1878~1944)
(愼艦長의 장남 愼兌範 박사 제공)

船幅	41.3尺(12.5m)
船深	27.3尺(8.3m)
속력	최대 13.5노트, 평균 10.5노트
吃水	滿載時 24척(7.3m), 公船時 13.75척(4.2m)
주기관	三連成汽 1750마력
석탄소비량	1일 43톤
석탄저장량	409톤
화물적재량	4087톤(容積)[14]

14) 상기에 열거한 자료는 『日本船名錄』(明治 29年版), 『極秘明治37~38年海戰史』, 『明治37~38년 戰役統計』(日本 陸軍省刊) 등에서 諸元에는 다소간의

무장	① 8cm 포(12斤포) 4문(船首樓, 船尾樓 좌우 각 2문씩)
	② 5cm 포(47mm 기관포) 2문(船橋 좌우 각 1문씩)[15]
	③ 洋銃 150정
	④ 刀子 100口
	⑤ 권총 22정
	⑥ 탄약, 화약 50상자
승무원	72명
함장	愼順晟[16]

계약상 대금 지불방법은 3회 분할지급으로 군함이 인천항에 도착한 후 1개월 내에 1회분 20만원을, 2회분 17만 5천원을 1904년 5월 15일까지, 잔금 17만 5천원은 1905년 5월 15일까지 지불하는 것으로 하되, 도착 후 최초의 1개월을 제외하고는 日步 4전(1일 10원당 4전)의 이자를 지급하도록 되어 있었다. 문제는 군함 도입자금을 확보하지도 않은 채 황제의 즉위 40주년을 맞이하여 축포를 빌미로 황제의 관심을 자극하여 즉흥적으로 구입을 결정한 데 있었다. 1903년도 조선정부의 유일한 대외지불 수단인 해관수입이 총 143만 2천원이었던 점을 감안하면 1회 지불대금 20만원은 적은 액수가 아니었다. 또 同年 8월 7일 탁지부가 요청한 상반기 국비지출 항목 총액도 173,913원이었던 사실에 비추어[17] 선가 55만원은 실로 막대한 금액이었다. 그러다 보니 1회 상환 때부터 계약위반이 발생했다. 5월 15일까지 1회분 상환금 20만원을 지불하지 못하자 일본공사관은 외교문서를 보내 강압적인 수단을 쓸 것을 본국 외무성에 건의했고, 고종황제 알현요청에 대한 회답이 없자 6월 3일 조선정부 外部에 5일 이내에 20만원을 지불할 것을 강요하는 최후통첩을 보냈다.

차이가 있으나 여기에서는『日本船名錄』明治 29년판을 기준으로 작성했다.

15) 高橋茂夫, 앞의 글, 169쪽.

16)『皇城新聞』光武 7年(1903) 3月 13日, 8月 19日字.

17) 張學根,『朝鮮時代海洋防衛史硏究』, 진해 : 해군사관학교, 1987, 293쪽.

한편, 선주 미쓰이물산은 軍部 砲工局代辦(국장 대리)으로 신임된 崔岡이 커미션 7000원을 주면 해결해 주겠다는 극비 제의가 있었다고 하면서 이를 군부대신 尹雄烈에게 고해 바치자 조선정부는 그를 파직하고 투옥해 버렸다. 그러나 崔岡의 커미션 요구 운운은 다분히 미쓰이물산의 모략이 아닐까 믿어진다. 즉, 법부대신 李載克의 요청에 따라 실시한 조사 결과 포공국장 대리 崔岡이 군함 구입건으로 뇌물을 수수한 확증은 발견되지 않았다. 대신 일본인과 회동할 때 일본인에게 힐책을 받고 고위 관리로서 품위를 지키지 못했다는 죄목을 적용하여 피고 崔岡을 "大明律詐僞編對制上書詐不以實條 凡對制及 奏事上書詐不以實者律"에 따라 곤장 100대와 징역 3년에 처하도록 했다[18]는 것을 보면, 그는 군함 '양무호'의 도입과 관련하여 여론의 속죄양이 된 것이 아닌가 한다. 당시 상환금 20만원을 지불하지 못하여 조선정부 담당자인 그와 미쓰이물산에서 파견나온 직원과의 사이에 많은 언쟁이 오갔을 것이고, 그 결과 그는 선주 미쓰이물산 측의 모함을 받은 것으로 추측된다.

한편 중고 화물선에 고물대포를 장착하여 일본이 조선에 고가로 팔아넘겼다는 소문이 돌자 국내외적으로 많은 비난이 쏟아졌다.[19] 『황성신문』은 1903년 6월 1일자 논설에서 "한 명의 水兵도 없는 실정에서 군함을 구입한 것은 재정의 낭비"라고 비난했고, 신임 군부대신 尹雄烈도 이 점을 솔직히 시인하였다.[20]

이러한 상황 속에서 일본 외무성의 계속되는 외교적 강압에 못 이긴

---

18) 『日省錄』 光武 7年(1903) 6月 18日條 ; 『高宗實錄』 光武 7年 8月 12日條.

19) 독일신문 *Kölnische Zeitung* 紙 1903년 7월 1일자 보도기사에 의하면, 고종황제는 일본 무역상사의 낡은 수송선을 50만원(독일화 100만 마르크)에 사들였다고 보도하고 있다. 또 이 배는 3000톤급에 최고속도 11노트로 계약상 승무원은 일본사람이 승선하도록 계약되어 있다고 보도했는데, 이 정보는 당시 서울주재 독일공사관 소식통이나 고종황제의 御醫 Richard Wünsch 박사로부터 나온 것으로 보인다. 따라서 駐韓外交官街에서는 이 문제가 비난의 대상이 되었음을 알 수 있다.

20) 『承政院日記』 光武 7年(1903) 6月 6日字.

조선정부는 1회분 20만원을 지불하겠다는 의사를 6월 29일 일본공사관에 통고하고 7월 19일 탁지부가 긴급히 선주 미쓰이물산에 20만원을 지불했다. 이어서 8월 17일 軍部 砲工局長 尙稷鉉은 '양무호'의 인수를 준비하고, 8월 22일 포공국 기사 金鼎禹와 미쓰이물산 대표 小田柿와 藤本의 입회 하에 시운전을 거쳐,[21] 조선정부의 군함으로 籍을 취득하게 되었다.

8월 19일 함장에 일본 東京상선학교 항해과 仮側生 출신인 愼順晟[22]이 임명되었고[23] 72명의 대원을 선발하여 일본해군에서 파견된 사관에게 운항기술을 전수받아 조선정부의 군함으로 운항할 계획이었다. 그러나 해군편제와 예산의 뒷받침이 없어 한국 최초의 군함으로서 그 기능을 발휘할 수가 없었으며, 조선정부 관리들의 태도 또한 소극적이었다. 근대식 군함을 운영하기 위해서는 인재의 양성을 선행하고 철저한 사전 준비가 있었어야 함에도, 즉흥적으로 도입을 결정한 조선정부의 근대식 군함에 대한 無知에서 나온 결과였다.

따라서 운항할 재원도 없이 무계획적으로 도입된 '양무호'는 그 출발부터 조선정부에게는 골치 아픈 존재가 되어 버렸다.

21) 『皇城新聞』 光武 7年(1903) 8月 7日字, 8月 22日字.

22) 金在勝, 「韓國 最初의 汽船船長 愼順晟」, 『月刊 海技』 1984년 5~6월호 참조. 신순성 씨는 1895년 조선정부가 일본으로 보낸 제1차 유학생 113명 중 동경상선학교로 위탁교육을 보낸 5명 가운데 한 사람으로, 1901년 귀국했다. 한국해군 창군 멤버 중에서 朴沃圭 제독(2대 해군참모총장), 李種玗 제독(7대 해군사관학교 교장) 등이 '光濟號'에서 실습을 받은 그의 제자들이다.

23) 『皇城新聞』 光武 7年(1903) 8月 19日字.

Ⅲ. 근대식 해군창설의 試圖와 挫折

고종시대에 포함을 도입하기 위한 시도는 세 차례에 걸쳐 이루어졌다. 그 첫 시도는 1881년 당시 일본통으로 개화당에 깊이 관여하고 있던 승려 李東仁을 시켜 극비리에 추진했으나[1] 그가 1881년 3월 수구파에 의해 암살되자 불발로 끝났다. 1881년 李東仁·李元會 두 사람을 선발하여 군함도입을 위해 일본으로 파견할 것을 결정할 당시만 해도 일본의 해군력은 미미해서 조선에 군함을 팔 능력도 없었을 뿐만 아니라,[2] 설사 능력을 갖고 있었다 해도 운양호 사건을 일으켜 조선을 강제로 개국케 한 일본이 자주국방을 하겠다는 조선에게 근대식 군함을 제공할 리도 만무했다. 그런 상황에서 이동인이 고종의 특명을 받고 일본공사관에 나타나 군함 구입을 위해 일본으로 가야 하니 渡日 선편을 주선해 달라고 요청하였다. 이동인의 이야기에 놀란 서울주재 일본공사 花房義質는 본국 외무성에 이 사실을 즉시 타전했다. 한편 서울주재 일본공사관 屬員 石蟠貞는 김홍집에게 가서 "이동인이 군함을 사겠다고 일본행 선편의 주선을 요구하고 있는데, 그의 말을 믿을 수 없으니 조선정부에게 군함구입 의사가 확실하다면 공사가 협조하겠다고 한다."라고 전했다.[3] 그러나 이것은 일본정부의 책략이었다. 결국

---

1) 金在勝, 「舊韓末 近代汽船에 대한 認識考」, 202~203쪽.

2) 明治 초년기 일본해군이 보유한 대포가 장착된 군함은 1종군함 9척(3등 : 龍驤·筑波·淺間, 4등 : 春日·日進·清輝, 5등 : 孟春·鳳翔·丁卯), 3종군함 6척(東艦·雷電艦·靜岡丸·統計丸·回天丸·萬龍丸) 등 합계 15척에 불과했다.(小笠原長生, 『日本帝國海上權力史』, 東京 : 日本海軍大學, 1902, 297쪽)

이동인은 일본정부의 역공작에 말려들어 수구파에 의해 1881년 3월에 암살되고 군함도입건도 불발에 그치고 말았다.[4)]

두 번째로는 1887년에 인천소재 독일무역상 世昌洋行(E. Meyer & Co.)에게 군함도입을 의뢰한 사실이 있었으며,[5)] 1891년에 다시 평안도 일대의 탄광 채광권을 담보로 영국으로부터 군함을 도입하고자 했으나[6)] 모두 성사되지 못했다. 3차에 걸친 이 같은 시도와 좌절 끝에 정작 도입하게 된 군함 '양무호'의 도입 동기는 앞에서 살펴본 바와 같이 고종황제 즉위 기념을 위해서라는[7)] 실로 엉뚱한 것이었다. 그러나 고종이 이를 재가한 데는 역시 그가 일찍부터 군함을 소유하고자 하는 꿈을 갖고 있었기 때문이다.

여기에서 우리는 고종이 함명을 '揚武號'라 명명하여 하사한 사실을 주목할 필요가 있을 것이다. 군함에의 꿈은 대원군의 섭정기부터 갖고 있던 꿈이 아니었던가![8)] 중고 화물선을 급조하여 만든 군함이기는 하지만, 이 같은 내막은 소상히 알지도 못한데다가 또 군함에 대한 전문 지식이 전혀 없었던 고종인지라 군함만 확보되면 근대식 해군은 간단히 창설될 것으로 믿고 있었다. 그러나 상황은 그렇게 간단하지 않았다. 古物船을 군함으로 도입한 데 대해 민심은 극도로 악화되어 자칫 민란으로까지 번질 지경이 되었다.[9)] 이에 당황한 조정에서는 군부대신

3) 鄭玉子, 「紳士遊覽團考」, 『歷史學報』 27, 歷史學會, 1965, 111~112쪽 ; 李光麟, 『開化堂硏究』, 一潮閣, 1973, 103~106쪽.

4) 張學根, 「舊韓末 海洋防衛政策 - 海軍創設과 軍艦購入을 中心으로 - 」, 『史學志』 19, 檀國大學校史學會, 1985, 100쪽 ; 金在勝, 「舊韓末 近代汽船에 대한 認識考」, 202~203쪽.

5) 『日本外交文書』 卷26, 문서번호 222호.

6) 『日本新聞集成 明治編年史』 卷8, 明治 24年(1891) 12月 17日字, 169쪽.

7) Mrs. Gertrud Claussen Wünsch, *Dr. med. Richard Wünsch, Arzt in Ostasien*, Hochrhein : Kramer Verlagagesellschaft m. b. H. Busingen, 1976, 1903년 4월 11일자 편지 내용 참조.

8) 대원군의 砲艦 제작에 대한 내용은 朴薺絅의 『近世朝鮮政鑑』에 상세히 기술되어 있다.

9) 黃玹, 『梅泉野錄』 卷3, 光武 7年 倭軍艦導入條 참조.

尹雄烈로 하여금 국내여론을 무마시키기 위해 “오늘날 해상에 해적이 발호하고 있어 무역이 위협을 받고 있으며, 밀수가 창궐하여 경제질서에 혼란을 가져오니 ‘양무호’와 같은 군함으로 해상경계를 강화하여 이를 통제하고 국경도 보호하여야 한다”[10]는 의견을 건의케 하였다. 또 운영재원을 확보하기 위하여 국왕에게 다음과 같이 주청했다.

> 議政府 贊政 軍部大臣 陸軍參將 臣 尹雄烈은 삼가 아룁니다.
> 지난날 정부에서 상주한 내용을 보면 군함은 군수물이므로 방책을 따로 마련하여 조치케 하라고 했는데, 이제 旣히 군함을 가졌으니 그를 보관하고 유지할 경비가 없을 수 없을 뿐더러 그 경비로 소요되는 액수가 적지 않으니 다른 방법으로 그것을 마련할 길이 없사오니 前의 海防營, 統制營, 각 水營 등의 所管下였던 軍屯土의 영업세 및 海稅·船稅를 일일이 조사하여 군함의 보관·유지비에 붙이고, 또 海面漁船稅도 법률규정에 의거하여 거두어들여서 아울러 군함의 경비에 보태어 쓰도록 하는 것이 어떠할지 삼가 아룁니다.[11]

이 건의는 고종의 재가를 얻어[12] 일부 재원 마련에는 성공하였으나 미쓰이물산조차 골머리를 앓을 만큼 워낙 中古船이었던지라 그 유지비를 충당하는 것이 보통 일이 아니었다. 게다가 인천항에서 장기간 계선 상태에서 발생한 비용[13]에 대해 미쓰이물산이 일본공사관의 힘을 등에 업고 인수의 연체이자와 보관료를 요구해 왔다.[14] 결국 일본의 압력에 굴복하여 1회분 상환금 20만원을 7월 19일에 지불하고 잔여금 35만원도 계약조건과는 다르게 1904년 12월 4일 의정부에서 지출이 결의되어 이자를 포함해서 41만 7,654원 20전이 지불됨으로써 완전히 정산이 되었다.[15] 따라서 ‘양무호’로 인하여 조선정부가 지불한 총선가

---

10) 『高宗實錄』 卷23, 光武 7年(1903) 7月 29日 條.
11) 『日省錄』 光武 7年(1903) 7月 21日字 ; 『承政院日記』 光武 7年 7月 21日字.
12) 『舊韓國官報』 光武 7年(1903) 9月 15日字.
13) 『황성신문』 광무 7년 5월 12·14일자 보도에 의하면, 선주 미쓰이물산은 “該艦에 매일 소요경비가 紙貨 200圓……” 운운하고 있다.
14) 高橋茂夫, 앞의 글, 167~168쪽.

는 61만 7,654원 20전이 되는데, 미쓰이물산은 '양무호'가 인천항에 도착하여 군부 砲工局에 정식 인도될 때까지의 이자와 引渡前 관리비용까지 전부 받아낸 것이다. 선주 미쓰이물산이 이처럼 막대한 이익을 내면서 부대비용까지 전부 받아 낼 수 있었던 것은 1904년 10월 14일 일본정부의 추천으로 目賀田種次郎가 재정고문에 취임하여 조선정부 탁지부를 주무르고 있었기에 가능했다.

한편, 군부대신 尹雄烈은 1회분 대금 20만원이 지급되자 여론을 무마시키기 위하여 서둘러 다음과 같이 군함 '양무호'의 운영책과 해군창설을 진언했다.

> 前에 江華, 富平 등지에 설치되었던 해군영과 鎭南府에 설치되었던 統制營이 지금은 폐지되었지만 그 官廨는 尙存하므로 강화, 진남 兩 鎭衛隊를 해군영으로 變作하여 그 곳에 주둔케 하면 設營의 경비를 들임이 없이 약간의 수병이 설치되어 水敵이나 潛商 등의 匪類를 調節할 수가 있으며, 군함의 1년 경비는 전에 해방영이 있을 때 該營에 속하여 그 경비를 삼았던 각 포구 영업세가 該營이 폐지된 후 객주배의 이권화가 되었는데, 이것을 해군영에 환속하여 그 경비를 삼게 하고, 그 외에 軍餉를 위해 설치된 海稅·船稅 등을 營費에 移付하며, 또 전 통제영·수영 소속 경비를 다시 샅샅이 조사하여 해군영에 환부하면 충분하고도 남음이 있으므로 모병·조선도 차츰 증가하여 해군의 확장을 도모할 수 있다고 하는바, 此를 내려 정부로 하여금 爛商하여 稟處케 하다.[16]

---

15) 『皇城新聞』 光武 8年(1904年) 12月 9日字 「軍艦 兩武號價借貨原額與紙貨加計及利子償還條」. 한편, 同紙 光武 7년 12월 12일자 雜報란에서 조선정부가 군장비를 도입할 때 미쓰이물산에게 특혜를 준다는 조건으로 선가를 20만원으로 삭감했고, 그 20만원도 일시불로 지급할 수 없게 되자 매월 5000원으로 貸艦한 것으로(光武 8年 3月 5日 雜報란) 보도하고 있으나, 이것은 誤報로 판단된다. 이 군함을 러일전쟁 때 일본해군이 무단 징발하여 사용하면서 사용료를 지불한 기록이 일본측 자료에 남아 있으나 조선정부가 대선료를 받은 사실은 없다.

16) 『日省錄』 및 『承政院日記』 光武 7年(1903年) 6月 6日字 ; 『高宗實錄』 光武 7年 7月 29日字

이렇게 근대식 해군 창설을 기본 목적으로 도입된 것은 아니지만 군부대신 尹雄烈은 사회적 비난을 막고 기왕에 마련한 '양무호'를 군함으로 쓸 수 있도록 하기 위하여 해군창설을 추진했으나, 일본이 조선에서 식민지화 정책을 강화해 나가던 때인 만큼 해군창설의 목적은 달성하지 못했다. 그러나 그 노력의 흔적은 기록에서 엿볼 수가 있다. 이제까지 육군편제로만 구성되어 있던 군부에 해군편제를 법제화시킨 것이 그 하나로, 러일전쟁의 와중인 1904년 9월 12일 軍部管制를 개정하여 제1조에서 "現今間은 軍部內에 海防局을 置하야 一應 해군사무를 兼營함이라" 하고, 제33조에 "海防局은 一等局이니 국장은 海軍參將 또는 副正領으로 補하고, 해방국에 左의 2科를 置한다"라고 하여 軍務科·會計科를 두었는데, 군함의 관리는 해방국의 소관사항이었다. 그리고 제35조에 軍務科의 사무로 다음과 같은 사항을 규정하였다.

1. 장교 및 相當官, 준사관, 하사관의 任免, 진퇴에 관한 사항
2. 함대의 建制, 함대와 군대의 편제 및 役務에 관한 사항
3. 교육, 훈련, 연습, 검열, 예식복제에 관한 사항
4. 장교 및 준사관, 하사, 병졸의 보충, 진퇴, 기타 인사에 관한 사항
5. 兵員의 징모, 風紀(軍紀), 계엄, 징발, 해상보안에 관한 사항
6. 함선, 병기, 탄약의 제조, 수리 및 병기, 탄약의 경리에 관한 사항
7. 징계, 재판, 감옥에 관한 사항[17]

이렇게 해군편제는 마련되었으나 이 편제에 따르는 인사발령이 없었던 점으로 보아 해군창설을 위한 편제는 死文化된 것으로 추정된다. 무엇보다 이 때는 1904년 8월 22일 제1차 한일협약이 체결되어 일제의 식민지화정책이 본격화하기 시작한 직후로서, 일본이 조선의 해군창설을 용인하지 않았을 것이기 때문이다. 당시 조선은 이미 독립국가의 위상을 상실했다[18]고 해도 과언이 아니다.

---

17) 『舊韓國官報』 光武 8年(1904) 9月 27日字.

우리 나라가 근대식 해군창설을 본격적으로 시도했던 것은 1893년 3월 22일 畿沿海防營을 설치하고 江華에 해군사관학교를 개설하고자 영국해군 군사교관을 초빙하기 위해 활동한 때로부터 시작되었다. 6월 1일에는 교섭통상사무 독판 南廷哲이 해관총세무사 馬根(Morgan : 영국인)에게 해군사관학교 교사 신축비용으로 6000원을 요청하여[19] 우선 1000원을 받아 교사 1동과 생도용 기숙사 1동을 신축했다.[20] 한편 영국총영사관을 통해서 영국정부에 해군군사 교관의 추천을 의뢰하여[21] 예비역 William Henry Callwell 해군대위와 조교관으로 포술 하사관 출신 John W. Curtis가 1894년 4월에 부임한 바 있었다.[22]

원래 조선정부는 1893년 3월 22일 畿沿海防營을 신설하면서 15세 이상 20세 미만의 사관후보생 50명과 수병 500명을 모집하여 교육과 훈련을 시킬 계획이었으나[23] 1893년 10월 현재 훈련생은 300여 명에 달했던 것[24]으로 알려지고 있다. 물론 이 숫자는 일본 측의 첩보에 의한 것이라 다소간 과장이 있겠으나 해방영이 강화 해군사관학교를 중심으로 해군 군사교육과 훈련을 실시한 것은 분명하다. 만약 이 강화 해군사관학교에서 청년장교가 배출되었다면 모집된 수병으로 조선정부도 군함을 사서 근대식 해군이 화려하게 출발했을 것이나 이는 곧이어 발발한 청일전쟁으로 무산되어 버렸다.

이렇게 우리의 근대식 해군은 초기 단계에서 일제의 견제로 인하여 좌절을 경험하고 1905년 일본의 조선통감부 설치와 함께 영영 물거품이 되었으며 한국 근대사에서도 잊혀진 존재가 되어 버렸다.

---

18) 山邊健太郞 著, 安炳武 譯, 『韓日合併史』, 汎友社, 1982, 201쪽.
19) 『舊韓國外交文書』(淸案), 문서번호 772호 「統制營學堂設立費 調達에 關한 件」.
20) 本書 제1부 「英國海軍 軍事敎官의 招聘과 江華 海軍士官學校」 참조.
21) 『舊韓國外交文書』 卷13(英案), 문서번호 865호, 866호, 868호, 873호, 907호, 909호, 910호, 920호, 924호, 948호 참조.
22) 영국해군 군사교관 초빙에 대해서는 제1부 「英國海軍 軍事敎官의 招聘과 江華 海軍士官學校」 참조.
23) 『日本外交文書』 卷26, 문서번호 221호 「朝鮮國關係雜件」.
24) 『日本外交文書』 卷26, 문서번호 222호.

Ⅳ. '揚武號'와 露日戰爭

1903년 4월 16일 인천항에 도착한 '양무호'는 장기간 인계인수가 되지 못한 채 일본 미쓰이물산의 관리 하에서 계선되고 있었다.[1] 선박이란 계선 상태에서도 막대한 관리비가 발생한다. 4개월에 걸쳐 한·일 간에 외교적 분쟁 끝에 결국 조선정부는 사전 준비 없이 '양무호'를 인수받게 되었지만 여간 골칫거리가 아니었다. 조선정부의 재정 형편으로는 막대한 운영경비의 조달도 문제였지만 군함을 운항할 만한 인재도 부족했다. 함장으로는 東京상선학교에서 근대식 기선교육을 이수한 愼順晟(1878~1944)을 임명하고[2] 72명의 승무원을 선발하여 근대식 해군 군함으로 출발했으나, 海防을 위해 운항했다는 기록이 없는 점으로 보아 조선정부에 인도되고도 계속 인천항에 계선 상태로 있었던 것을 알 수 있다. 이렇게 추정할 수 있는 것은 '양무호'와 관련하여 많은 기사를 보도한 『황성신문』에도 1903년 10월 이후 관련 기사가 전

---

1) 高橋茂夫, 앞의 글, 168쪽.

2) 愼順晟 함장에 관한 자료는 필자의 제공으로 현재 진해 해군사관학교 박물관에 年譜가 상설 전시되어 있다. 현재 인천에 거주하고 있는 신 함장의 장남 신태범 박사(88세, 경성제국대학 의학박사)는 부친이 군함 '양무호'에서 함장으로 근무했다는 사실을 들은 바 없다고 증언하였고(1998년 10월 14일자 KBS「역사스페셜 : 高宗의 X파일 - 軍艦 揚武號」), 필자는 신 박사의 부친이 군함 '양무호' 함장이었다는 1903년 8월 19일자 『황성신문』 기사를 복사하여 제공하여 사실을 확인해 준 바 있다. 신 함장은 '양무호'에서 짧은 기간 근무한 후 구한국 정부의 官船인 '光濟號'에서 다시 항해사와 선장으로 오래 근무하였기 때문에 장남 신 박사도 부친이 '양무호' 함장이었다는 사실을 제대로 모르고 있었던 것으로 보인다.

혀 보이지 않으며, 조선정부 문서와 각종 기록에도 운항 흔적은 찾을 수 없기 때문이다.

함장으로 발탁된 愼順晟은 갑오경장 직후인 1895년 조선정부가 일본으로 보낸 제2차 관비유학생 64명 중의 일원이었다. 64명 가운데 5명(愼順晟, 朴完緖, 禹泰鼎, 韓萬源, 姜龍甲)이 東京상선학교에서 수학했는데,[3] 중도에 3명이 탈락하고 1901년에 신순성·박완서 2명이 과정을 수료하고[4] 항해사 자격을 취득하여 귀국했다.

신순성 함장은 1878년 12월 서울 광교에서 한약종상을 경영하여 부를 축적한 愼宗遠의 3남으로 태어났다. 그의 長兄 愼德晟도 육군사관학교인 연무공원에서 Dye 장군으로부터 신식 군사교육을 받고 1891년 2월에 과정을 수료한[5] 구한국 진위대 장교 출신이었다. 따라서 신순성은 어린 시절부터 신식 장교복에 긴 칼을 차고 집으로 오는 큰형을 보고 장교가 되는 것을 동경했던 것으로 보인다.

그런데 1895년 조선정부가 64명의 제2차 일본유학생 중에서 5명을 기선 교육기관인 東京상선학교로 보낸 것은 단순히 해기사 사관교육을 시키기 위해서가 아니었다. 즉 1894년 11월에 강화 해군사관학교의 해군 군사교육이 사실상 중지되어 폐쇄된 상태였기 때문에 해군 창설 요원으로 그들을 일본으로 보낸 것이다. 그러나 일본도 서구 강대국과 마찬가지로 해군사관학교에는 타국인의 입학을 허가하지 않았던 시절이라 이들 유학생 5명은 유사 교육기관인 東京상선학교로 보낸 것으로 짐작된다. 신순성은 서울 한성외국어학교 일어과 재학중에 선발되어 일본으로 갔으나 고등교육 수학을 위해서 熊本縣 소재 淸正黌에서 2년간 중학과정을 다시 이수하고, 1897년 9월 東京상선학교 仮側生(특별전형생 과정)으로 입학하여 발군의 실력을 인정받았다. 1900년에는

---

3) 金泳謨, 『朝鮮支配層硏究』, 一潮閣, 1981, 420~425쪽.

4) 『學部案』 8, 1902~1904년에 수록되어 있는 관비유학생 33명의 명단에는 愼順晟·朴完緖 2명만이 東京상선학교로 표시되어 있어 나머지 3명은 중도 탈락한 것으로 보인다.(金泳謨, 앞의 책, 425쪽 참조)

5) 李光麟, 『韓國開化史硏究』, 一潮閣, 1974, 180쪽.

東京상선학교 실습선 明治丸을 타고 北支事變(의화단사건)에도 참가하여 從軍紀章(1900년 3월 21일자)과 상금 30원을 받았다.[6)]

그는 함께 유학을 간 박완서와 함께 1901년 7월에 졸업을 했으나 北支事變 종군으로 인하여 한 학기가 늦은 12월 2일에 졸업장을 받았다. 그러므로 군함 '양무호'가 인천항에 도착한 1903년 4월 현재 조선에서 근대식 기선교육을 받고 종군한 경험을 가진 사람으로는 그가 유일한 인물이었다. 조선정부는 그를 '양무호' 함장으로 임명한 것은 이 때문이다. 당시 그는 26세의 혈기왕성한 청년이라 군함 '양무호'에 대한 기대가 컸을 것이다. 그러나 일본해군에서 파견나온 장교들이 군사교육은 시키지 않고 장기 계선 상태로 있게 되자 그는 조선해관에서 발주한 신조선인 '광제호' 항해사로 가게 되었고, 따라서 '양무호' 함장으로서의 경력은 반년에 불과했다.

그는 조선총독부의 회유에도 불구하고 해관감시선 '광제호'와 함께 일생을 보낸 점으로 보아 해군에 대한 미련을 버리지 못했던 것으로 보인다. 1910년 한일합병과 함께 조선총독부가 설치되고 '광제호'에도 일본인 선장이 부임하게 되자 그는 다시 3등항해사로 강등되어 東京상선학교의 대선배인 선장 밑에서 항해사로 근무했고, 1924년 '광제호' 선장직을 마지막으로 퇴임했다. 1927년에는 다시 조선우선회사 소속 기선 회령환의 선장이 되어 원산과 청진항에 취항했고, 1944년 67세로 작고했다. 그의 일생도 한국 최초의 선장으로만 기록되고 조선의 비운과 함께 빛을 보지 못한 채 끝나고 말았으니 안타까운 일이 아닐 수 없다.

그런데 장기간 인천항에 묶여 있던 '양무호'가 운항을 시작했다. 그것도 놀랍게 러일전쟁에 일본 군함의 일원으로. 조선정부의 군함이 어떻게 일본해군 함대의 일원으로 전쟁에 참가하게 된 것일까? 국내의 기록으로는 『仁川府史』에만 이에 대해 간략히 언급되어 있는데[7)] 납득

---

6) 현재 인천에 거주하고 있는 愼順晟 함장의 장남 愼兌範 박사가 보관하고 있는 증서에 의한다.

7) 『仁川府史』, 仁川府, 1933, 550~551쪽.

<사진 15> 1904년 조선해관 자금으로 신조한 '光濟號'
(愼順晟 선장의 장남 愼兌範 박사 제공)

<사진 16> 1906년 '光濟號' 승무원 일동(愼順晟 선장의 장남 愼兌範 박사 제공)

이 되지 않는 부분이다. 同書에 의하면, 인천거주 金允福이 러일전쟁 후 조선통감부로부터 전역에 대한 공로로 표창을 받았는데, 그의 공적 사항에 그가 '양무호'를 타고 일본해군의 명에 따라 러시아 군함의 동태를 파악하여 일본해군에 정보를 제공하였고, 1904년 2월 27일에는 통역으로 선발되어 일본군 장교와 함께 적군을 감시했다는 것이다. 또 일본의 군수품을 선적하는 등 일본해군의 편의를 제공한 공로가 인정되어 표창을 하게 되었다고 공적사항에 기록되어 있어 '양무호'가 일본해군의 일원으로 러일전쟁에 참가한 것을 확인시켜 주고 있다.

김윤복은 利運社 소속 기선 顯益號(총톤수 709톤, 노르웨이 건조)에서 하급선원으로 승선생활을 시작하여 노르웨이 선장의 총애를 받아 기관사관으로 승진한 인물로, 러일전쟁 발발 전까지 大韓協同郵船會社 기관장을 역임하였다.[8)]

앞에서 언급한 일본측 사료인 吉田増次郎의 手記『日露戰爭參加者史談會記錄』에는 '양무호'가 러일전쟁에 참가하게 된 배경과 활동 기록이 비교적 소상히 기술되어 있는데, 조선정부로부터 사전 승인을 받지 않은 채 무단 징발되었음이 분명하다. 조선정부의 군함으로 제대로 활용도 되지 못한 채 장기간 방치되어 있던 '양무호'를 일본해군이 러일전쟁에 이용한 것이다.

金允福의 공적 사항에도 기록되어 있는 바와 같이 양무호는 朝鮮籍 군함인지라 개전 초기에는 첩보용으로 이용하다가 전쟁이 본격화되자 '양무호'를 일본 요코스카工廠으로 끌고 가 탄약고를 신설하고 선실의 일부를 개조하는 등 긴급 수리공사를 시켰다.[9)] '양무호'를 이렇게 무단으로 끌고 갈 수 있었던 것은 이 군함에 '양무호' 승무원을 교육·훈련시키기로 한 일본해군 감독 土山哲三 해군중좌가 승선해 있었기 때문이다. 그는 러일전쟁이 발발하자 조선정부와 사전 협의도 없이 1904년 2월 10일 일본으로 끌고 가 버렸다. 이 사실을 뒤늦게 알게 된 조선정

8) 金在勝,「韓國 最初의 汽船船長 愼順晟」, 109쪽.
9) 高橋茂夫, 앞의 글, 168~169쪽.

부로부터 항의가 들어오자 그는 일본해군 군무국장의 명령을 받고 2월 24~25일 양일에 걸쳐 조선정부 군부대신을 면회하고 조선에는 해군이 필요 없다는 이야기를 하면서 일본해군의 양무호 이용을 합리화 시켰다. 그리하여 전 선주 미쓰이물산을 중간에 넣어 미쓰이물산으로부터 일본해군이 용선하는 형식을 취하고, 미쓰이물산은 용선료의 일부를 조선정부에 지불하는 조건으로 사후 승낙을 받았다.

仮裝巡洋艦으로 개조된 '양무호'는 3월 7일 일본 해군기를 게양하고 4월 25일 요코스카 군항을 출발하여 해주에 도착, 본격적으로 러일전쟁에 참가하였다. 러일전쟁 후 일본 육군성이 편찬한 『明治三十七八年度戰役統計』에 의하면 9항차 168일간 사용하고 '양무호'의 용선료로 128,260원 37전 8리가 지출된 것으로 기록되어 있다. 단 조선정부에 지불하기로 한 용선료의 일부가 지급되었다는 내역이 여기에도 명확히 명시되어 있지 않아 알 수는 없으나, 이후의 '양무호' 관련 전개 과정으로 미루어 용선료의 일부를 조선정부가 받았을 가능성은 없는 것으로 보인다. 아마도 일본정부가 지불한 '양무호'의 용선료 128,260원 37전 8리는 미쓰이물산이 독식했을 개연성이 크다.

전쟁에 참가한 '양무호'가 다시 일본 사세보항에 도착한 것은 1904년 6월 6일이었다.[10] 그런데 이후에도 일본은 '양무호'를 반환하지 않고 계속 일본에 계선시켜 놓았다. 미쓰이물산이 나머지 잔금을 받기 위해 다시 '양무호'를 일본에 억류해 놓았기 때문이다.

결국 '양무호'가 인천항으로 귀환한 것은 1905년 7월 27일로,[11] 이에 앞서 일본공사 林權助는 다음과 같이 조선정부 군부에 통고했다. "앞서 러일전쟁 때 조선 軍部 소유 '양무호'를 일본해군이 일본으로 안전하게 대피시켜 보관중이며, 이 군함을 미쓰이물산회사에 의탁 · 보관중인바, 미쓰이물산에서는 조선 군부가 이 군함을 사용할 용도가 있다고 하면 군부에 인도할 것이다. 그렇지 않다면 조선 군부의 위임에 응하

10) 高橋茂夫, 앞의 글, 17쪽.
11) 『皇城新聞』 光武 9年 7月 27日字.

여 이 군함을 유지·사용할 방도를 강구할 것이다."[12] 이어 林權助 공사는 미쓰이물산회사가 제시한 제2안에 의거하여 양무호를 처리할 것을 조선정부 外部에 종용했는데,[13] 이에 대해 외부대신 서리 朴鏞和는 미쓰이물산에게 '양무호'의 위탁보관과 그 방법에 대해 알려줄 것을 요청했다. 林權助 공사는 다시 조선정부 군부의 위탁을 받고 보관중인 군함 '양무호'를 화물선으로 재개조하고 취항하는 데 있어서 이 군함의 국적증서로 대용할 "조선 군부 소관 군함 '양무호'를 편의상 화물선으로 개조하고 그 보관과 사용을 미쓰이물산회사에 일임한다"는 각서를 요청했다.[14] 이렇게 하여 군함 '양무호'는 한국 최초의 군함으로 海防 목적에는 전혀 기여하지 못한 채 남의 나라 전쟁에 동원되었다가 무장을 철거당하고 다시 화물선으로 개조되는 운명을 맞았다.

---

12) 『舊韓國外交文書』 卷7(日案), 문서번호 8819호 光武 9年 7月 21日字, 8824~5호 同年 7月 24日字, 8829호 同年 7月 26日字.
13) 『舊韓國外交文書』 卷7(日案), 문서번호 8889호 光武 9年 8月 29日字.
14) 『舊韓國外交文書』 卷7(日案), 문서번호 8909호 光武 9年 10月 5日字 ; 『皇城新聞』 光武 9年 9月 16日字.

V. 揚武號의 末年

다시 화물선으로 개조된 '양무호'는 미쓰이물산이 운항을 위해 개조한 것이 아니다. 일본은 1904년 4월에 러일전쟁의 전황이 유리하게 전개되자 대조선 보호조약 체결을 정책 목표로 삼게 되었다. 이에 따라 4월 8일 '조선 보호권 확립의 건'을 각의에서 결정하고 이미 천황의 재가를 받아 놓은 상태였다.[1] 이 때문에 군함 상태의 '양무호'를 조선으로 돌려보낼 생각이 없었던 것이다. 게다가 艦價의 잔금도 일본정부가 내정한 재정고문 目賀田種次朗이 조선정부 탁지부에 부임하게 되면 마음대로 요리할 수 있게 될 것이니 걱정할 필요가 없었다. 실제로 目賀田은 조선정부 재정고문으로 부임하여 1904년 10월 14일 '양무호'의 2~3회분 상환금 35만원과 이자·관리경비를 포함한 41만 7,654원 20전을 한꺼번에 지불해 버렸다. 이것은 계약상의 지불조건에도 배치되는 것이었다. 원래 계약에는 1회분 20만원 외에 잔금 35만원은 2회로 나누어 지급하고, 시한도 1904년 5월 15일까지 17만 5천원, 1905년 5월 15일까지 나머지 17만 5천원을 지불하도록 되어 있었다.[2] 일제의 의하여 이미 조선정부가 국가자주권을 상실했음을 보여주는 반증이 아닐 수 없다.

결국 '양무호'는 무장을 철거당한 채 다시 조선으로 귀환했지만 쓸데가 없었다. 화물선으로 이용하기에는 너무 컸고, 싣고 다닐 만한 화물도 없었다. 성능이 불량하니 기관고장이 잦았고, 조선에서는 수리할

---

1) 山邊健太郎, 앞의 책, 198쪽.

2) 주 37)과 같음.

곳도 없어 묘책이 나오지 않았다. 결국 묘안으로 짜낸 것이 부산항으로 가져와 선원교육을 위한 해원양성소로 사용하는 것이었다. 『황성신문』 1907년 7월 9일부터 13일까지의 광고란을 보면 '揚武號 海員養成所 修技生 募集'이라는 광고가 나와 있는데, 그 내용을 옮겨 보면 다음과 같다.

今回에 한국 자제로 하여금 해기 양성에 필요한 簡易학과와 실무를 綬할 목적으로서 釜山港碇係揚武號艦內에 해원양성소를 설치하고 船海, 機關 兩科貸費修技生 각 15명을 모집하니 지원자는 左傾修例를 명심하고 7月 20日 限內에 부산세관 港務部로 청원할 사.

1. 한국인 연령 18세 이상 25세 이하 남자.
2. 시력이 완전한 자.
3. 신체 강건하고 발육이 완전한 자.
4. 보통의 독서력이 有한 자.
5. 修技 기간은 물론이고 기간 완료 후에라도 不關家事하고 專心으로 학과연수와 其業에 종사할 자.
6. 신상에 관한 事는 東萊府尹 혹은 상당한 官衙의 인증을 득한 자. 단, 기일까지 認證事를 難得者는 입소결정 후 此를 제출함을 득함.
7. 이상 각 항에 대하여 本所 주관의 전형을 經한 자.

尙 본양성소 및 입소에 관한 詳細事는 각지 세관급 京城總稅務司에 문의할 사.

光武 11年 7月 6日
釜山港揚武號海員養成所

지금 해군사관학교 박물관에 전시되어 있는 '양무호' 사진은 이 때 촬영한 것이다. 이 사진에는 태극기가 게양되어 있고, 修技生(연수교육생)들이 선박 교육을 받고 있는 것을 보여주고 있으나, 선원 양성의 효과는 크게 나타나지 않았다.

이 말썽 많고 조선정부의 재정만을 낭비한 '양무호'는 해군 군함으로도, 한국 해운의 선원 양성도 제대로 못한 채 1909년 11월 공매에 부쳐져 일본 오사카 소재 原田商行에 4만 2천원에 낙찰되어 한국 국적에서 사라졌다.[3] 선명도 '양무호'에서 '勝立丸'으로 바뀌어 화물선으로 운항하다가 1913년 일본인 선주 八馬永哉의 소유로 넘어가 주로 중국 양자강과 일본 간 항로에 화물선으로 운항되었다. 그러다 1916년경 일본에서 철광석을 적재하고 싱가폴로 운항하던 도중에 동지나 해역에서 침몰하여 영영 사라졌다.[4]

---

3) 『大韓每日新報』 1909年 11月 11日字.
4) 高橋武夫, 앞의 글, 172쪽.

Ⅵ. 결 론

16세기 영국 엘리자베스 여왕 시대에 Walter Raeigh 경(1552~1618)[1)]의 말을 빌지 않더라도 重商主義時代에 근대식 군함의 보유는 국력의 상징이자 국부 창출의 수단이었다. 일본이 개항 이후 근대식 군함의 확보를 위해 얼마나 많은 국력을 투입하였는가는 일본 근대사를 통해서 잘 알 수 있다. 일본은 서구 자본주의를 도입하여 근대화를 추진해 나가는 과정에서 해군과 군함의 증강을 제일의 국책사업으로 정하고, 대륙 침략을 위하여 포함의 확보를 필수적 요건으로 삼았다. 그 결과 서구열강이 동양에서 써 왔던 포함외교를 재빠르게 조선에서 응용하여[2)] 봉건 조선왕국을 강제로 개항시키는 데 성공하였다. 또 청국과 러시아와의 두 차례 전쟁을 통해 일본은 동북아에서 강력한 해군력을 보유하게 되었다.

개국된 조선에는 미국과 영국을 위시한 서구열강들이 다투어 진출했는데, 이들 국가의 외교사절들이 타고 온 것이 대부분 군함이었다. 이 근대식 군함은 조선의 일반 士民뿐만 아니라 국왕과 조정 중신들에게도 충분히 호기심과 선망의 대상이 되었다. 비록 중신들이 고종의 즉위 40주년 기념행사에 예포를 쏘기 위해 군함 도입을 건의하였지만,

---

1) 그는 "*Whosoever commands the seas commands the trade of the world; whosoever commands the trade of the world commands the riches of the world, and consequently the world itself*"라는 重商主義 시대를 대변하는 名言을 남겼다.

2) 金在勝, 「釜山開港日字小考」, 『東西史學』 4, 釜山 : 韓國東西史學會, 1998, 193~194쪽.

윤허를 해 준 고종의 의도는 다른 데 있었다. 그는 오래 전부터 군함 확보의 꿈을 가지고 있었고, 대포가 달린 군함만 있으면 나라를 지킬 수 있을 것이라는 소박한 생각을 갖고 있었다. 이러한 꿈은 대원군 섭정시대부터 30여 년 동안 품어 온 것이었다.

그러나 조선이 군함 '양무호'를 보유하게 되었을 때는 이미 서구열강과 신흥 자본주의국가 일본에게 정치적 · 경제적으로 잠식될 대로 잠식된 후라 국가적으로 많은 피해만을 남기고 말았다. 도입한 지 불과 6년 만에 도입가격의 1/15 가격으로 買船하게 된 배후에는 일제의 정치적 술수와 이에 편승한 政商 미쓰이물산의 농간이 숨어 있었다. 그러나 더 근본적인 문제는 근대식 군함에 대한 식견이 부족한 조선정부와 海防에 대한 강력한 의지가 없었던 조정 중신들에게 있었다. 막대한 국가재정만 낭비한 채 군함으로서는 전혀 역할도 하지 못한데다가 조선에는 외교적 수모를 안겼으며 국민으로부터는 비난만 받는 결과를 초래하였다.

자주국방을 위해서는 면밀한 계획과 인재양성이 선결 조건임은 옛날이나 지금이나 다를 바 없다. '양무호' 도입 때 조정중신 가운데 海防에 대한 識見을 가졌거나 근대식 군함에 대한 전문적 지식을 국왕에게 진언할 수 있는 인재가 있었더라면 군함 '양무호'가 이렇게 비극적인 족적을 남기지는 않았을 것이다.

제3부 : 江華 海軍士官學校 關聯資料

Relative Documents and Materials of
Royal Corean Naval Academy in Kangwha Island

1. 朝鮮政府의 英國海軍 軍事敎官 招聘 要請文

1) 1893년 1월 25일자 督辦交涉通商事務 趙秉稷의「水軍敎師雇聘依賴事」

〔發〕督辦交涉通商事務　趙秉稷
〔受〕英　總　領　事　禧在明

高宗 29年12月 8日
西紀1893年 1月25日

繳件

敬啓者,現本政府擬練水軍幾小隊於沂沿海面,尙望貴總領事,以貴國水軍敎師中練熟軍制一員特薦前來,訂約邀僱,期底實效,盼切禱切,專此佈懇,竝祈見覆施行,順頌時安.

壬辰十二月初八日　　趙秉稷　頓

2) 1893년 1월 27일자 英國總領事 禧在明(Hillier)의「同上水軍敎師의 雇聘條件問議事」

〔發〕英　總　領　事　禧在明
〔受〕督辦交涉通商事務　趙秉稷

高宗 29年12月10日
西紀1893年 1月27日

敬覆者,昨准台翰,約請水軍敎習一員之事,具已閱悉,惟函內所述各情,略欠詳細,尙有應行請敎之處.

一,水軍敎習,擬請幾年,　二年.
二,某俸祿若干,　每年五千元.
三,其回盤費是否給與,　本政府辦給.
四,俸祿從何處領受,　自海關總稅務司處辦給.
五,合同底稿如能先打爲妙,　上四段鑑下件

專此佈奉,順頌勛安.

壬辰十二月　十日　　禧在明　頓

3) 1893년 2월 3일자 督辦交涉通商事務 趙秉稷의「水軍敎師의 雇聘依賴와 同條件提示事」

〔發〕督辦交涉通商事務　趙秉稷
〔受〕英　總　領　事　禧在明

高宗 29年12月17日
西紀1983年 2月 3日

大朝鮮督辦交涉通商事務趙,爲照會事,照得,現本政府擬練水軍幾小隊於畿沿海面,另要貴國水軍敎師中練熟軍制一員特發前來,訂約邀僱,期底實效,玆擬該敎習僱期訂以二年,薪俸每年定爲伍千元,來回盤費由本政府籌撥,撥俸處由總海關承〔?〕,總領事査照施行可也,須至照會者,

右照會.

大英欽命駐劄朝鮮統理各口交涉通商事務總領事官　禧

壬辰十二月十七日

2. 教官 雇傭契約書 漢文本

1893년 6월 1일자 督辦交涉通商事務 南廷哲의「水軍敎師의 應聘周旋要請 및 同雇聘合同擬稿의 送交事」

이 교관 고용계약서 漢文本은『구한국외교문서』(英案) 485~486쪽에 수록되어 있는 것으로, 조선정부 독판교섭통상사무 南廷哲이 서울 주재 영국총영사 禧在明(Hillier)에게 보낸 외교공문에 유첨된 문서다. 남정철은 이 공문에서 임진년 12월 17일(양력 1893년 1월 25일)자 전임 독판 趙秉稷이 영국총영사관에 요청한 해군 군사교관 초빙과 관련하여 본 고용계약서 초안을 보낸다고 밝히면서 조속한 조치를 요망했다.

우리 나라의『구한국외교문서』에는 이 계약서 초안의 英文本이 수록되어 있지 않는 점으로 보아 영문본은 유실되어 전해오지 않는 것으로 짐작된다.

909. 水軍敎師의應聘周旋要請및同雇聘合同擬稿의送交事 (謄 11 册)

〔發〕督辦交涉通商事務 南廷哲 高宗 30年4月17日
〔受〕英 總 領 事 禧在明 西紀1893年6月 1日

大朝鮮督辦交涉通商事務南,爲照會事,照得,壬辰年〔1893〕十二月十七日,經前任督辦趙〔秉稷〕照會貴總領事內開,現本政府擬練水軍幾小隊於畿沿海面,另要貴國水軍敎師中練熟軍制一員特發前來,訂約邀僱,期底實效,玆僟該敎習僱期訂以二年,薪俸每年定爲五千元,來回盤費,由本政府籌撥,撥俸處,由總海關承辦,至合同擬稿,再行面商,理應備文照會,請煩貴總領事査照等語在案,査此事,業由本政府專立海沿總制衙門,由該總制使圀開一學堂,擬將行船用礮水雷各術敎與選擇之學徒,再擬購買輪船一兩隻,以備巡海各事,又擬先延一英語敎習,將英文英語敎與該學徒,待海軍敎習來到,以便敎授,本督辦日昨奉命,照知貴總領事,煩請奉託歐大臣,轉行咨會貴政府,請將練熟軍制之敎習早日派來,以希迅速行事,成全海軍事宜,而副我政府期望之至意,至該敎習薪俸,仍擬每年訂爲五千元,由海關按月承辦,至盤費一節,先致七百元,作爲來此之費,二年期滿,仍給洋銀七百元,以作回國之費,玆已辦就合同擬稿附送査閱,爲此,照會貴總領事,請煩査照施行可也,須至照會者,

右照會.

大英欽命駐劄朝鮮統理各口交涉通商事務兼總領事官 禧

癸巳四月十七日

附. 水軍敎師雇聘合同 (辦11册)

朝鮮統署督辦,爲訂立合同事,照得,朝鮮政府現設立海沿總制衙門,開一學堂,招募學徒,敎習水師駕駛操練海防等事,擬延請英國水師人員前來,充當水師海防學堂敎習,玆將訂立合同各條,開列於左.

計開

一,延僱○○○,充當朝鮮水師海防學堂敎習.

二,該敎習延訂日期,自訂立合同之日起,以二年爲限.

三,該敎習薪水,每年計日本洋(或英洋)五千元,按西曆分十二個月,每月由朝鮮海關給發.

四,朝鮮海關總稅務司,援奉關文,即按月將薪水照數給發該敎習領收.

五,該敎習到朝鮮之日,須由朝鮮政府預備合式住房,爲該敎習起居之所,如朝鮮政府未代預備,即每月給該敎習洋四十元,作爲房租之費,亦由總關劃付.

六,該敎習到朝鮮之日,由朝鮮政府即付盤費洋七百元.

七,合同期滿之日,由朝鮮政府付該敎習回國盤費洋七百元.

八,如合同日期未滿,朝鮮政府或欲將該敎習無故辭退,須將該敎習兩年薪水及回國之盤費照數付足.

九,該敎習到朝鮮立合同後,須聽朝鮮海軍衙門海沿總制使約束調度,凡水師事務,無論在岸在海,皆須盡心敎導,除禮拜停公日外,不得藉端廢仕,至學生兵弁等人,亦應聽該敎習指示約束,不得頑違.

十,該敎習倘有視職怠慢,不能認眞敎習,應由本政府,不拘限期,即行退僱,或該員故生事端,逕請退僱,該薪俸自應停撥,其回國盤費亦由該員自辦,與本政府無涉.

十一,該敎習到朝鮮後,伙食及患病醫藥等費,皆其自備.

十二,合同繕錄兩分,該敎習與朝鮮統署各執一帋.

大朝鮮督辦交涉通商事務　南　　印押

大英欽命駐劄朝鮮總領事　禧　　押

大英水師敎習　　押

3. 教官 雇傭契約書 英文本

1893년 7월 12일자 Hillier 총영사가 북경주재 O'Conor 공사에게 보고한 교관고용 계약서

Petition. Nam, President of the Corean Foreign Office in the matter of the arrangement of a Contract.

Whereas the Government of Corea has now established a Central Maritime Department, and has founded a school in which students are to be enrolled for the study of navigation, drill, and kindred matters connected with coast defence, they propose to invite a British Naval officer to come to Corea and undertake the duties of Instructor in this Naval School under a Contract of Service the conditions of which are enumerated below :-

Mr. ——— has been Engaged I
as Instructor in the Corean School of
Maritime Defence

The said Instructor is Engaged II
for a period of two years from the
date of his arrival in Corea.

The salary of the said III
Instructor is fixed at five thousand $5000
dollars per annum in Japanese yen,
or Mexican dollars, which will be paid
every month in twelve monthly instalments,
according to European reckoning, by the
Corean Maritime Customs.

The Chief Commissioner IV

of

of Corean Customs will receive instructions
to this effect, and will pay the said
amount in monthly instalments to the
said Instructor.

V On the day upon which the
said Instructor arrives in Corea, the
Corean Government will provide him with
suitable house accommodation or, in
lieu thereof, he will be given a sum
$40. of forty dollars a month as house
rent, which will also be paid him by
the Chief officer of Maritime Customs.

VI Upon the day on which the
said Instructor arrives in Corea, the Corean
Government will pay him the sum of

Seven

Seven hundred dollars for passage money. $700

Upon the day on which VII
the Contract expires, the Corean Government
will pay to the said Instructor the sum
of Seven hundred dollars. $700

Should the Corean VIII
Government wish to dispense with the
services of the said Instructor before the
expiration of his Agreement without just
cause being shown to the satisfaction of
H.B.M's Consul General, they shall pay
to the said Instructor his salary for the
full two years, together with his return
passage money. If, however, the said
Instructor should be wilfully disobedient to
the orders of the Corean Government, or be
guilty

guilty of disorderly conduct, or if he
should voluntarily resign before the expiration
of the period specified in his Contract, his
salary will immediately cease, but the
Corean Government will pay him seven
$700 hundred dollars on account of his return
passage.

IX Upon the arrival of the said
Instructor in Corea and after the registration
of this Agreement, the said Instructor
shall be under the direction and control of
the Corean Central Maritime Department.
He will be required to perform his
educational duties conscientiously, whether
on sea or on land, and with the exception
of Sundays, when he will do no work,

he

he will not relax his efforts. The students, officers, non commissioned officers, and men will be under the direction and control of the Instructor, whose authority they will not be permitted to disregard. The persons employed in teaching the pupils English shall likewise be under the control of the British naval officer.

The said Instructor upon X
arrival in Corea will be expected to provide his own maintenance and his own medical attendance and medicines in case of sickness.

This Contract is drawn up XI
in duplicate, one copy being retained by the Instructor, and the other by the Corean

Foreign

Foreign office.

Nam, President of the Royal Corean Foreign office

L. S.

Her Britannic Majesty's Consul-General.

Mr. ______ Naval Instructor.

8th day of the 5th moon of the 502nd year of the Corean Era.

L. S.

4. 助教官 雇傭契約書 漢文本

1894년 7월 6일자 海軍敎師幇敎習(조교관)合同稿

【漢譯】(謄12册·函3册)

大英欽命佩帶三台寶星厦門領事署理駐劄朝鮮統理各口交涉通商事務總領事官嘉,爲照會事,照得,玆擬出貴國政府延請水師幇敎習克智司合同一稿,照送貴督辦,請煩查照酌妥,訂立合同一式二帋爲荷,須至照會者,

附送合同稿一帋

右照會.

大朝鮮督辦交涉通商事務　趙

甲午六月初四日

附. 海軍敎師幇敎習合同稿 (謄12册·函3册)

擬立水師幇敎習合同稿,

一,延訂克智司,充當朝鮮水師海防學堂幇敎習.

二,該幇敎習延定日期,自來朝鮮之日起,以二年爲限.

三,該幇敎習薪水,每月計 或英洋
日本洋 一百五十元,每月由朝鮮海關給發.

四,朝鮮海關總稅務司,接奉關文,即按月將薪水照數給發,由敎習轉給幇敎習領收.

五,該幇敎習到朝鮮之日,須由朝鮮政府預備合式住房,爲該幇敎習起居之所.

六,該幇敎習到朝鮮之日,由朝鮮政府即付盤費四百五十元.

七,合同期滿之日,由朝鮮政府付該幇敎習回國盤費四百五十元.

八,如合同日期未滿,朝鮮政府或欲將幇敎習無故辭退,未先會同英總領事議妥,須將該幇敎習兩年薪水及回國盤費照數付足,倘該幇敎習有意違背朝鮮政府之明令,或故生事端,或合同期限未滿,自行辭退,該薪俸自應即行停撥,惟回國盤費四百五十元,應由朝鮮政府發給.

九,該幇敎習到朝鮮立合同後,須聽水師敎習約束調度,如幇敎習有與朝鮮官府商辦等事,均由敎習辦理,凡水師事務,無論在岸在海,皆須盡心敎導,除禮拜停公日外,不得廢弛.

十,該幇敎習到朝鮮後,伙食及患病醫藥等費,皆其自備.

十一,合同繕錄兩分,該幇敎習與朝鮮統署各執一紙.

5. 助敎官 雇傭契約書 英文本

1894년 7월 6일자 Warrant Officer's Contract

이 조교관 고용계약서는 『구한국외교문서』(英案) 548~550쪽에 한문본과 함께 수록되어 있다. 발신자는 서울주재 영국총영사관 Celus Gardner 총영사대리. 조선정부 독판교섭통상사무 조병직에게 보낸 외교공문에 유첨되어 있으며, 漢文 번역본도 함께 보내졌다.

이 조교관 고용계약서는 교관과 조교관이 조선에 도착한 후 3개월만에 제출된 것인데, 조선정부 담당 부서인 교섭통상사무 독판서리 김학진이 1894년 5월 24일자로 경질되어 다시 조병직이 독판으로 임명된 것과 관련하여 계약서 서명이 늦어진 것으로 보인다. 이 조교관 고용계약서는 조선정부 外部(교섭통상사무)大臣이 날인하여 7월 16일자로 영국총영사관에 전달되었다.

조교관 고용계약서의 英文 명칭은 「준사관 계약서(Warrant Officer's Contract)」라 표기되어 있으며, 한문본은「海軍教師 幇教習合同稿」라 표기되어 있다. 7월 16일자 조선정부의 회신공문 내용으로 보아 영국총영사관에서 제시한 계약서에 수정 없이 그대로 날인했고, 영문본은 한문본의 번역본이다.

1033. 海軍敎師幫敎習雇聘合同草稿의呈覽과및訂定要請事 (函3冊)

〔發〕英總領事署理　嘉托瑪
〔受〕督辦交涉通商事務　趙秉稷

高宗 31年6月4日
西紀1894年7月6日

No. 13　　Söul　　July 6, 1894

Sir,

I have the honour to enclose for your approval draft form of a contract between the Corean Government and Mr. Curtis Assistant Naval Instructor.

I have the honour to be,
Sir,
Your most obedient, humbls servant
Celus Gardner

H. E. Cho Pyong Chik
President of His Majesty's Foreign Cffice
Söul

同上英譯（函 3 册）

WARRANT OFFICER'S CONTRACT

Translation

I. Mr. Curtis has been engaged as Assistant Instructor in the Corean School of Maritime Defence.

II. The said Assistant Instructor is engaged for a period of two years from the date of his arrival in Corea.

III. The salary of the Assistant Instructor is fixed at $150 per mensem in Japanese yen or Mexican dollars which will be paid every month by the Corean Maritime Customs.

IV. The Chief Commissioner of Costoms has received instructions to this effect and will pay the said amount monthly to the Naval Instructor for transmission to the said Assistant Instructor.

V. Upon arrival in Corea of the said Assistant Instructor suitable house accomodation will be provided for him.

VI. Upon the day on which the said Assistant Instructor arrives in Corea the Corean Government will pay him the sum of $450 for pasage money.

VII. Upon the day on which this contract expires the Corean Government will pay to the said Assistant Instructor the sum of $450 as return passage money.

VIII. Should the Corean Government wish to dispense with the services of the said Assistant Instructor before the expiration of the Agreement without just cause being shown to the satisfaction of H.B.M' Consul General they shall pay to the said Assistant Instructor his salary for the first two years together with the return passage money. If, however, the said Assistant Instructor should be wilfully disobedient or be guilty of disorderly conduct, or if he should voluntarily resign before the expiration of the period specified in his contract, his salary will immediately cease but the Corean Government will pay him $450 on account of return passage money.

IX. Upon the arrival of the said Assistant Instructor in Corea and after the negotiation of this agreement, the said Assistant Instructor still be under the direction and control of the Naval Instructor. The Assistant Instructor shall not have any direct communication with the Corean authorities: all his official communications shall pass through the Naval Instructor.

He will be required to perform his educational duties conscientiously whether on sea or on land and with the exception of Sundays, when he will do no work, will not relax his efforts.

X. The said Assistant Instructor shall be expected to provide his own maintenance and his own medical attendance with medicines in case of sickness

XI. This contract is drawn up in duplicate, one copy being retained by the Assistant Instructor and the other by the Foreign Office.

President of Foreign Office
H. M' Consul General

Assistant Instructor

6. 北京駐在 英國公使 O'Conor의 報告書

1) 서울에서 보고한 1893년 5월 25일자 보고서

No. 123

Söul,
May 25th, 1893.

My Lord,

I was received in private audience by The King of Corea to-day at one o'clock, being accompanied by Mr. Hillier and a Corean Interpreter.

After a few courteous remarks His Majesty enquired whether

The
Earl of Rosebery, K.G.,
etc. etc. etc.
Foreign Office.

whether I had received an answer from my Government in reply to His request for the services of a British Naval Officer.

I said that as a general rule Her Majesty's Government declined to allow British Naval Officers to take service under a Foreign Government and though there had been some difficulty in making an exception, they had done so in deference to the personal request

of

of His Majesty, and I believed Her Majesty's Government were willing to allow a Naval Officer to come to Corea to organise a Revenue Cruizer Service.

Since arriving here, however, I had learnt that the Revenue Cruizer which the Chinese Government proposed to place at the disposal of the Corean Government was no longer available and that there were no Corean Ships suitable for the purpose. The President of the Foreign Office had told me that

that His Majesty was anxious to organise a Naval School for Torpedo and Coast Defences, but as the technical knowledge required for the efficient discharge of this duty was very great, and the officer who might be quite capable of supervising a Revenue Cruizer service would probably be quite incompetent for the former. I saw great difficulties in the way, apart from the uncertainty as to whether

my

my Government would be
willing or able to spare a
capable officer for the purpose.

This view of the matter
had not apparently struck
His Majesty, who said it was
no doubt a difficulty, but at
the same time he was most
anxious to establish the
nucleus of a Naval school
which in time would be further
developed. Every country should
have the means of protecting
her coasts and Corea was
defenceless at the present moment.

Great

Great Britain had always proved such a good and true friend of Corea that he hoped Her Majesty's Government would assist him in this object and if one officer was not sufficient for the task he would like to have two, and he would be deeply grateful to Her Majesty's Government for their help and assistance.

I said that I would without loss of time report on the

the matter to Your Lordship, and that I was sure that every possible effort would be made to comply with His Majesty's wishes. The King thanked me very sincerely and said he would await with impatience the result of my report to Your Lordship.

I have the honour to be,
with the highest respect,
My Lord,
Your Lordship's
most obedient,
humble servant,

W. R. Carles

2) 북경에서 보고한 1893년 6월 15일자 보고서

Peking,

June 15th 1893.

No. 138

My Lord,

Referring to my despatch No. 127 of the 25th ultimo from Söul respecting the services of a British naval officer for Corea I have the honour to enclose herewith to Your Lordship a despatch received from Mr. Hillier reporting the latest views of the Corean Government and enclosing copy of the proposed service contract which at my request he

The Earl of Rosebery, K.G.

he has drawn up in consultation with the Corean Government.

It is evident that the King and his Government are most anxious to obtain the services of a British officer and willing to meet the demands considered necessary to secure his position and to afford him a fair chance of doing good and useful work while in their employment, and I consider that the proposed Contract is such as in the main may be considered satisfactory. I have however carefully considered its clauses and in the interest of the

the officer and the Corean service itself
I have made some amendments and alterations
which I hope will be accepted at Sŏul
and meet with the approval of the
Lords of the Admiralty. With this
contract accepted there is such
guarantee as is possible under the
circumstances that the officer will be
contented and that the experiment
will not, at all events from a pecuniary
point of view, lead to difficulty hereafter.
I have the honour to enclose herewith
despatches I have addressed to Mr
Hillier respecting the contract and
cognate

cognate points.

The present proposal of the Corean Government is a considerable development of the original scheme whereby the services of a British Naval Officer were required to organise and supervise a Revenue Cruiser service.

It will be noted that the Officer will now be required practically to organise a naval school and to instruct the cadets in Navigation, Gunnery, the exercises of small arms and drill, and perhaps the use of

torpedoes

torpedoes, although I do not believe the Coreans will be able to bear the expenses of the latter department, and therefore I am inclined to put it aside as a practical proposal.

It seems to me however very doubtful whether it would be in the power of one officer, however able and energetic, to comply single handed with the other demands upon his time, and I have therefore suggested to the Coreans the advisability of applying at the same time for a warrant officer

under

under suitable contract likewise
for a period of two years.

I feel sure the Lords of the
Admiralty will desire to receive as
definite and precise information as
I may be able to furnish, and if
Their Lordships will be good enough
to bear in mind that I have very
little acquaintance with naval
matters and no special knowledge
whatsoever beyond such as I have
lately acquired on board Her Majesty's
Ship Leander" and from Bishop Corfe,
formerly

formerly Naval Chaplain to His Royal Highness the Duke of Edinburgh, I will endeavour to describe the sort of officer I consider would be most suitable for the required purpose from a general point of view.

I consider, for various reasons that a Lieutenant between the age of thirty and thirty-five would be better than a Commander or other superior officer: that he should be a good all round man, endowed with plenty of "go" and energy, unlikely to press his own speciality unduly i.e.

he

he happens to have one; a man
who will overcome difficulties and
obstacles with resolution and good
temper, and possess the "savoir faire"
or "savvy" familiar to Navy men.
With these qualities, and appreciating
the novelty and importance of his
task, he may do much to increase
the prestige of Her Majesty's Naval
service in the Far East, and render
considerable service to the Corean
Government,

I question whether I shall

receive

receive the reply of the Corean
Government to my latest suggestions
before the beginning of August, by
which time this despatch will have
reached Your Lordship's hands,
but if it should be satisfactory it
will only be necessary to send a short
message by telegraph.

I have the honour to be,
with the highest respect.
My Lord.
Your Lordship's
most obedient.
humble servant.
J. R. Morse

7. 서울駐在 英國總領事 Hillier의 報告書

1) 북경주재 O'Conor 공사에게 보낸 1893년 6월 2일자 보고서

No. 4.

British Consulate-General,

Söul.

June 2, 1893.

Sir.

On the 27th and 28th ultimo I received message from the Palace asking what decision you had come to with regard to the Engagement of a Naval Officer

R. O'Conor Esq.

Peking.

officer for the instruction of Corean youths in naval service generally, and informing me that General Min Ying chik, head of the Corean Naval department had been deputed by His Majesty to call upon me with a view to coming to some arrangement.

On the 29th of May I had an interview with the President of the Corean Foreign Office, who told me that the King was most anxious to commence work at the Naval School, and he begged me to solicit your good offices in securing the services of a competent teacher without delay. I repeated to the President what you had earlier said to His Majesty on the occasion of your audience, viz., that the abandonment of the original scheme for the establishment of a steam cruiser service had placed you in somewhat of a difficulty, as you had applied to H. M. Government in the first instance for the services of an officer who would take charge of these cruisers, and give instruction in seamanship and navigation, that as the instruction that it was now apparently, intended should be imparted was of a different nature, you had called upon me to ascertain more precisely the details of the new scheme, and to furnish you with a report. The President replied that it was the intention

of the Corean Government
to Establish a naval
school at Kang-hua, an
island in the river near
Chemulpo, but that
General Min was in
Charge of the Naval
Department, and he
would refer to him for
details.

On the Evening of the
24th instant I received

your telegram from Tientsin
directing me to consult
with the Corean Government
and the Chinese Representative
with a view to formulating
a practical proposal that
would justify an application
for the services of a
British Naval officer.
On the following day I
called on the Chinese
Resident; told him of

the telegraphic instructions
I had received from you,
and asked his opinion.
He told me that since
his conversation with
you on the occasion of
your visit to him, certain
facts had come to his
knowledge which convinced
him that it was important
that the services of a
British officer should if possible be
obtained without delay.

The French Representative, Mr. Frandin, in concert with General Legendre, one of the advisers of the Government, were urging the Corean Government to establish a school for teaching French, to which were to be attached a naval instructor, a mining expert, and a railway engineer, who were to represent

some syndicate and take
Corea under their special
patronage. If, the Chinese
Resident went on to say,
the British Government
refused to send out a
Naval officer, the Corean
would inevitably fall
into French hands, a
fate which he was most
anxious to prevent them
from encountering. The

begged me, therefore, to report this contingency to you and to ask you to do all in your power to obtain the services of a British officer as soon as possible. He would make himself personally responsible for the courteous treatment of the officer, and would give him all the support in his power.

We then proceeded to discuss the best means of attaining the successful carrying out of the naval school project, and we both agreed that not only as an earnest of sincerity on the part of the promoters of the scheme, but also as a primary condition of success, the students attached to the school should be grounded in English and arithmetic in order to profit by the teaching of the instructor, should H. M. Government consent to depute an officer for that purpose; also that the English school in the city, conducted by an American, was not suited for the object. It so happens, that an English ex-national school master called Hutchison is at present in Söul seeking employment. He was formerly employed at a Government school in Formosa which was abolished for want of the necessary funds for its maintenance, and he is furnished with good testimonials. He is, however, known to the Chinese Resident who suggested his employment as a teacher of English, a post which I was able to endorse, as I believe him, that being to be exactly the man that is required. With Yuan-ta-jin's assistance I also drafted a contract

of service, the acceptance
of which we agreed should
be insisted upon before
any proposal was
submitted to you.

In the afternoon of
the same day, the special
men whom I have referred
to above called upon me
by order of the King,
and without mentioning
that I had already

consulted with the Chinese Resident I told him I felt sure you would only support an application for the services of one of Her Majesty's Naval Officers if you were convinced that he would be given ample facilities for doing good and useful work. I then

proceeded to explain to
the General the necessity
for giving his students
some Education in English
before the arrival of an
instructor in technical
matters, and finally
showed him my draft
of the contract, the
acceptance of which would
be insisted on before
any of Her Majesty's

officers would be allowed to take service under the Corean Government. The General approved of my proposals, which he undertook to lay before the King at once, and asked me to furnish him with a copy of the draft contract which he said

should be sent to me with
a Note from the President
of the Foreign Office. He
also asked me to
intimate to Mr. Hutchison
that he would Engage
him as a teacher of
English at once, under
a contract of service
which I could draw up.
He told me in the course
of conversation that

it was proposed to commence with twenty to twenty-four students of ages ranging from fifteen to twenty years, and that everything in his power should be done to secure regular attendance and discipline in the school.

Yesterday I received a Note from the President of the Foreign Office, copy

and translation of which
I enclose, in which he
announces the establishment
of the naval school
and forwards a copy
of my draft contract,
with the addition of
one clause, No 10, which
he is prepared to enter
into with the Naval
officer should. Their

Majesty's Government be pleased to detach one for service under the Corean Government. A verbal agreement has also been made with Mr Hutchison, and a contract will be entered into with him in similar terms, though of course at a lower rate of salary.

I have acknowledged

the receipt of this Note,
and have informed the
President of the Foreign
Office that his request
has been submitted
for your favourable
consideration.

I have &c.

(Signed) Walter C. Hillier

8. 英國 海軍省의 教官推薦 指示 通知文

海軍相 Evan MacGreger경이 1893년 5월 16일자 외무성에 보낸 통고문

...on this subject, please quote
N. 4383.
...and address letter to—
The Secretary,
Admiralty, Whitehall,
London, S.W.

Admiralty.
16th May, 1893.

Sir,

With reference to your letter of 9th May, and to previous correspondence;

I am commanded by My Lords Commissioners of the Admiralty to request that you will inform the Secretary of State for Foreign Affairs that Their Lordships desire to recommend Commander John Teesdale Hardinge R.N. (retired) as a suitable Officer for the appointment under the Corean Government to organize and supervise the establishment of a Revenue Cruizer Service.

I am,
Sir,
Your obedient Servant,

Evan MacGregor

The Under Secretary of State,
Foreign Office.

9. 督辦交涉通商事務 南廷哲의 外交公翰

1) Hillier 총영사에게 보낸 1893년 6월 1일자 公翰

..lation

Kuei ssu year
4th Moon 17th day
June 1. 1893

The President of the Foreign Office has the honour to refer Mr Hillier to a note from his predecessor Cho " dated the 3d of February last in which Mr Hillier was informed that the Corean Govt proposed to organize a few companies of soldiers for naval + service on the sea-board of the Metropolitan Province; and that they also desired

to secure the services of an
experienced officer to be
selected from the British
Navy and sent out to act as
Instructor under a contract
of service with the Government
in the hope that the
arrangement would be
productive of success. It was
suggested that this officer
should be engaged for a
fixed term of two years
at an annual salary of
$5000 the Corean Govt.
paying his travelling expenses,

out and home. His salary was to be paid through the Head Office of the Maritime Customs and the late President was prepared to discuss with Mr. Hillier in a personal interview the terms of the contract to be drawn up etc etc etc

The President Nam has the honour to inform H. B. M. Consul General that the Corean Govt has established a department of coast defence and that General Min the Commander in

Chief has opened a school in which it is proposed to teach the science of navigation, gunnery, the use of torpedoes etc: to cadets specially selected for the purpose. It is further the intention of the Govt. to purchase one or two steamers to serve as cruisers for preventive and other purposes. They also intend, as an antecedent measure to engage the services of a teacher of English who will instruct the students in the English language, written and spoken, that they may be ready to profit by the teaching of the Naval Officer upon his arrival.

The President has been commanded by His Majesty to communicate the above particulars to Mr. Hillier, with a request that he will beg Mr. O'Conor to communicate with H.M.G. and request them to send a competent naval officer to Corea at an early date in order to put in operation as soon as possible and give effect to the scheme in which the Corean Govt is so much interested. As before intimated, it is proposed to pay this officer an annual salary of $5000 to be paid monthly by the Maritime Customs, with a preliminary grant of $700 for passage money to Corea: the same sum being paid to him for return passage money at the expiration of a period of two years. The President has already drawn up a draft contract which he begs to enclose for Mr. Hillier's perusal.

2) 督辦交涉通商事務 南廷哲이 영국총영사관에 제시한 고용계약서 초안

...lation

Nam, President of the Corean Foreign Office in the matter of the arrangement of a contract.

Whereas the Gov't of Corea has now established a central maritime department and has founded a school in which students are to be enrolled for the study of navigation, drill, and kindred matters connected with coast defence, they propose to invite a British Naval Officer to come to Corea and undertake the duties of Instructor in this naval school under a contract of service the conditions of which are enumerated below.

I. Mr ______ has been engaged as Instructor in the Corean school of maritime defence.

II. The said Instructor is engaged for a period of two years from the date of the settlement of this contract.

III. The salary of the said Instructor is fixed at $5000 per annum in Japanese Yen or Mexican dollars which

will be paid every month in
twelve monthly instalments,
according to European reckoning,
by the Corean Maritime
Customs.

IV The Chief Commissioner
of Corean Customs will
receive instructions to this
effect and will pay the
said amount in monthly
instalments to the said
Instructor.

V. On the day upon which
the said Instructor arrives
in Corea, the Corean Govt.
will provide him with
suitable house accommodation,

or, in lieu thereof, he will be given a sum of $40 per month as house rent which will also be paid to him by the Chief Office of Maritime Customs.

VI. Upon the day on which the said Instructor arrives in Corea, the Corean Government will pay to him the sum of $700 for passage money.

VII. Upon the day on which this contract expires, the Corean Govt. will pay to the said Instructor the sum of $700. (seven hundred dollars) as return passage money

VIII Should the Corean Govt. wish to dispense with the services of the said Instructor before the expiration of his agreement without just cause being shown, they shall pay to the said Instructor his salary for the full two years together with the return passage money.

IX. Upon the arrival of the said Instructor in Corea and after the negotiation of this agreement, the said

Instructor shall be under the
direction and control of the
chief of the Corean central
maritime department. He will
be required to perform his
educational duties conscientiously,
whether on sea or land, and,
with the exception of Sundays,
when he will do no work,
he will not relax his
efforts on any pretext. The
students, non commissioned
officers and men will be
under the direction and
control of the officer, whose
authority they will not be

permitted to disregard.

X Should the said instructor display want of energy in the execution of his educational duties or fail to be conscientious in the performance thereof, the Corean Govt will be at liberty to dispense with his services forthwith, irrespective of the limitations of this contract. Or should the said Instructor purposely give trouble and request permission to resign, his salary will cease and he will furnish his own return passage money with which the Corean

Government will have no concern.

XI The said Instructor upon arrival in Corea will be expected to provide his own maintenance and his own medical attendance and medicines in case of sickness.

XII. This contract is drawn up in duplicate. one copy being retained by the Instructor and the other by the Corean F. O.

Seal of Nam, President of Corean Foreign Office

Signature of Mr. Hillier. H. B. M.'s Consul General

Signature of H. B. M.'s Naval Officer and Instructor.

10. 聖公會 朝鮮敎區長 Corfe 主敎의 寄稿文

1) *The Morning Calm* 誌 1894년 3월호 기고문

CHEMULPÓ: *December* 1893.

DEAR FRIENDS,

Although this letter is written in Chemulpó, the record of the past month would more fitly be written in Seoul, where I have been until the 22nd, when I came here to be responsible for the services at St. Michael's during the Christmas festival. Mr. Trollope and Mr. Davies have lived mostly at the river house in Mapó, engaged in the work of preparation for the ordination of the latter. Mr. Trollope, too, has been much occupied in a translation of St. Matthew's Gospel into Corean. During the Sundays in this month Mr. Warner has come from his river house in Kang Hoa to provide for the services in St. Michael's. After the fourth Sunday in Advent he came to spend the inside of a week with me in Seoul. I had not seen him since the summer. There was, therefore, much for us to talk over. Amongst the most interesting facts of the present and the possibilities of the future, is the recent establishment by the Corean Government of a large school in Kang Hoa—within a stone's throw of Mr. Warner's house. It is styled, rather grandly, Royal Naval Academy. There are some fifty Corean youths of the better class, between the ages of 18 and 26, who are now living together under the charge of an Englishman, who, as head-master, is teaching them English. Most of these Corean schemes, as you know, seem doomed to failure. It is too soon yet to say what will be the outcome of this. But it has made a good start—the youths making excellent progress with their English. Mr. Warner, too, sees something of them. They often look in of an evening and play chess with him. The lease of the house in which he is living on the river bank expires next month. The result of our six months' experiment, however, looks so hopeful that we are about to renew the lease for a longer period. He has living with him a Mr. I——, a man of some age and good education, who assists him in his translation work, and in return is having his earnest inquiries upon Christianity satisfied. Naturally, we hope that this close intercourse may result in his becoming a convert. It is, at all events, the beginning of our mission work. I beg you will remember him and Mr. Warner in your prayers. The Sisters in

St. Peter's Mission House are well, and as happy as ever. The privileges of worshipping with them in their little chapel are greatly valued by me. At Chemulpó we are so few that it is difficult to "make" a congregation except on Sundays. St. Matthew's Hospital at Nak Tong continues to flourish. Sister Rosalie and Nurse Webster have plenty to do, and are very happy in the doing of it. The ward is always warm and bright and cheerful. The cases are, from the doctor's and nurse's point of view, "interesting," and the patients look happy and contented. Two little boys, especially, have announced their intention of never going home any more.

We were glad to get Mr. Hodge back again. Bishop Scott, writing to me, says of him: "He has done his work well and heartily, and has been a very good companion." I rejoice to know that Corea has not spoilt him, and it was matter for additional thankfulness to see him go back eagerly to his work the moment he returned to Nak Tong. We have taken advantage of his absence in Peking to set his printing house in order by reflooring it, and putting in several additional windows. For myself, I have oscillated between Nak Tong and the Advent during the month, sleeping in either house according as there was service in the Church of the Advent or the Resurrection on the following morning. Miss Cooke is well, and her work goes on steadily. We have not yet got, however, *that* development of our women's work which we desire. The middle and upper class of women still hold themselves aloof, whilst the lower class, who do come to Miss Cooke's hospital, would as soon be treated by Dr. Baldock if he had a women's ward. But it was well known by me three years ago that this question of the medical treatment of the ladies of Corea would require years of patience and many disappointments before it could be satisfactorily answered. For what *are* you to do when, in addition to all other obstacles, folk do not *want* to be cured?

To enable Mr. Warner to have a complete change, and to see as much of his brother clergy as he could, I resolved to spend my Christmas here, and at the same time get a fortnight's quiet and freedom for writing all those long letters which a Bishop *has* to write at the end of the year. Dr. Landis, Mr. Smart, and John Wyers made a happy, if not a large, congregation on Christmas morning, and we have thoroughly enjoyed ourselves. There is plenty of snow on the ground, whilst the sun is shining brightly. And now that the festival is over, Mr. Smart is busy with his examinations. He has some twenty-eight pupils daily, of whom all but four are Japanese. They are fond of him, too, if one may judge from the photographs which deck his room, and the boxes of oranges, biscuits, and sweetmeats which arrive so frequently. Now, I do not remember asking my schoolmasters ever to share the contents of *my* hampers!

Dr. Landis and I are very busy over a scheme for providing a raised alphabet for the blind, with a view to providing books by-and-bye for the blind folk who abound in Corea. It is very interesting—if somewhat difficult—and we are much helped by one or two good people who have made the subject a study for years in China. In a few days I believe we shall be in a position to ask for an apparatus to enable us to print our own books. I thank God for all that He has put it into your hearts and minds to do for us during this past year, and pray that in the year to come an abundant blessing may rest from Him on every one of you.

I am, your affectionate,

✠ C. J. CORFE.

이 기고문은 성공회 조선교구 Corfe 주교가 1893년 12월 인천에서 작성하여 *Morning Calm* 誌 1894년 3월호(제45호)에 기고한 것이다. 글은 영국 친구들에게 조선의 성공회 선교 사정을 알리는 편지 형식을 띠고 있으나 강화 해군사관학교에 대한 내용도 수록되어 있어 우리의 관심을 끈다.

그는 1890년 조선으로 오기 전까지 영국해군 종군신부로 다년간 함상 근무를 한 바 있어 조선정부가 강화도에 해군사관학교를 세워 근대식 해군을 창설하고자 하는 데 관심이 많았다. 그는 이 기고문에서 성공회 강화 기도소로 사용하고 있는 Warner 신부집에서 "돌을 던지면 떨어질 정도로 가까운 거리"에 해군사관학교가 개설되어 영국인이 영어를 가르치고 있다고 전하고 있다. 문장의 내용으로 보아 그가 강화 해군사관학교로 가서 생도들의 교육 상황을 본 것은 1893년 11월로 추정되며, '좋은 출발'이라는 기대감을 표시하고 있다. 이때는 이미 영국 해군성과 외무성에서도 교관요원으로 Callwell 대위를 확정한 이후로서, 영국 해군에서 잘 알고 지내던 두 사람의 개인적 관계로 미루어 보아 이 사관학교에 특별한 관심을 가지고 있었던 것으로 짐작된다.

2) *The Morning Calm* 誌 1895년 8월호 기고문

THE
MORNING CALM.

No. 62, Vol. VI.] AUGUST 1895. [Price 1*d.*

The Bishop's Letter

SEOUL: *April,* 1895.

DEAR FRIENDS,

The long winter left us finally at the beginning of the month; though even then there was a considerable amount of ice on the river bank, left by the spring tide of last month. Spending—as I do—most of my time at the river house in Mapó it has been most delightful to see the sign of life in trees and fields all round me—every day, almost every hour, discovering fresh beauties in the all-embracing mantle of ever varying shades of green. In Holy Week Mr. Davies left for Chemulpó to be responsible for the Good Friday and Easter services at St. Michael's: Mr. Warner coming to us in Seoul at the same time. At the Advent the services on Good Friday were helpful to us all, Mr. Warner's meditations on the Seven Words from the Cross being much appreciated by those who attended the three hours' service. An event happened on Easter Eve which we all hope may mark the commencement of a new department of our Mission work—a department much longed for, much prayed for. A girl child who could not have been a fortnight old, was found at the door of a house and handed over to the Sisters, who had no hesitation in accepting the responsibility. In a new Mission there is so much danger to be feared from yielding to human impulses under the idea that they are Divine leadings, that it was a joy to us all to see this "closed door" showing some signs of opening to us, like the door of St. Peter's prison, "of its own accord." So obvious a responsibility could not be declined, and with all the Sisters and our good Nurse Webster each anxious to be a 'mother' to the little stranger, we may well believe that God will provide some one who will train her in His service. I was asked to baptize her on Easter Eve; and, because it was Easter Eve, not because it was the occasion of the baptism of our first orphan, the ceremony was as solemn and as much in harmony with the great Festival (then beginning) as we could make it. She had her full complement of sponsors—the Sister in charge representing the community of St. Peter's, being one; another Sister, as proxy for our dear friend, Miss Graham, being another; and Mr. Hodge having the honour to be her godfather. The name chosen by the Sisters, for reasons of their own, was Anna—a name which for other reasons was most suitable for our first child. For one thing it is an easy name for Corean lips to pronounce and Corean fingers to write. Then the Coreans think it is a good name, though, of course, they know nothing of the Christian associations. It is a name I am personally pleased with, though I had no hand in the choice, for I know how earnestly for now five years we have been in the daily prayers of the mothers of the Guild of St. Anna attached to the Church of the Transfiguration, New York—a church which, under the care of dear Dr. Houghton, has never forgotten us for a single day, I believe since my visit of August 1890. There are many "mothers" of St. Anna who read *Morning Calm*, and when they see this they will see that their prayers have not been in vain. They will learn too, as we are learning, that God's slow ways of working are after all the best, and not in the least discouraging to those who believe in Him.

You know that it was on Easter Day, four years ago, that we dedicated our first Mission-house in this city, the House of the Resurrection. On this Easter Day, when it would seem that we are less unprepared to know His will, He sends us His little Anna to be, as we hope, the first of many children to be brought up by us in His faith and fear.

All this, interesting to every friend of the Mission, will be specially interesting to our children friends. To them I have for a long time owed an apology, since it is a long time since I have written to them in "The Closed Door." I must not spend any time now in explaining why I have been unable to continue my letters to such kind friends and earnest workers, but I know that this number of *Morning Calm* will have a special interest for them. For now we are going to begin to spend their money which they have been putting by for this purpose for more than five years.

Our Easter services were bright and happy, not the least element in our happiness being the co-operation which we received from our brethren of the Church of America in this city. Mr. Warner returned in the middle of the week to his station at Kang Hoa, and to enable Mr. Davies to resume his duties in the hospital I went, for Low Sunday, to Chemulpó. The end of the month finds me in the island of Kang Hoa paying a long deferred visit to our old friends, Lieut. and Mrs. Callwell, and to Mr. Warner at Kap Kot Chi—the first time I have been able to see him at his work. The house on the river bank is all that could be desired. The little room, 16ft. by 8ft, in which he holds his classes, was used by me for its first Celebration on S. Mark's Day. The neighbourhood is quiet, and possesses many advantages for the work he has in view. I must, however, content myself with this passing allusion to a visit which has just begun, and to work of which there will be more to be said when I have seen more of it. This island is lovely. The Callwells live in the city—a space enclosed by a wall well and regularly built, which climbs up hills and down valleys for a circuit of, I suppose, six or seven miles.

There is a great deal more country than town within this enclosure, and yesterday, without going outside the gates, we walked up to the top of a high, well-wooded hill, and had a magnificent view of the surrounding country. For the first time I saw simultaneously Chemulpó and Seoul—the former eighteen miles to the south, the latter some forty miles to the east. The hillsides are carpeted with dwarf azaleas, whose flowers, blooming before the leaves, look very beautiful on a background which has not yet quite lost its winter brownness. The island is well cultivated, and in every direction below us we could see the furrows in the fields prepared for cereals, intersected with the gleaming sheets of water which covered those intended for the future crop of rice. I have just received a kind letter from Mr. Sugiura, one of the two Japanese clergy, whose visit to us I mentioned in my last letter. They reached Japan safely, and, leaving his companion, Mr. Sugiura visited his home near Kyoto—the place of his present care—where his parents were his first converts. Before leaving Tokyo, he managed to go and see Mr. Smart, who, he says, "is very well, and studying Japanese earnestly, sighing that he is too old to learn"; but with little reason (Mr. Sugiura goes on to say), because "his pronunciation is very good indeed—much better than most English workers who have been living here for many years." This is most encouraging, seeing that it comes from a Japanese and not an English source. In a recent letter Mr. Smart tells me that he is able to gather together a few Japanese every day to join him in Morning and Evening Prayer and Compline—all said, of course, in Japanese.

In this City of Kang Hoa I am once more in the midst of English naval bugle calls, Mr. Callwell and his assistant Mr. Curtis having taught the Corean recruits to give an excellent representation of the calls with which our seamen are summoned to their various duties on board ship. I saw these Corean recruits being drilled the other day, and was astonished at the quickness and intelligence which they showed. The words of command, given in English, were at once interpreted by the petty officer, and obeyed with smartness. Yet it was only the tenth day since these particular men had been under drill.

Farewell. This leaves us all in good health, and hard at work.

I am always,
Your affectionate,
✠ C. J. CORFE.

이 기고문은 성공회 Corfe 주교가 1895년 4월에 서울에서 작성하여 *Morning Calm* 지 1895년 8월호(제62호)에 기고한 글이다. 제목이 「주교의 서신(The Bishop's Letter)」으로 되어 있어 성공회 조선교구의 선교사업이 주축을 이루고 있으나 강화 해군사관학교에 대한 내용도 포함되어 있다. 이 글에서 Callwell 대위 부부를 "우리의 옛 친구(*our old friends, Lieut. and Mrs. Callwell*)"라고 표현하고 있어 그가 영국해군 종군신부로 근무할 당시부터 잘 알고 지냈던 사이임을 알 수 있다.

이 글에서 우리의 관심을 끄는 것은 Callwell 대위가 사관생도들을 훈련시킬 때 영국해군 나팔로 집합을 시키고, 구령도 교관이 영어로 구령하면 조교관이 복창하는 형태로 실시하고 있다는 대목이다. 이에 그는 강화도에서 영국식 나팔소리를 다시 듣게 되었다고 하면서 이 학교의 군사훈련이 성공적으로 진행되고 있음을 시사하고 있다.

이 기고문의 끝 부분에서 그가 사관생도들의 군사교육을 직접 목격한 것이 영국 교관이 도착한 지 불과 10여 일 만의 일이라고 기술하고 있는 점으로 미루어, 여기에 기술된 것들은 1894년 4월 말이나 5월 초에 목격한 상황일 것이다. 그런데 정작 이 기고문은 그로부터 1년이 지난 1895년 4월에 작성되어 8월에 발표되었다. 이 때는 청일전쟁으로 인하여 강화 해군사관학교의 군사훈련이 사실당 중단된 때였다. 즉, 강화해군사관학교 군사훈련은 1894년 11월에 중단되었으나 Callwell 대위 일행이 강화에 계속 체류하고 있었던 관계로 학교가 사실상 폐쇄되었다는 사실을 모르고 있었던 것으로 보인다.

11. 聖公會 江華駐在 Warner 神父의 寄稿文

1) *The Morning Calm* 誌 1894년 3월호 기고문

이 기고문은 1893년 가을부터 강화도 갑곶진에 상주하면서 성공회 선교사업을 하던 Warner 신부가 *Morning Calm* 지 편집장에게 통신문 형식으로 투고한 글로, 1894년 3월호(제45호)에 수록되어 있다. 기고문은 조선 강화도 갑곶진에서 작성하여 보낸 것임을 서두에서 분명히 밝히면서 강화 해군사관학교에 대해 많은 자료를 제공하고 있다.

주로 강화 성공회 선교사업에 대한 내용을 다루고 있으나, 사관생도들이 일과 시간 이후에 자신을 찾아와 기초영어를 가르쳐 달라고 조르고 있다는 이야기에서부터 1893년 10월에서 11월 사이 강화 해군사관학교의 교육 상황을 읽을 수 있는 내용이 수록되어 있어 귀중한 자료가 된다. 특히 해군영 총수 閔應植이 강화부사로 부임하여 강화나루터에 도착하는 광경이 묘사되어 있어 흥미를 더해 준다. 閔應植은 1894년 3월 22일 해방영 총수(都統禦使)로 임명되어 있었고, 강화부사는 겸직이었다.

민응식이 강화에 처음 도착한 곳은 바로 진해루 밖 나루터로 Warner 신부가 상주하고 있는 곳과는 불과 100미터 거리에 있었고, 신임 부사의 부임 광경을 직접 목격하고 쓴 글이라 생동감이 있다. 그의 부임 행차에는 강화부 관리들과 200여 명의 병사들이 제방 위에 도열하여 영접하였는데, 서양사람 눈에는 신기하게 보였을 노랗고 파란 제복의 나팔수 8명이 긴 나팔을 불고 있는 광경과 불꽃놀이 등을 흥미롭게 기술하고 있다. 또 이 기고문에서는 민응식이 부임 후 처음 행한 일이 해군사관학교 건물 시찰과 사관생도들의 교육 상황 검열이었다고 밝히고 있다.

Correspondence.

KAP-KOT-CHI VILLAGE,
ISLAND OF KANG-HOA, COREA.

MY DEAR MR. EDITOR,

I have a dim sort of foreboding that there have been very few contributions sent you of late by members of the Mission. With the exception of the Bishop, who has sent you his letter month by month with machine-like regularity, the whole staff has been very remiss in the matter of contributions to *Morning Calm.* Force of circumstances has combined to keep the Bishop at Chemulpó, which is not at all a favourable place for seeing much of Coreans, or for learning more of their habits and characteristics, but despite of this disadvantage he has put the rest of us to the blush over and over again by his regular contribution. However, perhaps it is as well for us that he sets us such a high standard in this, as in all other matters, for it should help to keep us up to the mark, and act as a reproach to our laziness. Not having anything very interesting to describe, I thought that perhaps some few of your readers might like to have some little account of the Mission station recently opened on the Island of Kang-Hoa, which the Bishop has given me the charge of. Kang-Hoa, as many will be aware, is a largish island, about thirty miles long by twenty miles broad, situated near the mouth of the Han river, distant about forty miles from Seoul, and about twenty from Chemulpó by water. The village which we have chosen for our station temporarily is called Kap-kot-chi, a small place with about a hundred houses. This village is a place of call for steamers running between Seoul and Chemulpó, and it is here that the King intends to place his new Royal Naval College, of which we have been hearing a good deal lately. The students are now arriving daily in batches of about half a dozen. There are to be fifty in all, and the Government is enlisting sailors already. The houses for the instructors and the storehouses are already built, the latter being plentifully stocked with native cannon of various sizes and shapes, and of the most antiquated manufacture. What use the King supposes a European instructor will make of such weapons I do not know. I am also told that another storehouse is filled with bows and arrows, which still hold a place in the Corean's notion of warfare: but as the place is kept under lock and key, I have been unable to verify this report. I don't know when the instructors are coming, but I know that it will be a dismal surprise to them to see the houses which have been prepared for them, which are not very comfortable; they will, however, have an unexpected surprise of another nature, in being provided with a chaplain, for whoever is resident here will be bound to do what he can for the spiritual interests of his fellow-countrymen. On arriving at the village, I took up my quarters at the inn, which was more worthy of the title of "Beerhouse," I think; but it was the only one in the place, and there for a fortnight or so I existed. The flies were a terrible plague, and the neighbouring piggeries were barely endurable during the exceedingly hot weather; food also was hard to obtain, and I had no bed; but all things have an end, and I got out of this experience, a great deal of the hardship of which was due to my own want of forethought, with nothing worse than a disordered stomach, which, however, did not trouble me for very long.

The end of it all was that I succeeded in renting a house for half a year, at the cost of thirty dollars, or about £4 sterling. The house is situated on the river bank, and has three rooms and a covered verandah, with a kitchen and outhouse; at the side of it there is also a small patch of garden, which is at present looking very bright with China asters planted by the previous occupier. The place was naturally in a dirty condition and needed setting in order and re-papering throughout, while the roof needed re-thatching in parts; this entailed another disbursement of about £4, and then the place was made really very habitable and comfortable. I do not think it is central enough for a permanent Mission station, but it is the right place to have selected for a beginning, and, if the Naval College succeeds, may rise to be a place of some importance in the country. My work here is to do my share with my teacher towards the translation of our first book, which we hope to finish by the end of the year. The book consists of some three hundred and seventy verses of Holy Scripture, in which the Life of our Blessed Lord is plainly set forth, and it is to form the basis for our preaching, which we hope to begin next year. I have also leave to explain the meaning of the translation to any who may wish to hear, and, generally, to try and get a hold on the people. I had not been established here many days before I was called in to see a little infant girl who was in violent convulsions, the result of having eaten a whole vegetable marrow raw. I soon saw that she was dying, and after having tried to ease her pain by hot applications to the stomach, I asked the parents if they had any objection to my pouring a little clean water on the child's forehead, explaining at the same time that such was the custom in England, and that even though she did not get better, yet that the act would be beneficial to her after death; so having obtained their willing consent, I made what few reverent preparations I could, and administered the sacrament of baptism to the child, calling her Maria, the native form of the name Mary. Shortly after this had been accomplished, our first little Christian on the Island of Kang-Hoa went home, to find what an inexpressible benefit she had received from what was outwardly so small and insignificant an act, and to form one of the throng of the redeemed gathered from out of every nation.

My teacher is a man who came to us from the Hoang-Hai-To province at the beginning of the year, inquiring after the truths of Christianity, and the translation work which we do together helps to answer a great many of his inquiries. He is an earnest man, and looks forward to being an evangelist in the future, and, owing to the fact that he is a very good scholar and exceptionally steady, I think this is not an unlikely future for him. He is very anxious to be baptized as soon as he has learned enough, and he has a deep sense of sin, which is quite remarkable. He often says that he wants "a new heart," and looks forward to baptism to wash away his past sins. He found out for himself a good deal about the necessity of confession of sin and about the efficacy of the baptismal washing, and I think we have got hold of a remarkable character. However, time will show us whether he is truly in earnest or not, and we must be prepared for disappointment.

I have many friends in the village, and they are not badly disposed towards Christianity, though in no wise anxious to learn. Many of the students in the new Naval College, however, come to see me, and claim my services as a right, to teach them something of the rudiments of English. This, however, I am not very enthusiastic about, as I have found that a knowledge of English often proves detrimental to the trustworthiness of a Corean. This may be prejudice, but I have not seen many favourable specimens of English-speaking Coreans. However, in the case of those at the Royal College, they are learning for a definite purpose, and certainly could not get on without it.

The other day the Governor of the island arrived from Seoul. He is a nobleman of very high rank, and a relative of the Queen. The little river steamer brought him, and, contrary to custom, anchored alongside of the village. All the retainers of the Governor were drawn up on the bank, together with two hundred troops in uniform, and with fixed bayonets; the officials who came to greet him were in full dress, *i.e.*, in black silk gowns with scarlet sleeves, and looked like so many Doctors of Divinity. The Governor was met by his private barge, and rowed to the shore; on his landing there was an attempt to let off some fireworks, but only one cracker went off; the rest fizzed away dismally and made no report; but it is only fair to say that this was the only fiasco in the reception, for the rest of the function was really well carried out. After landing, the Governor was placed in an open chair, seated on a leopard skin, and eight trumpeters with long shawms marched in front of him, clad in yellow and blue uniforms. The first thing the Governor did was to go and inspect the Royal School buildings, and I understand he expressed himself very well satisfied ; but then he looks at things from a Corean standpoint only, and I fear the European instructors will not share his satisfaction entirely.

The days pass away here very uneventfully, and do not bring much that is out of the common, or worth relating. The Bishop made a journey up to Seoul in a sampan the other day, and called here on his way for a few hours, in which time he was just able to view the house and situation ; but as it was night, he could not get a very clear idea of things.

When I have anything worth writing about I will let you have another letter, but I feel so ashamed of having spun the present one out to such a length, that I don't think I shall have the assurance to write again just yet.

Yours faithfully,

L. O. WARNER.

12. 聖公會 Trollope 神父의 寄稿文「江華島」

1) *The Morning Calm* 誌 1894년 9~11월호 기고문 「강화도(The Island of Kang-hoa)」

The Island of Kang-hoa.

DEAR MR. EDITOR,

Readers of *Morning Calm*—and indeed all who are interested in Corea—must by this time, I imagine, be growing familiar with the name of the island of Kang-hoa; and friends of the Mission must welcome the sound of a new name, with the information it brings that, small though the forces of the English Church be in Corea, she is already finding it possible and politic to "lengthen her cords" and expand her energies beyond the limits of Seoul and Chemulpó. Let me begin then by trying to set before your readers as plainly as may be the position of Kang-hoa. Of course, everyone who has even tried to take an interest in Corea knows where Chemulpó (known also as In-chyen, Jenchnan, Ninsen and Jinsen) is to be found—on the shore of that big gulf, with a coast-line of such bewildering irregularity and a perfect archipelago of little islands in its embrace, which has scooped itself out about half-way up the western seaboard of Corea, and just beneath the great protuberance occupied by the Province of Hoang-Hai. It is into the north-east corner of this gulf, and consequently to the north of Chemulpó, that the river Han, which is the water high-way to the capital, flows; and in the same neighbourhood; and close to this same river-mouth, it is that the large and important island of Kang-hoa is to be found. Travellers to Seoul more usually perhaps, on disembarking from their ships at Chemulpo, proceed by the overland route to their destination in the capital, which lies about 24 miles inland, and as nearly as possible due east of the port. Those, however, who prefer to make the journey by water will find the mountain scenery of Kang-hoa among the chief redeeming features of an otherwise somewhat tedious trip. The distance from Seoul to Chemulpó by water is nearly 60 miles instead of 24, and the little river steamers (of which there are three or four now), starting nearly due northwards from Chemulpó, thread their way first through a throng of tiny little islands, and then through the narrow and tortuous channel which separates Kang-hoa from the mainland, until at a point about midway on their journey, and 30 miles from the start, the course takes a sudden turn at an acute angle, and they proceed for the remaining 30 miles or so in a south-east direction up the Han river proper to Mapó (called also Samkai) or Ryong San—the two most frequented landing-stages for Seoul. What with the inadequacy of these same river steamers, however, and the treacherous character of the river-bed and other serious obstacles to navigation, the water journey to Seoul, though distinctly the best route in the heat of summer, is as distinctly not a thing "to be enterprised or taken in hand unadvisedly, lightly, or wantonly" by anyone who dreads the loss of either time or patience. I have known steamers take as short a time as five, and as long a time as twenty-two, hours on the journey. And there is always the pleasing prospect of being possibly landed at Mapó or Ryong San (three or four miles from Seoul) too late to reach the city before the gates are shut at night-fall. In the winter months the river journey to Seoul is rendered impracticable by the ice, the Han being completely frozen over (in 1892-3 for three clear months) in spite of the rapid stream and the enormous rise and fall of the tide.* This, however, by the way.

To return to Kang-hoa. I described it above as a "large and important island"—and large and important it certainly is. For largeness, it is about the size of the Isle of Wight, some 25 miles long and 15 or so across. The walled city of Kang-hoa, which gives its name to the island and lies in the centre thereof, is said to contain 2,000 houses (say 10,000 souls), which is, I should say, a considerable exaggeration. At a rough guess I should surmise, however, that the city of Kang-hoa, together with the numerous little villages, hamlets, and homesteads scattered throughout the length and breadth of the island, might well boast a population of some 15,000 souls in all. Like all the rest of Corea, the island consists of a series of lofty and rugged ranges of hills—in many places well clothed with woods—interspersed and surrounded by numerous fertile and well-cultivated plains and valleys, chiefly devoted apparently to the raising of rice crops. But it is not its fertility which gives the island its greatest claim to importance. Its geographical position, so close to the capital and commanding as it does the approach by water thereto, would alone secure that, and we consequently find Kang-hoa, together with four other cities of the first class in the neighbourhood of Seoul, invested with a peculiar importance, and governed by officials of the highest rank, possessed of special privileges and dignity. The city itself is in many ways a miniature of Seoul, with its embattled walls climbing up and down the hills which surround it, its pavilioned gateways with their iron-plated gates, the old city bell hanging in its kiosk in the centre of the city, and rung night and morning for the shutting and opening of the city gates, and the official residences of the Governor, &c., representing the palace at the capital.

* In Chemulpo the tide rises and falls as much as 30 feet.

The greater part of the coast-line of the island, moreover, is protected (?) by lines of fortifications—never calculated, I fancy, to offer much resistance to modern methods of attack, and now neglected and rapidly crumbling to decay, with only an old, rusty, and dismounted cannon lying here and there to tell of the past military glories of the place. And here as elsewhere in Corea we find that strange combination of the military and religious spheres, which has prompted the erection of Buddhist monasteries and temples in most of the strong places of the country, and the relegation of the defences (at least nominally) to the inmates of the same. This is the more odd when we remember that Buddhism has been for more than five centuries under a sort of official ban in Corea, and is to this day spoken of with contempt and aversion by all classes alike. But of the effete Buddhism, such as it is, which continues to flourish, and which can still boast many hundreds of shrines and thousands of adherents in Corea, Kang-hoa is a stronghold, there being on the island no less than nine large monasteries, with their complement of monks, who appear to be invested with a military as well as a religious character. To the importance of its geographical position also Kang-hoa doubtless owes the prominent part it has played in the history of the country. There is hardly any story of ancient political intrigue or modern foreign invasion into which the name of this island has not largely entered. In ancient days a convenient place of exile for distinguished political offenders or possible pretenders to the throne, it has in recent years been the scene of the only two foreign expeditions (the French in 1866 and the American in 1868)* which have entered Corea, with warlike intent and has witnessed the conclusion of the first of the series of treaties (that with Japan in 1876) which have broken down the wall of seclusion round the "Hermit Nation" and thrown the country open at last to the residence and commerce of foreigners.

(*To be continued.*)

The Spirit of Missions.

"We might indeed well shrink from the task of evangelising the world—our hearts failing us for fear—if we had not the assurance of Christ's victory. For, indeed, the evangelisation of the world is His work. The victory is already won. We have only to claim and to gather the fruits of it. Christ is King. Our part is not to establish His sovereignty, but to proclaim it.

* Both these expeditions ended in the most grotesque and hopeless failure, details of which may be found in the pages of Dallet and Griffis. The only wonder is that, as these expeditions gave Corea the only taste she ever had of foreign arms, she ever abated her exclusiveness or pretensions at all.

on the forehead, saying, 'Keep your head clear, and pity the poor; and so on till twelve or fifteen chiefs, as the case may be, have duly impressed the king concerning his official duties both by word and thumping.

"After this priests appear with their sacrifices, and killing of goats and fowls, to propitiate the gods and the forefathers These the present Christian king refused to have performed for him, and they were dispensed with. After the sacrificial performances a day is chosen for the whole of the inhabitants to go out fishing for the king."

The Island of Kang-hoa.

(Continued from September.)

AND Kang-hoa has for us Englishmen now a double interest, owing, in the first place, to the settlement of the English Mission there, and, secondly, to the fact that the new Naval College, which is to be officered and trained by Englishmen, and which the Corean Government is now taking up with such enthusiasm, is to have its headquarters there.

A few words first as to the settlement of our Mission there Our friends at home are apt to forget (if, indeed, they were ever aware of the fact) that missionary operations in Corea are hampered, not by the ferocity and hostility of the people, but by two very serious considerations of a very different character. First, there is the difficulty created by the treaty regulations. In the old days, before the country was open to foreigners, the missionary's course was quite clear. He had either to take his life in his hand, and to take up his abode in disguise and in defiance of the country's laws, or not to come at all. But now all that is changed A necessary consequence of the existence of treaties is that no foreigner can reside in the country without being registered in his national Consulate at Seoul, and once so registered he becomes limited by a host of restrictions upon his freedom of action. To begin with, missionaries as such are not recognised in the treaties at all, and they have to reside in the country under precisely the same rules and restrictions, and with precisely the same privileges as their fellow-countrymen. Of this I am thoroughly glad; indeed I shall be very sorry to see the day when missionaries do receive recognition in the treaties. For of this you may be sure, that that recognition will never be secured from the Corean Government except by force or fraud. And, great as is the inconvenience of the present system, I have no wish to see missionaries (as has been the case in China) forced into an unwilling Corea at the point of the bayonet. Residing here, then, as British subjects, we find our missionary activity restricted in two main directions— (*a*) we can only legally secure property, and reside either in Seoul, Chemulpó, Gensan, or Fusan, or within 10 li (say 3 miles) of these places; (*b*) we can stir neither hand nor foot beyond a radius of 100 li (say 30 miles) from these four places without a passport, which only authorises one "to travel in Corea for pleasure or purposes of trade," and which is further weighted by a prohibition directed against transporting and selling "books and other printed matter disapproved of by the Corean Government." The penalty for breach of these regulations is not (as might be supposed) martyrdom at the hands of an infuriated pagan population, but the prosaic one of "a fine not exceeding one hundred Mexican dollars (say £15), with or without imprisonment for a term not exceeding one month," at the hands of the Consular representatives of the British Government.

(*To be continued.*)

HOSPITAL NAVAL FUND

Contributions received during August 1894.

		£	s.	d.
Commander C. P. Streeten, R.N.	(*a*)	0	10	6
"In Mem. H. E. C."		2	2	0
"An Inconstant" Subscription for 1893		1	0	0
" " 1894	(*a*)	1	0	0
Miss Frances Wilson, through Miss Eva Wilson		2	0	0
Miss Eva D. Wilson		1	0	0
Proceeds of Sale of Work at Weymouth for Bishop Corfe's Mission, through Miss Eva D. Wilson		8	6	6
Offertory, H.M.S. "Impregnable," through Rev. J. M. Clarkson, R.N.		0	15	6
		£16	14	6

EDUCATION FUND.

August 1894.

	£	s.	d.
Rev. C. E. Gaussen	1	1	0
Percy Fox, Esq.	1	1	0
Fredk. de Sausmarez, Esq. ...	1	0	0
	£3	2	0

This letter is getting an unreadable length, so I think I had better close it, though I have a great deal more I could tell you.

Yours very truly,
MAURICE W. DAVIES.

The Island of Kang-hoa.

(*Continued from October.*)

Existing Missions in Corea have, in the face of these restrictions, usually adopted one of two methods of action. The French (R.C.) method is apparently to fly in the face of the treaty, and to station their missionaries where they please throughout the length and breadth of the land. Still the French Mission has, I suppose, if any Mission has, purchased by its undaunted self-sacrifice in the past the right to take liberties in the present. The American (Methodist and Presbyterian) missionaries, on the other hand, have hitherto usually adopted the plan of living almost entirely at Seoul, varying the monotony by an occasional passport-protected tour through the country. Such journeys are, I believe, as a rule, not unaccompanied by profuse distribution of Corean Gospels in admittedly poor Corean apparently on the rather doubtful principle that unsatisfactory and unintelligible translations of "the Word (with no one to explain it) are better than nothing, and on the rather large assumption that the Bible is not "a book disapproved of by the Corean Government."

We of the English Mission are hoping that there is a third course open to us, involving neither the defiance of the French method nor the shallowness of the American. The restrictions upon the movements of foreigners in Corea are, I suppose we may imagine, likely to become rather less than more stringent as time goes on. In the meantime it certainly seems best to be quite frank in one's recognition of the limitations placed on one, and within those limits (which in reality give plenty of scope for years to come) to make the best possible use, on behalf of Christianity, of the privileges secured by treaty to all British subjects resident in Corea. One must have some sort of centre and headquarters in Seoul (and perhaps ultimately in the other three Treaty Ports); and in the scores of busy and populous hamlets which cluster round Seoul within the 10 li (3 mile) limit we are at perfect liberty to buy as much property, erect as many buildings, and practically be as independent as we please. Furthermore, within the 100 li (30 mile) limit we are at liberty to wander yet further afield, and (short of purchasing property on an irrefragable title and erecting buildings) are free to pursue our avocations " where we please " (and presumably as we please) " without passports," and consequently without having questions asked by tiresome officials as to the particular " purposes of trade " for which we have arrived, or the character of the " pleasure " of which we are in pursuit.

The discovery that the island of Kang-hoa lay within the charmed circle of 100 li—as Mapó is within 10 li of Seoul—went far to enhance its attractions in our eyes. The further discovery that in Kang-hoa we should also be trading, as far as missionaries were concerned, on practically virgin soil deepened those attractions still more. Of course we are anxious, very anxious, to avoid clashing with other Missions, either Protestant or Catholic—and particularly with the latter. I am sure, by the way, that Mr. Dermer and our other candid critics in the *Church Times* will be pleased to learn that Monseigneur Mutel (the French Bishop) and his subordinates have been heard to express themselves handsomely about us in their appreciation of our obvious unwillingness to meddle with their people ; though I am afraid it is also true that at least one of the subordinates added that of course the French Mission could not be expected to reciprocate our forbearance. *That*, however, we knew before, and is a risk which we are quite prepared to face. To resume, however—the year of grace 1893 found Kang-hoa, in addition to its other attractions, possessed of this supreme one, that it was so far wholly innocent of Christianity and Christians. The Roman Catholics seem never to have touched the island, and to possess neither catechist nor convert there ; nor (after the events of 1866) would it be an easy place for them to approach. That the American Methodists should have developed a surpassingly keen interest in the island on hearing of our settlement there, is perhaps only what would have been expected by those who know anything of the manners and customs of missionaries in the Far East. But that again is an eventuality which we might have anticipated, which *we* cannot help, and which we must be prepared to face. " Thrice armed " at least " is he who hath his quarrel just."

No sooner had we begun to cast "sheep's eyes" on Kang-hoa—and indeed almost before Mr. Warner (who was selected for the post by the Bishop) had begun to make inquiries as to the possibility of securing accommodation there—than we heard tidings of the other event which is calculated to make Kang-hoa interesting to Englishmen, namely, the prospective establishment of the "Royal Corean Naval Academy" on the island, under English auspices and English officers. The "Academy" is now fairly established—there is already a school of some thirty or forty cadets, all learning English as fast as they can under the instruction of Mr. Hutchison, an English schoolmaster, hard at work at Kapkotchi, the little village on the river's edge of Kang-hoa, in which Mr. Warner also lives. The naval instructor, a retired English naval officer selected by the Foreign Office, with probably also a warrant officer from the Royal Navy, is almost daily expected to arrive from England, and it is even rumoured that he is to be accompanied by his wife. The Governor of Kang-hoa, in addition to his other dignities, has become the "Comptroller-General of His Royal Corean Majesty's Naval Affairs," and the old barracks of the city of Kang-hoa are full to repletion with budding sailors only waiting for their initiation into the mysteries of seamanship, while the cadets at Kapkotchi, having learnt the English tongue, are to become their officers. There is a sadly humorous side to all this. Unkind critics point to the Military School, the Royal Corean University, the Royal Corean Hospital, the mints, the silk factory, the match factory, the paper factory, and the hundred and one other European playthings which during the last ten years have provided amusement for the monarch, and "pickings" for the courtiers, of Corea, to say nothing of salaries for the talented Europeans and Americans who have been attracted by his enlightened policy into the service of His Corean Majesty. Corea is strewn with the wreckage of great projects hastily taken up, expensively trifled with, and prematurely thrown aside. Seriously, we shall all wait anxiously to see whether the "British genius for dealing with backward nations" is destined to win for this last venture any higher measure of success than has attended the earlier ones. And, meanwhile, we shall, all of us—and not least, I am sure, Mr. Warner in his exile at Kang-hoa—welcome with pleasure the arrival of the naval instructor, his wife, and his assistant in Corea.

You do not often hear from me directly, I am afraid, Mr. Editor, so I hope that you will pardon the otherwise inexcusable length of this letter. I only wish that I had time and space to add an account of the interesting journey I took last week with Mr. Fox, H.B.M. Vice-Consul in Chemulpó, to Kang-hoa to interview the officials and inspect the accommodation being prepared for the naval instructor on his arrival. I travelled, of scourse, *incognitó* as the friend of Mr. Fox, to whose courteous kindness I feel greatly indebted. But *that* is nothing new in

Corea, where one has found the British Consular authorities uniformly courteous and kind. The visit gave me—in addition to an interesting glimpse into high official life—an opportunity of seeing Mr. Warner in his little cottage, and Mr. Hutchison at work amongst the naval cadets in the English School at Kapkotchi. But of these you must hear on another occasion.

Believe me, very truly yours,

MARK NAPIER TROLLOPE.

이 기고문은 성공회 Trollope 신부가 *Morning Calm* 誌 1894년 9월호에서 11월호까지 3회(제51~53호)에 걸쳐 「강화도(The Island of Kang-hoa)」라는 제목으로 강화도를 소개한 내용이다.

Trollope(趙瑪可) 신부는 1862년 3월 28일 런던에서 출생하여 1881년 옥스퍼드 대학을 졸업, 1888년 사제 서품을 받았다. 1890년 6월 24일 주교 Corfe 신부를 따라 조선에 와서 선교활동에 동참하는 한편, 한문에 능통하여 초기 선교용 책자 번역사업에 주력하기도 했다.

1900년 11월 15일에는 강화성내에 성공회 강화성당을 축성하는 사업을 주관했고, 1926년 5월 2일에는 서울대성당을 축성하기도 했다. 1930년 11월 6일 주교회의 참석 후 귀임하던 중 일본 고베 항에서 그가 탄 배가 화물선과 충돌하는 바람에 순직하여 지하성당에 안장되었다.

그가 기고한 「강화도」에는 강화도에 대한 일반적인 내용뿐만 아니라 강화 해군사관학교와 영국인 군사교관에 대한 내용도 포함되어 있어 자료적 가치가 크다. 그는 이 기고문에서 강화 해군사관학교의 명칭을 'Royal Corean Naval Academy'로, 해군영 총수를 'Comptroller-General of His Royal Corean Majesty's Naval Affairs'로 표기하고 있으며, 영국정부의 지원과 영국인 사관들(under English auspices and English officers)에 의해 운영되고 있다고 기술하고 있다. 또 강화도에는 해군이 되기 위해 많은 젊은 청년들이 몰려오고 있어 강화 갑곶진 초가에는 이들로 만원이라고 쓰고 있다.

기고문에서 인천주재 영국영사관 부영사 Fox 씨와 함께 이 학교의 시설을 사전에 점검했다고 한 것으로 보아, 영국인 군사교관이 강화에 도착하기 전에 쓴 글임이 분명하다.

13. 奎章閣 所藏文書『畿甸 江華 營事例』

畿甸 江華

營事例

江都事例目錄

江都事例

建置沿革

本府古名甲比古次高句麗始置穴口郡新羅景德王改爲海口元聖王置穴口鎮高麗顯宗九年置縣令高宗避蒙古兵入都陞爲郡號稱江都又曰沁州元宗九年復還松京舊都移郡於此凡三十九年江華沁都之稱自此始矣忠烈王三年乙巳陞府使 本朝 太宗十三年改爲都護府使萬曆戊午陞府尹天啓丁卯陞留守康熙戊午兼鎮撫使乾隆乙亥兼統禦使己酉因喬桐府狀 啓還屬喬桐 當宁丙寅洋亂後爲鎮撫使兼帶守三道水軍統禦使甲戌復舊例統禦使還屬喬桐丁亥兼 親軍沁營外使乙未 親軍外使之稱減下

幅圓 周四百二十里

東自濟物鎮西至寅火堡四十里

北自昇天堡南至長串鎮七十里

內城周回十五里 [illegible]

外城北自赤北南至草芝鎮相距五十里 [illegible]

面里

府內面十三洞 東門 禄串 紅門 仗閣 葛村 新村 圖上 閭下 西門 南山 唐州 官廳下 府司后 府治所在

長嶺面十二洞 小山 高城 鶯尾 大廟 玉浦 旺林 龍井 長洞 萬壽 甲串 長承 新興 東北距十里

仙源面十洞 猴井 倉洞 冷井 大門 冷井 神岩 神堂 南山 烟洞 錦月 南距十五里

仁政面六洞 頭尾 白雲 西門 三洞岩 馬場 石城 南距二十里

佛恩面八洞 串内 陵村 栴城 廣城 德津 高蓬 甚頭 新峴 南距二十五里
吉祥面八洞 亭頭 亭下 稷山 稷下 濕水 長興 草芝 沿頭 南距二十五里
上道面五洞 塢頭 塢下 造山 陵内 河逸 南距三十五里
下道面九洞 内洞 文山 上坊 德浦 沙器 東幕 興旺 犯北 長串 南距五十里
位良面八洞 乾坪 存江 深川 井浦 外州 集仁 項州 山文 西南距二十里
内可面八洞 吉上 吉下 鳩上 鳩下 山上 山下 黄清 浦村 西距三十里
外可面四洞 三巨 望月 山上 山下 西距三十里
良岾面五洞 三巨 銀峴 江岩 倉橋 新成 西距三十里
西寺面四洞 賓大 松山 橋項 甑山 西北距三十五里
北寺面六洞 冷井 三省 德峴 鄒下 職串 浦村 西北距三十里
河陰面四洞 新村 長井 陽五里 富近 西北距二十五里
三海面三洞 空山 上道 下道 西北距二十里
松亭面四洞 寧亭 崇雷 中城 浦村 北距十里
以上十七面一百十七洞每面各有風憲一人書員六人勸農一人主人一名每洞各有所任五人府内無主人邊上羅鑼時面各有約正一人而今無

島嶼
東檢島 在府治南四十里周回一十里牧場
信島 在府治南六十里周回一十五里旁有二小島曰大島曰茅島民戶屬于信島田畓草芝牧官案付吉祥場罷牧後收馬移置
長峰島 在府治西南七十里周回四十里田畓司僕寺案付
注文島 在府治九十里周回四十三里田畓司僕寺案付
乶音島 在府治西一百里周回四十里有御牧萬集及沿畓牧案
茂島 在府治一百十里周回一十里牧場
阿此島 在府治九十里周回十二里
旀法島 在府治西五十里周回八里田畓牧官案付
西檢島 在府治西六十里周回二十里倭有小島曰納島
席毛老島 在煤音島北五里連境周回四十里田畓牧官案付
煤音島 在府治西南四十里周回二十里傍有二小島一曰北島一曰石小島居民一曰桂里井有居民田畓牧官案付牧馬在石小島
以上十一島嶼有書員一人主人五名每島各有任掌

職制
留守 文二品
判官 蔭四品前以經歷兼行事官 [illegible]
禆將八員
月令一員
檢律一員
鄕所二員
吏隷
書吏五十人
廳直無定額有料四十人
書員十八人
砲糧倉庫直十二人

使令四十一名
官奴三十一名
驅從十六名
汲水軍五名
房子八名
婢子無定額
禮庫使令五名
軍器使令三名
各面主人十六名
各島主人五名

木手一名
丹匠一名
冶匠一名
引鉅匠二名
尾匠一名
卜使令八名
持者八名
砲糧倉役人四十名
營主人四名 富平 豊德 延安 永宗
津夫十四名內 甲串十名 廣城二名 寅火二名

鄕校
分教官一員以本府士人 啓差同治丙寅年 請作初仕窠
六十朔瓜滿後遞付京職
都有司一員以東齋士人中差
番生四名
守僕一名
齋直四名

忠烈祠
都有司一員以東齋士人差
番生四名

璿源閣 在鼎足山城 奉 章閣 丙寅洋亂 被燒後 守護將吏 移衙
守僕一名
衛將二人 [illegible]
書吏二人
使令一名

史庫 在鼎足山城
參奉二員自本府差出移文吏曹

軍制
鎭撫使 留守兼
中軍一員 武正三品 初以自辟窠 乾隆乙丑年 [illegible] 請兼中城將 [illegible] 同治丙寅 [illegible] 移 / 兼 [illegible] 陞資 甲戌 復舊例 丁亥 [illegible] 兵房 兼 乙未 減下

執事二十六人內 六人新營差官兼 一人內策應官兼
旗牌官四人
兵掌二十二人
從事軍官三人
中營軍官三人
捕校十八人
軍士十五名
軍器監官二人
雜色秩
勸武領將二員

庫直一名
親兵領將六員吏房例兼而書吏書員庫直使令官奴書記持者役人
校院奴等國東二哨擱後
烽臺將六人 南山二人 大母河陰鎮江積山各一人
卒五名
吉祥山烽燧將一人
卒一名
瞭望將一人
南北山監官二人
山直二名

五城門守門將十人 東門小東門南門西門北門各有門卒二名南門則三名
鎮海門守門將二人 有門卒一名
軍舖直五名
都訓導三人
教師二人
書記一名 専屬中營
鎮撫營 光緒癸未設别技士兵五百人改名兵丁置哨官五人哨長五人監軍二人每日練習英操而操失其效置領官一人以領中
中又置將領兵丁一百名亦設哨官哨長句檢官演應官[illegible]
[illegible]
兵房一員 中軍兼 丁亥狀 請新設乙未減下
左右領官二員 一員狀 請新設丁亥

文案一員 丁亥狀 請新設乙未減下
軍司馬二員
首監軍一員 判副行首執事兼
副監軍一員
內策應官一員 執事兼帶
外策應官一員
句檢官一員
哨官六員
差官六員 執事兼帶
書記八人

兵丁六百名內 一百名甲午減 斜飭十二名 什長四十八名 都教師三名 哨教習十九名 火砲教師六名
火丁六十名
長夫二名
領官所火丁二名
驅從二名
兒旗手十五名
策應所庫直一名
外營房庫直一名
卜馬軍二十一名
洋鎗修理監官二人

粧色四名
不手一名
海軍營 癸巳八月新設
哨官一員
差官一員 執事兼帶
哨長一員
策應官一員
書記二人
海軍一百名 斜飭二名 什長八名 教習三名
火丁十名

長夫五名
兒旗手三名
策應所庫直一名
書記廳文書直一名
卜馬軍四名
別抄士廳 [illegible]
領將五員
哨官十員
書記五人
什長一百名 甲午九月減下

銃手九百名
兒旗手五名內三名甲午九月減下
卜馬軍十五名內十二名甲午九月減下
庫直一名
中營書記二人
文書直一名
牢子三十八名
巡令手三十七名
吹鼓手十七名
細樂手十二名

帳幕手十四名
兒旗手六名
劊刺手二名
執事廳卜馬軍二名
庫直一名
書吏廳卜馬軍二名
作直一名
藥鍼醫二員
藥直一名
軍務監官二人 執事兼

傳燈寺僧將一人
僧軍二十一名
鎭海寺捴攝一人
僧軍三名
文殊寺捴攝一人
僧軍五名
砲試射擧行軍八名
雇馬夫十五名內 二名等牌
火藥庫直一名
守直軍二名

鍊武堂直一名
砲糧倉京倉主人一人
倉主人三人
內外馬稷主人二人
空石主人一人
草芚主人一人
報營曾受賂差送式
月串僉使 堂源閣衛將草芝僉使執事昇天萬戶各廳兵等
捕校濟物萬戶將官執事旗牌官從次序輪回差送矣丁丑以
鐵串相換後永定執事窠

自辟差送式
鐵串別將執事差送矣丁丑以濟物相換後將官執事旗牌官從
次序輪回差送矣癸未將官及隨從旗牌官革後專屬執事
鎭堡 僉使三 武三品 萬戶四 武四品 別將五 權管一
月串鎭在長嶺面東距十里 孝廟丙申洪等重[illegible]
僉使一員 [illegible]
鎭衛七名
墩臺四 赤北 鵂巖 玉浦 月串 各有墩直一名
草芝鎭在吉祥面南距三十里 顯廟丙午徐奇安遠 啓置萬戶矣
英廟癸未鄭壽賓 啓陞僉使兼監牧官

僉使一員本自兵曹窠癸丑領府事鄭 延奏定式專管劍執
事務文兵曹 啓下差出
鎭屬五名
墩臺三 草芝 長子坪 鰭(?)巖 各有墩直一名

長串鎭在下道面南距五十里 肅廟丙辰許等秩祠
僉使一員本是自辟窠別將癸丑因領府事鄭 延奏陞
僉使爲兵批窠
鎭屬五名
墩臺五 彌串 北一串 黔巖 長串 松岡 [illegible] 各有墩直一名

濟物鎭在長嶺面南距十里 孝廟丙申洪等重晋祠
萬戶一員 本自兵批窠矣癸丑因領府事鄭 [illegible] 文兵曹 啓下差出 [illegible]
鎭屬五名
墩臺四 望海 制勝 念珠 甲串 各有墩直一名

龍津鎭在仙源面南距十里 孝廟丙申洪等重晋祠
萬戶一員 兵批窠
鎭屬五名
墩臺三 加里 佐岡 龍堂 各有墩直一名

德津鎭在佛恩面南距二十五里 肅廟丁巳許等秩祠
萬戶一員 兵批窠
鎭屬五名
墩臺一 德津 有墩直一名

井浦鎭在位良面西距三十里初置水軍萬戶矣 顯廟庚午徐等
以遠 啓罷移屬長峰島矣康熙戊午尹等以濟但設別將
別將一員本是自辟窠別將矣癸丑因領府事鄭 延奏
定式陞萬戶爲兵批窠戊子因兵曹 啓聞改以別將
鎭屬五名
墩臺六 望洋 乾坪 三洋 石角 [illegible] 床岩 各有墩直一名

寅火堡 [illegible]
權管一員
鎭屬五名
墩臺六 無路 寅火 廣巖 [illegible] [illegible] 各有墩直一名

昇天堡在三海面北距二十里 孝廟丙申洪等重晋祠
萬戶一員 本以自辟別將癸丑因領府事鄭 延奏陞萬戶 [illegible]
鎭屬五名
墩臺四 石隅 [illegible] 宿龍 樂城 各有墩直一名

廣城堡在佛恩面南距二十里 孝廟戊申徐等元額祠
別將一員 自辟窠
鎭屬五名
墩臺五 花島 鰲頭 廣城 孫乭項 龍頭 各有墩直一名

鼎足山城在鼎足山城內南距三十里 肅廟丙戌閔等鎭遠築城後

啓罷花島別將移設於此堰内

別將一員 本是船頭浦別將爲宲於此同鎮節制 亂後因此府 啓下開說附近別將 [illegible]

鎮屬五名

墩臺三 後崖 分五里 營門所管各有墩直一名

鐵串鎮在北等西面距三十里初置水軍僉使 甫廟壬辰追啓參差 [illegible] 官別將

別將一員求外閣術將宲癸丑換宲將移爲親軍廳大丁丑以濟物鎮相換

鎮屬五名

墩臺五 佛藏 鐵北 天津 蟻頭 椎楼有軍人三十名

文殊山城在通津地十三里 甫廟戊戌權等惰朔無左營將中軍

別將一員兵批宲減置丁巳爲兵曹自辟宲不入本營傢貶

癸巳巳因三軍府關遞屬本營依例傢貶

鎮屬五名 義砲士二十五名

四營

前營將富平府使

中軍一員 出身領將一員 旗鼓官七人 把摠二人 哨官十人

旗牌官十人 軍官二十七人 中營軍官三十四人 隨率二百名

都訓導十三人 教師十八人 營屬二百七十名 元軍二千百六十名

左營將通津府使 屬邑金浦郡

中軍一員 出身領將一人 旗鼓官十人 把摠三人 哨官十一人

旗牌官四十人 軍官六十七人 中營軍官三十人 教師八人

都訓導十三人 營屬一百七十名 標下軍九十七名 隨率一百三十六名

元軍一千八百十九名

右營將豐德府使 純宗癸未革罷後移屬於仁川府矣內留從邑

中軍一員 出身領將八人 旗鼓官八人 把摠八人 哨官五人 旗牌官三十人

軍官六十八人 中營軍官三十三人 都訓導十四人 教師十人

營屬二百七十名 隨率一百八名 元軍五百五十五名

後營將延安府使 屬邑白川郡

中軍一員 出身領將一人 旗鼓官五人 把摠四人 哨官十四人

旗牌官三十人 軍官五十一人 中營軍官三十七人 都訓導四人

教師二十八人 元軍一千五百五十四名

府廨

客舍

上營 内東軒

丹室

中營 内衙

二衙 内衙

鎮撫營

裨將廳
鄕廳
東營
別營
鍊武堂
鍾閣
砲粮倉
別足倉
軍器庫
火藥庫
帳籍庫
軍需庫
兵庫
工庫
修城庫
雇馬庫
氷庫
獄
捕廳

軍需庫 壬午爲始
錢文二萬兩本庫支放次砲粮倉木代錢中例入
三百五十二兩五戔七分北一場田稅入 十二月當
六百六十三兩九戔三分漁塩船稅入
二百二十六兩四戔六分訓留營
九十四兩五戔禁留營 一賭祖太代入
一百六十四兩八戔二分御留營
二百十三兩二戔壽進宮
五十五兩五戔於義宮
一百六兩九戔內需司 賭祖代及田稅入
四十三兩六戔毓祥宮
五十三兩一戔五分明禮宮
合二萬二千六百九十二兩一戔三分以
下一萬一千二百九十三兩二戔軍官以下各班營屬十二朔朔下每朔九百四十一兩一戔 閏朔加上下
一百八十兩四直所十二朔柴油債下
三十二兩四直所春秋鋪陳債下
二千五兩各班營屬春秋衣資下
一萬一千七百二十五兩八戔各項例下
合下二萬五千二百三十六兩

不足二千五百四十三兩八戔七分
朔下秩
錢文二百十九兩九戔四分 上營帶率軍官三員各種排朔次移送禮庫
二十六兩六戔六分 白監
一百四十兩 上營帶率軍官七員
二十兩軍需內監
十二兩 外監一人
二十六兩 該色二人
十兩使令庫子三名
四兩文書直一名
三兩私庫子一名
十兩軍務內監
十二兩 外監一人
三十六兩色吏六人
三兩使令一名
三兩庫子一名
五十兩甲串津沙工十名
六兩甲串津都沙工一名
二十四兩會計色六人
十兩雇馬內監

六兩 外監一人
六兩 色吏一人
三兩使令一名
二兩等牌二名
四兩捕盜軍官行首二人
四兩所任旗牌官二人
四兩 璿源閣衛將二人
四兩 色吏二人
一兩 使令一名
二兩五戔衛將直所炊飯僧一名
二兩社稷閣色一人
十二兩都訓導三名
二十四兩狀 啓持者八名
三兩 上營刑吏直所文書直一名
三兩 啓聲所文書直一名
一百二十三兩使令四十一名
九十三兩官奴三十一名
三十二兩驅從十六名
二兩本府刑吏直所文書直一名
八兩房子八名

三兩婢子三名
五十兩圍頭漢四名
五兩汲水軍五名
十六兩卜使令八名
一兩丹匠一名
一兩工房水卄一名
一兩冶匠一名
六兩 宮娥壇告祀債
十二兩軍器監色三人
二兩巡令手旗摠一名
二兩牢手旗摠一名
二兩吹鼓手旗摠一名
二兩細樂手旗摠一名
二兩帳幕手旗摠一名
一兩三色書記一名
三兩瞭望將一人 吉祥山
三兩烽燧將一人
五兩烽燧直一名
合下九百四十一兩一戔 十二朔合一萬一千二百九十二兩一戔 閏朔加[illegible]
柴油債秩

錢文二十七兩風高六朔 朔四兩五戔 上營刑吏直所
十八兩風和六朔 朔三兩
二十七兩風高六朔 朔四兩五戔 啓鶯色直所
十八兩風和六朔 朔三兩
二十七兩風高六朔 朔四兩五戔 鎭海門將直所
十八兩風和六朔 朔三兩
二十七兩風高六朔 朔四兩五戔 官奴廳直所
十八兩風和六朔 朔三兩
合下二百八十兩
春秋鋪陳債
錢文八兩 上營刑吏直所
八兩 啓鶯色直所
八兩鎭海門將直所
八兩官奴廳直所
合下三十二兩
衣資秩 二月 八月
錢文十二兩分教官一員
二十四兩鄕所二員
二百六十四兩兵營二十二人
三十六兩烽燧將六人

三十六兩二衙軍官三人
三十六兩中營軍官三人
二十四兩軍器監官二人
一百二十兩守門將十人
一百十兩捕校十人
八兩廳直訓長一人
四百八十兩廳直三十人
二十八兩都訓導三名
四十二兩禮庫使令六名
四兩工房使令一名
十六兩作直一名
八十四兩谷處文書直十四名
四十五兩谷處房子十五名
二十兩烽燧直五名
八兩獄書員二人
八兩獄鎖匠二名
十六兩甲串津夫
八兩廣城津夫
八兩書記僧
八兩首僧
傳燈寺

八兩庫直僧
十兩首奴
四十兩色駈四名
二十四兩婢子四名
六兩 啓廳所文書直一名
一百九十二兩駈從十六名
四十兩守門直五名
一百六十兩捕卒十名
十六兩教師二名
八兩南門直加設一名
二十四兩鎭海門將二人
八兩鎭海門直一名
四兩瞭望將一人
四兩烽燧將一人
八兩烽燧直一名
八兩南北山直二名
吉祥山
合下二千五兩
例下秩
錢文四百兩鼎足山城別將
四百九十兩兵庫

五百兩雇馬庫
五百兩儲置庫 例送
四百兩補民庫
三百兩修城庫
五百兩禮庫 排朔
五百兩工房
二百二十五兩三留營結價 移送禮庫排朔
二百三十兩六宮結價
一千三百兩十三鎮 例下
五十兩府內大洞
一百五十六兩執事廳
一百兩使令廳
三百兩府司庫子 例下
五百兩官奴廳
三百七十六兩兵學廳
七十兩親兵領將軍服債
一千八百兩書吏廳補弊下 每朔一百半兩 閏朔加上下
四十八兩禮吏京料給代下
七百兩書吏廳
一百兩郎吏

二十兩江主人 例下
一百兩 上營廳直
六十兩 二衙廳直
三十兩 中營廳直
五十兩砲試射及取才時貰革塗面紙價軍器庫下
三百三十八兩使令四十一名軍服次 每名春秋八兩 五兩都使令加上下
三十六兩作廳文書直一名作直一名例下
一百兩上下泮人例下
三十兩桃杖木價添給
一百二十兩紙地及鋪陳債 該房
八十兩柴油債
九十六兩禮庫屯租八十石陳頉給代下
二百二十兩長峯島漁箭稅陳頉給代下
三十九兩九戔工房屯租三十三石陳頉給代下
一百二十三兩三戔御營廳所納通津長湍還米太折本以納後該監色抹弊下
二百七十兩禁衛營所納通津長湍還米太折本以納後該監色抹弊下
六十八兩各島漁基稅陳頉給代下
二百兩兵房執吏 抹弊下
二百兩禮房執吏
合下一萬二千七百二十五兩八戔

不恒上下

排朔各庫放下不足

京中陪吏直所柴燭價

軍器沈贊不足

京中公用黃燭柴炭價

爀太不足

砲糧倉

大米二萬七千六百一石八斗三升九夕九里各道砲糧入內 甲午摠年各不同

六千石因 議政府關甲申爲始移劃 親軍統衛營 甲午十月 狀

三千石因 內務府關丙戌爲始移劃 親軍統衛營 請還屬本營

二千九十石十三斗三升八合二夕九里京畿砲糧因 度支衙門關姑未區別

實一萬六千五百十石九斗九升二合七夕

下五百石上營二衛十二朔排朔 閏年十三朔排

七千三百六十石十三斗 新營領官以下兵丁及洋鎗修理監官匠色等

一千四百五十四石六斗海軍哨官以下兵丁及卜馬軍等

九百五十四石六斗別壯士領將以下鎗手及勸武領將庫直等

二千九百五十二石十二斗本倉該監以下各班營屬等

六百九十八石三斗各鎭將卒 十二朔朔下閏朔加上下

一百六十六石六斗僧軍等

一千二百二十四石十三斗三升九合五夕各項例下及京糧

二千一百六十四石四斗八升司倉放下

一千二百三十一石七斗三升三合六夕修城庫放下

合下一萬八千七百七石十斗五升三合一夕

不足二千一百九十七石六升四夕

小米九百十二石八斗二夕畿海兩道砲糧入內 甲午摠年各不同

三十九石三斗二升五合八夕京畿砲糧因 度支衙門關姑未區別

實八百七十三石四斗七升四合四夕以
下九百九十八石領官以下僧軍等十二朔朔下 閏朔加上下
不足一百二十四石十斗二升五合六夕
木四百七十九同四十五疋四丈八分四里各道砲糧入內 甲午摠年各不同
九同二十二疋二十尺六寸因朝令壬午爲始仍劃東萊府 甲午十月 狀請還劃本營
十五同五疋十四尺五寸三分九里茂朱錦山米因內務府關辛卯爲始移劃經理廳
實四百五十五同十六疋三十四疋三寸四分五里內
下六同二十疋三衙門十二朔排朔 閏年十三朔排
二十四同十七疋春秋衣資
一同十二疋春一次衣資
二同五疋秋一次衣資
一同二十六疋秋一次軍服次
一百六十三同二十疋春夏冬三等奉足
二十二同四十三疋間年軍服次
合下二百二十一同四十三疋
在二百三十三同二十三疋三十四尺三寸四分五里
布十三同十七疋關東砲糧入內 甲午摠年各不同
下二十四疋上營排朔 閏朔加上下
八同十疋春等衣資
三疋例下

二十一同十二疋間年軍服次
合下二十九同四十九疋
不足十六同三十二疋
錢文四萬三千七百二十九兩四戔五分各道砲糧大小米代入 甲午摠年各不同
一千一百八十兩一戔九分關東布代錢入
合四萬四千九百九兩六戔四分內
一萬一千四百五十五兩九分京畿大小米代錢因度支衙門關始未區別
實三萬三千四百五十四兩五戔五分以
下一萬八千六百兩三衙門排朔及裨將廳各領將十二朔朔下 閏年十三朔排
四萬三千二百七十八兩新營領官以下
八千五百六十八兩海軍哨官以下十二朔朔下 閏朔加上下
八千七十兩別抄士領將以下
七千六百八十兩各班營屬
二百九十二兩春秋衣資下
四千七百二十五兩各直所十二朔柴油債下 閏朔加上下
二百六十四兩各直所春秋鋪陳債下
九萬一千九百十四兩四戔二分各項例下
一千五十三兩間二年油衣價下
合下十八萬四千四百四十四兩四戔二分
不足十五萬九百八十九兩八戔七分

排朔
米二十五石 上營排朔正月以十二月至一年 合三百石 閏年十三朔排
十六石十斗 二衛排朔正月以十二月至一年 合二百石 閏年十三朔排
合四十一石十斗
朔下
米二石十斗領官二員
二石十斗內外策應官二員
五斗掌務哨官一員
七石三斗哨官六員
一石三斗句檢官一員
八石差官六員
八石哨長六人
八石書記八人
四石十二斗糾飭什長六十名
六斗都教師三名
一石哨教習十五名
二斗大砲教師二名
五百石兵丁五百名
三十六石火丁六十名
一石九斗長夫二名

七石七斗兒旗手十六名
一石三斗內外策應所庫直二名
二石六斗領官所驅從火丁四名
十石十斗卜馬軍二十三名
二石中營書記二人
七斗書記廳文書直一名
二石二斗洋鎗修理監官二人
四石匠色四名
一石木手一名
合下六百十三石六斗 十三朔合七千三百六十石十二斗 閏朔加上下
一石三斗海軍哨官一員
一石五斗哨長一人
一石五斗策應官一員
二石書記二人
一百石海軍一百名
四斗糾飭二名
十斗什長八名
一斗教師一名
四石長夫五名
六石火丁十名

九斗策應所庫直一名
一石六斗兒旗手三名
一石十三斗卜馬軍四名
七斗書記廳文書直一名
合下一百二十一石三斗十二朔合一千四百五十四石六斗 閏朔加上下
六石十斗別武士領將五員
十石哨官十員
四石書記五人
四十一石十斗八直銃手一百二十五名
二石十斗兒旗手五名

七石卜馬軍十五名
七斗庫直一名
一石九斗勸武領將二人
七斗庫直一名
五石勸武財試射賞格下
合下七十九石八斗 十二朔合九百五十四石六斗 閏朔加上下
三石 南廟 奉承 傳教 享需
二石 東廟
一石本倉該監
一石會計監

六斗鄕所二員
一石六斗行首執事二人
二十六石執事二十人
三石三斗旗牌官四人
一石九斗藥鍼醫二人
三十石十二斗牢子三十八名
二十九石十二斗旗手三十七名
十三石九斗吹鼓手十七名
九石九斗細樂手十二名
八石六斗帳幕手十四名

二石十二斗執事廳兒旗手六名
十四斗卜馬軍二名
七斗庫直一名
十四斗書吏廳馬夫二名
二石三斗軍器使令三名
三石十斗砲試射擧行軍八名
十二斗茶母一名
七斗藥直一名
一石三斗砲糧執吏三人
五斗行首庫直一人

五斗管餉庫直一人
四石庫直十二人
三十二石役人四十名
二石首會計色二人
一石禮房執吏一人
一石九斗支放色二人
五斗使令一名
九斗文書直一名
十一斗辛未被傷武士三名内 一名五斗 二名各三斗
一石六斗寅火鶻城佛藏三處砲臺直三名
五斗鸞尾亭直一名
四石七斗五升料 邸吏
三石七斗五升捄弊
八斗五升官奴廳食主人一 捄弊
八斗五升使令廳食主人一
一石首刑吏一人
一石首 啓寫色一人
一石六斗官色一人
七斗五升雇馬監官一人
七斗五升雇馬等牌二名

九石雇馬夫十五名
一石工房引鉅二名
一石柴炭色一人
一石管餉所紙筆債
三石京番刑 啓寫廳直三人
十六石十斗書吏廳捄弊
七斗鄉校守僕一名
四石府司庫子二名
四石園頭漢四名
二石軍器庫子一名 捄弊
十二斗尾匠一名
合下二百四十六石一斗 十二朔合二千九百五十二石十二斗 閏朔加上下
一石三斗月串鎭將
三石十斗 卒七名
一石三斗濟物鎭將
二石五斗 卒五名
一石三斗龍津鎭將
一石十斗 卒五名
一石三斗廣城鎭將
一石十斗 卒五名

一石三斗德津鎮將
一石十斗 卒五名
一石三斗草芝鎮將
二石五斗 卒五名
一石三斗𢰤足鎮將
一石十斗 卒五名
一石三斗長串鎮將
一石十斗 卒五名
四石十二斗五升井浦鎮將
一石十斗 卒五名
四石十二斗五升鐵串鎮將
一石十斗 卒五名
一石三斗宂火鎮將
二石五斗 卒五名
十斗 津夫二名
一石三斗昇天鎮將
一石十斗 卒五名
八石六斗七升五合文殊鎮將
一石十斗 卒五名
一石十斗德浦鎮卒五名

合下五十八石二斗七升五合 十二朔合六百九十八石三斗 閏朔加上下
一石傳燈寺僧將一人
九石十二斗僧軍二十一名
十三斗五升鎮海寺僧軍三名
二石二斗五升文殊寺僧軍五名
合下十三石十三斗十二朔合一百六十六石六斗 閏朔加上下
以上合米一千一百七十三石十三斗七升五合 十二朔合一萬四千八十七石閏朔加上下
小米十斗領官二員
二石哨官六員
五斗句檢官一員
五斗海軍哨官一員
一石九斗書記八人
六斗中營書記二人
六斗海軍書記二人
六石十斗别抄士什長一百名
四十一石十斗入直銃手一百二十五名
五石十斗執事䴡補槳
十六石十斗書吏䴡補槳
七斗五升鎮海寺僧軍三名
七斗五升文殊寺僧軍五名

三斗都訓導三名
四斗五升邸吏捄糴
六斗軍器使令三名
十斗汲水軍五名
四石三斗傳燈寺僧軍二十一名
合下八十三石二斗五升 十二朔合九百九十八石 閏朔加上下
大十三石十二斗新營馬二十三匹
二石六斗海軍營馬四匹
九石別抄廳馬十五匹
一石三斗執事廳馬二匹
一石三斗書吏廳馬二匹
合下二十七石九斗 十二朔合三百三十一石三斗 閏朔加上下
排別
錢文四百十六兩六戔六分 上營十二朔合五千兩
一百六十六兩六戔六分二厘 十二朔合二千兩 正月排
三百三十三兩三戔三分 中營十二朔合四千兩
三百兩捍將八員每員三十七兩五戔 十二朔合三千六百兩
五十兩月串濟物兩鎭將每鎭二十五兩 十二朔合六百兩
一百五十兩草芝廣城德津德浦四鎭將每鎭三十七兩五戔 十二朔合一千八百兩
一百三十三兩二戔八分 井浦宣文 昇天龍津 長串鐵串 壽足文殊 八鎭將每鎭十六兩六戔六分 十二朔合一千六百兩

合下一千五百四十九兩九戔三分 十二朔合一萬八千六百兩 閏年十三朔排
三十兩領官二員
二十四兩內外策應官二員
七十二兩哨官六員
十二兩旬檢官一員
六十兩差官六員
六十兩哨長六人
四十八兩書記八人
十二兩中營書記二人
三千兩兵丁五百名
九十兩火丁六十名
十二兩長夫二名
六兩領官所騶從二名
六兩內外策應所庫直二名
三兩領官所火丁二名
五十六兩書記八人紙筆債
十兩中營書記二人紙筆債
三十四兩五戔十馬軍二十三名
十六兩洋鎗修理監官二人
二十兩匠色四名
餼殘

五兩木手一名
三十兩兵丁槳債
合下三千六百六兩五戔 十二朔合四萬三千二百七十八兩 閏朔加上下
十二兩海軍哨官一員
十兩哨長一人
十二兩策應官一員
十二兩書記二人
六百兩海軍一百名
三十兩長夫五名
十五兩火丁十名

六兩卜馬軍四名
三兩策應所庫直一名
十四兩書記二人紙筆債
合下七百十四兩 十二朔合八千五百六十八兩 閏朔加上下
五十兩別武士領將五員
六十兩哨官十員
十五兩書記五人
二十五兩書記五人紙筆債
五百兩入直別武士一百二十五人
二十二兩五戔卜馬軍十五名

合下六百七十二兩五戔 十二朔合八千七十兩 閏朔加上下
五十兩 南廟
三十兩 東廟 奉承 傳教亭需
五兩本倉該監
五兩會計監
二十三兩行首執事二人
二百兩執事二十人
十兩藥餞醫二人
十兩巡牢兩色次知執事二人
二百五十兩書吏五十人

十二兩本倉執吏三人
四兩行首管納庫直二人
十兩支放色二人
十兩紙筆債
三兩文書直一名
五兩傳燈寺僧將一人
二兩鍊武堂直一名
三兩執事廳馬夫二名
三兩書吏廳馬夫二名
五兩茶母一名

合下六百四十兩 十二朔合七千六百八十兩 閏朔加上下
已上合錢七千二百八十二兩九戔三分 十二朔合八萬六千一百九十五兩八戔六分 閏朔添
水排朔
水十六疋二十三尺三寸 上營 十二朔合四同 正月排
五疋 二衙 十二朔合一同十疋 三月排
五疋 中營 十二朔合一同十疋
合二十六疋二十三尺三寸 十二朔合六同二十疋 閏朔十二朔排
布排朔
布二疋 上營 十二朔合二十四疋 閏朔加上下 正月排
春秋衣資秩 二月 八月 上下

水八疋 該監
四十八疋 軍官 八員
三十疋 領官 二員
二十疋 內外策應官 二員
一同十疋 哨官 六員
十疋 句檢官 一員
四十八疋 差備官 六員
四十八疋 哨長 六員
十六疋 書記 八人
四疋 中營 書記 二人

四疋 領官 所騶從 二名
六疋 海軍 哨官 一員
八疋 哨長 一員
十疋 策應官 一員
四疋 書記 二人
一同 別抄土頭將 五員
一同三十疋 哨官 十員
十疋 書記 五人
十八疋 勸武領將 二人
二疋 庫直 一名

十二疋 洋鎗修理監官 二人
二同二十疋 執事 二十人
八疋 旗牌官 四人
錢四十四兩
木十一疋 僧將 一人
十疋 藥鍼醫 二人
八疋 吏房 二人
十八疋 砲糧執吏 三人
二十四疋 該色 十二人
二疋 行首庫直 一人

二疋管餉庫直一人
二十四疋庫直十二人
八疋軍器監色三人
八疋軍務監色四人
二十八疋會計色六人
四同書吏五十人
八疋支放色二人
四十四疋兵房二十二人
二十六疋木命下人十三名
二疋京食主人
一同三十疋役人四十人
十六疋房子八名
二疋鄉廳使令一名
十六疋持者八名
二疋支放所文書直一名
四疋上營刑啓鴿文書直二名
一同文殊山城義砲士二十五名
錢二百四十兩雇馬夫十五名
八兩瓦匠一名
合木二十四同十七疋

錢二百九十二兩
春一次飽衣資秩 二月上下
木十八疋捕校十八人
十二疋六城門守門將十二人
七疋 門卒七名
四疋上營色驅四名
十六疋驅從十六名
三疋文殊寺僧軍三名
二疋南北山監官二人
合木一同十二疋
秋一次飽衣資秩
木四疋醬庫監色三人
二疋南門守門將二人
四十一疋使令四十一名
一疋上營刀尺一名
五疋禮庫使令五名
二疋雇馬等牌二名
八疋卜使令八名
十一疋甲串津夫十一名
七疋濟物鎮屬七名

二疋徽吉貟二人
十六疋新營兒旗手十六名
一疋中營書記廳文書直一名
五疋別抄士廳兒旗手五名
合木二同五疋
春等布衣資秩
布五疋二衛
五疋中營
十六疋軍官八貟
七疋該監

四疋領官二貟
六疋哨官六貟
一疋句檢官一貟
二疋內外兼廳官二貟
六疋差官六貟
六疋哨長六貟
一疋海軍哨官一貟
一疋 哨長一貟
一疋 策應官一貟
一疋 書記一人

四十疋執事二十人
四疋吏房二人
二疋禮房執吏一人
二疋戶房執吏一人
二疋兵房執吏一人
二疋司倉執吏一人
二疋修城執吏一人
二疋禮庫執吏一人
二疋工房執吏一人
二疋軍器執吏一人

二疋糧倉執吏一人
二疋別餉執吏一人
二疋軍需色一人
一疋社稷閣色一人
二疋六宮色二人
二疋柴炭色一人
二疋首刑房一人
二疋首 路需色一人
十二疋會計色六人
二疋二衛官廳色一人

四疋該色二人
二疋檢驗色二人
四疋泳發二人
二十四疋砲糧色十二人
二十四疋庫直十二人
八疋書記八人
二疋中營書記二人
一疋上營刀尺一名
四十疋役人四十名
四十一疋使令四十一名
十三疋水倉下人十三名
二疋作廳文書直二名
三疋軍器使令三名
三十二疋驅從十六名
二疋庭馬守牌二名
八疋狀 路持者八名
八疋卜使令八名
十疋捕卒十名
一疋濟物鎭留鎭軍官一名
五疋禮庫使令五名

二十二疋兵掌二十二人
二疋 校院守僕二名
合布八同十疋
秋一次軍服次秩 九月上下
木十四疋帳幕手十四名
六疋執事廳兒旗手六名
二疋 卜馬軍二名
一疋 庫直一名
二疋書吏廳馬夫二名
八疋砲試射擧行軍八名

二十一疋傳燈寺僧軍二十一名
三疋文殊寺僧軍三名
三疋鎭海寺僧軍三名
十六疋驅從十六名
合木一同二十六疋
春夏冬三等奉足
木一同二十二疋書記八人
十八疋中營書記二人
九十同兵丁五百名
十同四十疋火丁六十名

十八疋長夫二名
三十六疋領官所騶從火丁四名
二同四十四疋兒旗手十六名
十八疋內外策應所庫直二名
十八同海軍一百名
十八疋書記二人
四十五疋長夫五名
一同四十疋火丁十名
二十七疋兒旗手三名
九疋策應所庫直一名
九疋書記廳文書直一名
三十六疋卜馬軍四名
九疋中營書記廳文書直一名
四十五疋別抄士廳兒旗手五名
九疋別抄士廳庫直一名
四同七疋新營卜馬軍二十三名
二同三十五疋別抄士廳卜馬軍十五名
九疋勸武廳庫直一名
六同四十二疋牢子三十八名
六同三十三疋巡令手三十七名

三同三疋吹皷手十七名
二同八疋細樂手十二名
二同二十六疋帳幕手十四名
一同四疋執事廳兒旗手六名
十八疋執事廳卜馬軍二名
九疋執事廳庫直一名
三疋藥直一名
九疋軍器使令三名
十八疋書吏廳馬夫二名
一同三十五疋雇馬夫十五名
九疋茶母一名
九疋瓦匠一名
合木一百六十三同二十疋
各直所柴油債秩
新營將官十三所
兵丁三十二所
外營將官五所
兵丁四所
別抄士番所十二所
海軍將官四所

書記一所
海軍十二所
庫直一所
勸武廳一所
執事廳三所
旗牌官一所
璿源閣衛將一所
巡令手一所
牢子一所
吹皷手一所
細樂手一所
帳幕手一所
中營執事一所
書記一所
巡牢一所
本倉庫直一所
私庫直一所
都訓導一所
軍器守直一所
火藥庫守直一所

南山烽燧將直所一房
駈從直所一房
合一百五直所 風高六朔每朔四百七十二兩五戔 每房四兩五戔 六朔合二千八百三十五兩 風和六朔每朔三百十五兩 每房三兩 六朔合一千八百九十兩
春秋鋪陳債秩
錢文十六兩執事廳二房
八兩旗牌官一房
八兩 璿源閣衛將一房
八兩巡令手一房
八兩牢子一房
八兩吹皷手一房
八兩帳幕手一房
八兩中營書記一房
八兩 巡牢一房
八兩本倉庫直一房
八兩 私庫直一房
八兩都訓導一房
八兩軍器一房
八兩火藥守直所一房
九十六兩別抄士番所十二房
八兩中營執事一房

八兩勸武廳一房
十六兩鍊武堂直二房
八兩駈從一房
八兩細樂手一房
合三十三房錢二百六十四兩　每等一百三十二兩
例下秩
錢文二萬兩軍需庫支放次例送
一萬兩藥丸措備錢
一萬兩軍物修補錢
一萬兩城堞修補
米二百石城堞修補
錢五千兩　造船物力
米五十石
錢二千兩　公廨各處修理
米五十石
錢三千兩兵丁廳各項策應錢
錢八千八百兩砲糧米入倉馱價
米三百五十石　京番下人等糧米餘錢
錢二千兩
米五十石　鍊操時兵丁等犒饋

錢三千兩　鍊操時兵丁等犒饋
二千兩沁營抹奬錢　每朔一百六十六兩六戔六分
四百兩別抄士廳抹奬錢　每朔三十三兩三戔三分
三百三十三兩三戔三分海軍營抹奬錢　每朔二十七兩七戔六分
一千兩執事廳抹奬錢　每朔八十三兩三戔三分
閏朔不爲上下
一百兩郎吏
三十六兩兵掌廳
五十兩廳直廳　合六百四十一兩各廳抹奬下
一百九十兩巡牢兩色
三十五兩吹皷手等
十兩細樂手等
五兩都訓導等
十五兩房子婢子
三百兩使令等
一百兩砲糧外監
一千五百四十一兩二戔九分司倉放下不足條下
二百兩軍器庫子　抹奬
一千兩府司庫子
三千兩公用紙地黃燭價紙庫例下
五十兩　京主人

米三十九石京主人
二十石鄕校
十石忠烈祠
二十石本倉京食主人
六十石倉主人三人
十石禮房執吏
二十九石十三斗十三升九合五夕儲置庫例送
錢文二千五百五十兩雇馬十五匹價入次移送雇馬庫
米十六石廳直廳京糧
一百十五石巡牢使令官奴三廳京糧 巡牢五十五名 使令官奴各三十石
米五石執事廳
錢文二百兩草芚主人
二百兩炭貢人
米八十石府司庫子二名 拔頉乙丙爲始
七十石園頭漢四名
十石軍器庫子一名
五石工房庫子一名
十石炭貢人
五石上營色駈四名
二十石支放所紙筆債及告祀債

錢文二百四十兩內外營房春秋鋪陳茵席價例下
四十兩海軍營春秋鋪陳茵席價例下
一百兩駈從廳抹藥
布三疋春秋各祭享藁子架子秋所用下
錢文三千三百二十兩馬太三百三十二石貿入價
一千一百兩京畿海西進武錢不足給代
合米一千二百二十四石十三斗三升九合五夕
錢文九萬一千九百十四兩四戔二分
布三疋
間年軍服次上下
布十同兵丁五百名麻褲子次
二疋長夫二名
八疋書記八人
二疋中營書記一人
二同海軍一百名
五疋長夫五名 乙未丁酉
二疋書記一人
二同十四疋 牢子三十八名
三十八疋後染價
二同十一疋 巡令手三十七名

三十七疋後染價
一同一疋
吹皷手十七名
十七疋後染價
三十六疋
細樂手十二名
十二疋後染價
一疋帳幕手旗摠一名
五疋都訓導敎師五名快子次
二十一疋傳燈寺僧軍二十一名
合布二十一同十二疋
木十同兵丁五百名
木二疋長夫二名
八疋書記八人
二疋中營書記二人
二同海軍一百名
五疋長夫五名
二疋書記二人
二同十四疋
牢子三十八名
三十八疋後染價
二同十一疋
巡令手三十七名
三十七疋後染價

一同一疋
吹皷手十七名
十七疋後染價
三十六疋
細樂手十二名
十二疋後染價
四十二疋帳幕手十四名
十八疋執事厖兒旗手六名
四十八疋駈從十六名
合木二十二同四十三疋
間二年上下 癸巳丙申
執事二十人
旗牌官四人
巡令手三十七名
牢子三十八名
吹皷手細樂手二十九名
合一百九十五人名油衣一百九十五件 每件五兩四戔
使令四十一名
首奴二名
上營色駈六名
駈從十六名
長夫二名
合錢一千五十三兩

不恒上下
上營新延時司命旗價隨所入上下
軍幕揮帳遮日隨所入上下
司倉閏朔支放下不足別下
修城庫閏朔支放及屯米放下不足給代
儲置庫耗米放下不足
各庫加下
洋教師家舍修改隨所入上下
米十五石重記色例下
重記色京中留連
兵丁等試放賞格錢隨試放上下
錢文十兩新延時都訓導寸二名留京上下
十二兩二戔上營
新延修理米代
六兩二衙
一千三百八十二兩帳籍紙地筆墨價及書寫債
六兩奴婢推刷案債
米十五石戶籍色捄弊例下
式年上下

戶庫
民摠
元戶八千四百九十五戶
人口三萬三千二百四十五口內
男一萬七千六百十三口
女一萬五千六百三十二口
田畓摠
元田畓三千六百十八結四十四負二束　己巳改量
田一千五十二結九十六負六束內
一百八結三十三負各樣免稅
十負一束　景祐宮田每結八兩式辛巳定式捧上
實九百四十四結五十三負五束稅大摠隨其災減年各不同　甲午摠
畓二千五百六十五結四十七負六束內
一百八十五結五十七負七束各樣免稅
十一結七十六負八束　景祐宮畓每結八兩式辛巳定式捧上
實二千三百六十八結十三負一束稅米摠隨其災減年各不同　甲午摠
合實田畓三千三百十二結六十六負六束內
田九百四十四結五十三負五束
畓二千三百六十八結十三負一束內
二十九結八十九負一束僧結例減

三十二結五十負戰亡人及孝烈給復例下

在二千三百五結七十四負

實田畓三千二百五十結二十七負五束作米及結租結錢摠 隨其實 年各不同

稅太二百五十一石十三斗一升四合

稅米六百十四石十二斗九升六合

作米一千七百三十三石七斗二升 移送禮庫

結租二千一百六十六石十二斗七升五合移送府司

出賦式

田每結作米八斗

稅太四斗

結租十斗

結錢一兩

畓每結作米八斗

稅米四斗

結租十斗

結錢一兩

各面田畓區別摠

府內面 田八十六結八十九負七束 畓九十四結七十二負八束

長嶺面 田九十七結六十三負 畓三百二十九結十七負四束

仙源面 田一百結九十五負八束 畓三百二十結八十三負五束

仁政面 田五十一結一負六束 畓九十八結四十七負四束

佛恩面 田四十八結四十五負八束 畓一百三十五結八十九負八束

吉祥面 田九十三結八十八負九束 畓一百六十三結七十五負一束

上道面 田六十五結六十二負二束 畓一百二十八結十一負二束

下道面 田九十四結五十四負四束 畓一百八十結六十六負二束

位良面 田七十結六負二束 畓一百三十四結九十四負五束

內可面 田五十三結四十五負九束 畓一百八十七結九十七負二束

外可面 田二十二結八十八負三束 畓一百五十三結四十三負九束

艮岾面 田三十九結二十七負四束 畓一百三十四結六十四負

西寺面 田二十八結二十一負三束 畓九十結十一負五束

北寺面 田三十二結七十負三束 畓一百七結八十七負四束

河陰面 田四十八結六十一負二束 畓一百三十七結三十負八束

三海面 田四十一結二十八負六束 畓一百二十三結二十六負九束

松亭面 田二十九結四十四負二束 畓一百八十六結六十六負二束

諸島 田四十四結四十五負九束 畓六十五結四十八負一束

合田畓三千六百十八結四十四負二束 田一千四十九結四十一負三束 畓二千五百六十九結二負九束

僧結

長嶺面畓三結五十負四束

仙源面畓五十一負

吉祥面畓五結九十負

内可面畓十二結四十一負七束
三海面畓七結五十六負
合二十九結八十九負一束
給復
府内面一結 丙寅戰亡二人
五十負丙寅洋亂時 社稷位版奉安一人
五結 辛未戰亡十人
二結五十負丙寅戊辰辛未被傷五人給復 甲戌爲始
五十負孝行一人給復
長嶺面二結五十負 辛未戰亡五人
五十負孝行一人丙子爲始
仙源面三結 辛未戰亡六人
佛恩面一結五十負 辛未戰亡三人
仁政面五十負 辛未戰亡一人
吉祥面一結五十負 辛未戰亡三人
上道面五十負 辛未戰亡一人
下道面五十負 辛未戰亡一人
位良面五十負 丁丑殉節一人
一結五十負 辛未戰亡三人
内可面五十負 丁丑殉節一人

五十負 辛未戰亡一人
一結五十負孝行三人
外可面一結 辛未戰亡二人
五十負孝行一人
艮岾面二結五十負 辛未戰亡五人
西寺面五十負烈行一人
北寺面五十負 辛未戰亡一人
五十負烈行一人
河陰面一結五十負 辛未戰亡三人
三海面五十負 辛未戰亡一人
松亭面五十負 辛未戰亡一人
合三十二結五十負 依米結租結錢順給稅米捧上
應入
錢文五十八兩三戔二分 花島屯結八結三十三負二束價 每結八兩式捧上七兩入上一兩裁留下
錢文一百八兩九戔 安興米耗三十六石四斗五升代司倉兩南錢中入
合錢文一百六十七兩二戔二分
錢文八千四百兩 鐵海各邑遞武錢及結錢每年報均役廳移劃各鎭堡
六臘兩等給代而若値閏年則一朔條七同代錢七百兩報均役廳劃
給代秩
月串鎭木二同三十二疋

土卒木七同十疋
草芝鎭木二同三十二疋
土卒木七同十疋
濟物鎭木二同三十二疋
土卒木七同十疋
龍津鎭木二同三十二疋
土卒木七同十疋
德津鎭木二同三十二疋
土卒木七同十疋
廣大堡木二同三十二疋
土卒木七同十疋
昇天堡木一同十疋
土卒木五同二疋
廣城堡木一同十疋
土卒木五同二疋
鼎足山城木一同十疋
土卒木五同二疋
長串鎭木一同十疋
土卒木五同二疋
合八十四同分四等六朔上下

府司
結租應入
結租二千三十九石二斗一升二合甲午摠內 年各不同
六十三石五斗五升一合諸島結租自禮庫直捧上
在一千九百七十五石十一斗六升一合 每石純代錢一兩九戔五分式
三石十三斗屯租捧入
合一千九百七十九石九斗六升一合內
二百石氷丁價及雜物各種價
三十三石五斗 李摠兵屯例送
四十六石十斗炬子七百柄價
一百六十石正草八百同價
三十五石五斗五升三合青草四千五百五十束價 排朔次出給
五十三石七斗七升五合炭貿易添價 貢人
二十石兵庫
三十一石一斗庭馬色例下
一百石工房
二十石藥房
三十石餅價 閏朔加上下
四十石衣資 該監
二十石料 閏朔加上下

四十四石書吏廳
十一石七斗五升啓寫
三十八石戶房書吏
十一石七斗五升刑房　合一百六十七石人吏給復
二十四石執事廳
十二石廳直等
九石使令廳
十七石官奴廳
三十石年分紙筆墨價
八十石該所
二十石戶房執吏衣資
四十石給復　吏房
十石京粮
二十石會計色衣資
二十石禮房執吏
六石六斗掃雪軍雇價
二石冊匠檜花及着紋價
三十石京主人
二十石烽臺將給復
二十四石笞杖價

十二石棍杖木價
十二石料 閏朔加上下　本所使令
三石五斗衣資
六石文書直料 閏朔加上下
三百五十石受價谷種價移送禮庫
二十石外供所刀尺及裨將廳婢子品皿衣資等價下
十石氷庫修改各種價
二百石作柴排朔次移送府司
合下一千八百七十二石十斗二升八合
在一百六石十四斗三升三合排朔次移送禮庫

不恒上下秩
結租五十石帳籍紙地價式年磨上下

府司

田畓三千二百六十二結十四負二束

結錢三千二百六十二兩一戔四分　景祐宮結錢並入

加入二百四十兩結租二百石作柴排朔次府司入

合三千五百二兩一戔四分內

九十八兩七戔六分諸島結九十八結七十六負價

四百五十二兩四戔生鷄價　排朔次移送官廳

六十六兩六戔六分花島屯結八結三十三負二束價移送戶庫隨其災減年各不同

七百七十四兩復戶五百十六戶例下

一百五十六兩七戔六分該色例下

在一千九百五十三兩五戔六分　作柴

柴二萬九千三百三束半　三衙門及各直所十二朔朔下

炭一百六十六石復戶錢九十兩及結租五十三石八斗七升五合貿入三衙門十二朔排朔及放下

正草八百同結租一百六十石貿入十二朔排朔及例下

青草四千五百石一束以結租三十五石五斗五升一合貿入十二朔排朔及朔下

岾子七百柄以結租四十六石十斗貿入十二朔排朔及公用下

朔下秩

米一石三斗　史庫參奉二員

三十三石五斗書吏五十人

一石十斗戶房執吏一人

一石七斗軍器執吏一人

五斗首刑吏一人

一石五斗會計色六人

一石工房執吏一人

二石承發二人

一石書吏京粮

一石二斗五升持者京粮

三斗京江主人

一石　社稷閣色一人

八石廳直四十人

四石十二斗書員十八人

三十二石十二斗使令四十一名

六石五斗卜使令八名

六斗賑庫使令一名

二石禮庫使令五名

十斗　社稷閣直一名

七斗五作潛宮庫直一名
二斗舟匠一名
六斗永宗主人一名
五斗鄉廳使令二名
十四斗獄書員二人
一石木手一名
一石冶匠一名
二十四石十三斗官奴三十一名
一石一斗 上營色驅四名
六斗賑庫庫子一名
十四斗軍器庫子一名
一石司倉庫子二名
八斗藥房庫子一名
十二石十二斗驛從十六名
四石十二斗房子八名
一石婢子三名
一石十斗汲水軍五名
六斗鎖匠二名
九斗作廳直一名
三斗種馬等婢二名

七斗孫乭項直一名
十二斗 史庫軍官僧一名
六斗摩尼山瞭望僧一名
二石傳燈寺僧軍十名
六斗鎮海寺捴攝一名
六石六斗持者八名
一石司倉執吏一人
一石邑倉執吏一人
一石九斗賑庫色一人
十斗舟師色二人
十斗四營色一人
十四斗五作司倉柴油債
十三斗府色驅四名
五斗 上營首奴一名
一石一斗面主人十六名
十四斗作廳文書直二名
七斗五作 上營刑房文書直一名
七斗五作 啓寫所文書直一名
七斗戶房所文書直一名
七斗工房所文書直一名

七斗二廚所文書直一名
七斗兵房所文書直一名
七斗禮房所文書直一名
八斗司倉大廳直一名
六斗中營色吏三名
二斗四升 辛未戰亡官奴一名
五斗本府刑房所文書直一名
合一百十九石七斗九升十二翎合二千一百五十四石四斗八升 閏朔加上下

例下
米十石巡牢廳京粮下
以上合米二千一百六十八石四斗八升 自砲粮倉上下
錢六萬兩礦完營別會米耗二千石代 每石參兩
二萬兩礦完營別會米耗五百石代 每石四兩
合錢文八千兩內
下五百兩貿米呈文該監色及各廳
五百二十三兩駄價雜費米一百七十四石五斗代 戶庫
一百八兩九戔安興米耗三十六石四斗五升代
八百十兩米二百七十石代 兵庫

九兩六戔八分加分米耗三石三斗四升代
三百二十四兩二戔四分米一百八石一斗二升代兵庫該色庫例下
九十六兩排朔三十二石代工房 閏朔加上下
八十二兩八戔耗色落米二十七石九斗代
二百六十二兩九戔六分停蕩耗色落米八十七石四斗八升代 賑庫
一百八十七兩九戔加分米耗色落中蕩債給代米六十二石九斗五升代 軍器
二十五兩四戔八分加分米耗色落中蕩債給代米八石七斗四升代 都所
三十六兩 二衙排朔十二石代 閏朔加上下
五百九十七兩六戔排朔米一百九十九石三斗代
五十三兩八戔四分耗色落米十七石十四斗二升代 禮庫
十五兩別庫米耗五石代 沈督次
三百六十兩蕩債給代米一百二十石代
三百三十兩正租耗代米一百十石代
三百兩太耗代米一百石代 排朔及放下次
一百二十兩牟耗代米四十石代
四十六兩九戔四分加分米耗色落中蕩債給代米十五石九斗八升代
一百二十兩抹弊耗米四十石代
一百二十兩色落米四十石代
二百五十九兩二戔四分元米耗八十六石六斗二升代 各鎮
二百五十九兩二戔四分色落八十六石六斗二升代

四百二十兩色落米一百四十石代 一 邑倉
三十兩紙筆墨價米十石代
三百兩色落米一百石代訓倉
一千五十五兩七戔六分色落米三百五十一石十三斗八升代
三百三十兩正租色落代米一百十石代
三百兩大色落代米一百石代
一百二十兩耗色米代四十石代
永倉色落 二衙廳直庫子等
七兩一戔停蕩條耗米二石五斗五升代修城庫
七兩一戔停蕩色落米二石五斗五升代修城色庫
二十兩安興米色落七石代二衙
八十七兩九戔安興色落二十九石四斗五升代官奴廳
一百二十兩使令廳京粮米四十石代 食主人
二百七十八兩四戔米九十二石十二斗代各處墩臺直二十九名料 每名四斗 每朔七石十二斗
二十八兩八戔米九石九斗代廣城墩臺直一名料
三百四十九兩八戔米一百十六石九斗代文殊
一百三十五兩六戔米四十五石三斗代井浦 折半代錢條
一百三十五兩六戔米四十五石三斗代鐵串 閏朔加上下
十五兩別庫色落米五石代該庫子例下 二衙首奴
二百十兩司倉廳各面島浦例捧條右後米七十石給代下 丙子爲始
十七兩六分米五石十斗二升七合代 傳燈寺摠攝及書記庫直炊飯僧

三兩三戔五分米一石十斗七升三合代僧倉條 閏朔加上下
二十兩巡令手廳食主人饌價 癸酉爲始
合下九千五百四十兩二戔九分
不足一千五百四十兩二戔九分自砲粮倉上下
閏朔上下
米二石十斗工房排朔
十六石九斗官廳排朔
九石十斗七升五合 文殊
三石十三斗五升 井浦
一石 二衙排朔
三石十三斗五升 鐵串
十二斗廣城墩直
七石十二斗十九墩直
八斗五升僧倉料
合米四十六石十三斗二升五合代錢一百四十兩六戔五分自砲粮倉上下

修城庫
錢文八百十七兩八戔錦營錢中來入內
九十兩五戔六分已文條 該色庫子例下
五十六兩五戔四分色落條
在六百六十九兩七戔
二百二十六兩四戔屯租一百八十八石十斗代入 每石一兩二戔
三百兩自軍需所庫年例入
七兩一戔米一石五斗五升代司倉來
七十二兩四戔三分仁佛吉三面折授田稅太四十八石十四斗十二升四合代入 每石一兩五戔
二百五十二兩四戔三分仁佛吉三面折授畓稅米四十二石十三斗六合四夕折米代[illegible] 甲午捴
九十六兩[illegible]十二朔稅入 每朔八兩式 閏朔加捧上
合錢二千六百二十五兩六分內
四十八兩修城校餼錢 十二朔下 每朔四兩
三十六兩中營書記朔下
一兩七戔 嘉陵基址屯租例減
一百兩工房 例送
二百兩軍需
六十三兩三戔三分本庫紙筆墨價
二十兩郵吏衣資米四石代
一百兩勸武中官米二十石代
三十三兩三戔三分捕卒衣資米六石十斗代
三十兩米六石代兵掌廳
五十三兩米十石九斗代中營軍官 柴油債
十二兩米二石六斗代二衙軍官
二十兩米四石代捕廳
二百兩各面約正革罷後情債禮吏給代
二百七十兩畓米革罷後色落給代條該色庫下
五十三兩中營刑吏直所 柴油鋪陳債
五十三兩本所
二十四兩本所一年告祀債
合下二千三百十七兩三戔六分
在三百七兩七戔
船頭堡屯畓結捴四十三結十負內
四負三束因洪奴毛辰介陳頉下 呈訴
二負文忠公碑閣基址頉下
在四十三結三負七束
十三結九十七負三束甲午災歲 年各不同
在二十九結六負四束 每結四十斗
屯米七十七石七斗五升六合
一石西門直屯畓稅入

合七十八石七斗五升六合
八十五石十斗十二朔上下 每朔七石二斗 閏朔加上下
四十二石六斗例下
不足四十九石七斗四升四合以砲糧倉錢從時價貿入上下
朔下
米六石三斗 修城将
六斗 監官
二斗 執吏
六斗 庫子
合米七石二斗 閏朔加上下

例下
米十石 中營
十石 監色
八石 監考二名
六石六斗 禺足山城別将
八石 傳燈寺
合米四十二石六斗
折授田結摠一百一結三十負八束内
三十負一束因佛恩面德津洞民人呈訴除頉下 甲戌 乙亥
十四負一束因新峴洞民人呈訴以壯營房技場乙酉為始免稅

在一百結九十五負六束 每結稅太十斗式捧上 而歲年各不同
稅太四十八石十四斗三升四合代錢七十三兩四戔三分移送錢庫 每石一兩五戔 甲午摠
折授沓結摠一百十四結七十五負五束内
七十二負一束因佛恩面曺叱業德等呈訴除頉下 甲戌 乙亥
六十九負三束吉祥面所在 景祐宮沓結免稅下 辛巳
十二負二束因佛恩面新峴洞民人呈訴以壯營房技場乙酉為始免稅
七十一負九束因 明禮宮圖署已丑為始免稅
在一百十二結五十負 每結稅米十四斗式捧上 而歲年各不同
稅米八十四石二斗一升二合八夕内 甲午摠
四十二石一斗六合四夕代錢二百五十二兩四戔三分移送錢庫 每石六兩

在四十二石一斗六合四夕
一千二百三十一石七斗三升三合六夕放下次砲糧倉入
合一千二百七十三石八斗四升内
一千四石九斗六升十二朔上下 閏朔加上下
二百六十八石十三斗八升例下
在盡下
朔下
米二石十四斗 營別廳兵掌四人
十四石六斗 各廳兵掌十八人
一石三斗 璿源閣衛將二人

二石六斗中營軍官三人
二石六斗從事軍官三人
一石九斗軍器監官二人
六斗兵書訓長一人
三斗騎倉監官一人
十四石六斗捕校十八人
八石守門將十人
三石九斗烽臺將六人
四斗吉祥山瞭望將一人
四斗烽臺將一人

六斗修城色三人
一石三斗中營廳直六人
五斗書記一人
一石十斗六升都訓導三名
五斗修城所文書直一名
一石九斗鎭海門守門將二人
七斗鎭海門直一名
六斗本所使喚一名
一石二斗二升教師二名
三斗庫子一名

十二石捕卒十五名
三斗鍊武堂直一名
十二斗南北山監官二人
四斗南北山直二名
七斗火藥庫直一名
二石烽臺直五名
三斗鍾閣直一名
八斗閱武堂直一名
八斗東門直一名
十斗西門直一名

一石五斗南門直二名
七斗北門直一名
八斗小東門直一名
三斗下水門直一名
三斗五升東軍鋪直一名
三斗五升西軍鋪直一名
六斗南軍鋪直一名
六斗北山軍鋪直一名
一石三斗劊刺手二名
二斗南山軍鋪直一名

十四斗火藥庫守直軍二名
合米八十三石十斗八升十二朔合一千四石九斗六升 閏朔加上下
例下秩
米四石該色四人例下
二十石刑房啓騰
二十四石會計色交人 衣資
十五石箋文色三人
五石軍色 筆債
十六石啓寫色
六石刑房啓騰
六石執事廳 京粮
六石書吏廳
六石中營軍色及廳直
十二石十三斗八升本所紙筆墨債
四十石 鄕校校生番米草罷後給代下
二十四石 忠烈祠院生番米草罷後給代下
二十一石五斗中營軍官三人
二十一石五斗從事軍官三人
二十一石五斗營廳兵掌二人
二十石別廳兵掌二人

合米二百六十八石十三斗八升
別下秩
錢文二十五兩一戔四分中營新延修理例下
各烽燧直所各軍舖盖草隨所入上下
營屬身死例下石灰每石五戔式受棠紙上下

兵庫

錢文二百二十五兩九戔二分錦營錢中入

九兩六戔八分司倉加分米耗色落錢中入

四百九十兩軍需庫來入

合七百二十五兩六戔內

二百十六兩六戔口文條該監色例下

在五百九兩

七百三十六兩 延安府除撥木七同十八疋代入

二百四十六兩 白川郡除撥木二同二十二疋代入

八十八兩九戔 屯租七十四石二斗十二升價入 每石一兩二戔式

八百十兩 米二百七十石代司倉入

二十四兩 結租二十石價 府司入

五百二十九兩九戔 各浦口漁網稅捧入別入 年各不同

合二千九百四十三兩八戔以

二百十兩 司倉來米代錢中該監色例下

一百二十兩 鍮管監債

三十六兩 該監餞價 十二朔上下閏朔加上下

六十二兩四戔 官報債

一百二十兩 軍務舉行色

九十二兩七戔六分 上營

四十三兩二戔 裨將八員 十二朔排朔閏朔加上下

二十兩六戔 二衙

二十兩 四名節祭馱價 二衙

一百四十四兩 京驛從錢排朔次移送工房 閏朔加上下

七十兩 例送紙庫下

二百十五兩 排朔例送禮庫

十八兩 犧源閣衛將二人

四十八兩 會計色六人

十八兩 軍器色

三十兩 工房色

二十兩 社稷閣色

十八兩 軍器監官二人

十六兩 該色

合二百五十三兩 春秋衣資

三十兩 廳直等

十八兩 邸吏

十二兩 都訓導

二十兩 狀啓持者

六兩 客舍直

四十四兩 婢子等衣資下 十二月上下

四兩 木二疋代南門直二名衣資下 七月上下

四十両棍杖木價
二十両禮庫 例送
十五両工房
六百両觀武射試射十二朔賞格錢下
三十両營屬分行盤纏及持者路資一年上下
合下五千一百二十二両九戔六分
不足二千一百八十二両一戔六分
別下秩
錢四十両新舊等夫馬價 上營
四十両新舊各等夫馬價 二衙
五十両重記色一勘簿時例下
五両重記使令
合一百三十五両
白米四石
民魚五尾 上營四喪同
石魚十束
價布二疋
白米五石
錢二十両 內喪則十両
白木五疋
上營在任喪逝則賻儀四喪同

四升布五疋
三両黃燭五艘
空石二百立
白米二石
民魚三尾 二衙
石魚五束
價布一疋
白米三石
錢十両 內喪則五両
白木三疋
二衙在任喪逝則賻儀四喪同
寧判官先生賻儀
四升布三疋
三両黃燭三艘
空石一百立
雇馬庫
錢文二千五百五十両砲糧倉入
五百両軍需庫入
合三千五十両以

二千五百五十兩雇馬十五匹每年貿入價下 匹一百七十兩

二千五百兩一年公行馬貰下

不足二十兩

禮庫

錢文三百六十兩兩南耗代中入

四十六兩九戔四分司倉加分耗色落入

合四百六兩九戔四分內

四十兩八戔九分口文條該監色例下

八十五兩七戔五分耗色落米二十八石八斗七升五合代移送米行

在二百七十九兩三戔正月排朔戲行去

米二十八石八斗七升五合兩南耗代戲中入

十七石十四斗二升停蕩米耗色落司倉來

合米四十六石七斗九升五合內

二十二石十三斗八升四合色落條庫子下

十二石 校宮接糧米下

八石四斗作廳文書直下

在三石五斗一升一合接糧米補縮下該色

十月排朔秩 自當年十月以明年九月至入下及放下

白米一千六百四十七石三斗八升二合四夕春秋作米 甲午捴

五百八十八石二斗九升八合稅米

合二千二百三十五石六斗八升四夕內

六十石儲置庫

八石 啓寫債

十二石園頭漢菜蔬價
三十六石例送工房
一百石荏清受價
一千二百四十七石三斗 十二朔放下 每朔九十五石九斗
合下一千三百六十三石三斗
在八百七十二石三斗八升四夕
本色三百八十石 十二朔排
每朔三十一石十斗
代條四百九十二石三斗八升四夕 十二朔排
每朔四十一石三升一合七夕
中米代條一百九十九石三斗 十二朔排
每朔十六石九斗
稅太二百四十四石三斗四升三合二夕內
六十石九斗 十二朔放下 每朔五石二斗
一百三十石十三斗五升沈醬灷太一百十五石七斗五升並縮太下
在五十一石十斗九升三合二夕 十二朔排
每朔四石四斗六升六合一夕
耗太二百石司倉來入內
一百石十二斗 十二朔放下 每朔八石六斗
七十二石六斗各鎮 十二朔放下 每朔六石五斗

在二十六石十二斗 十二朔排
每朔二石三斗五升
春麰一百石司倉來入內
七十六石十二斗 十二朔放下 每朔六石六斗
在二十三石三斗 十二朔排
每朔一石十四斗
鷄卵三千六百箇內
六百箇 十二朔放下 每朔五十箇
在三千箇 十二朔排
每朔二百五十箇
清二十六斗內
二斗六升消縮例減
六斗 十二朔放下 每朔五升
在十七斗四升 十二朔排
每朔一斗四升五合
真荏二十二石內
三斗六升 十二朔放下 每朔三升
二十石沐油下
在一石十一斗四升 十二朔排
每朔二斗二升

眞油汁入六十斗內　眞荏二十石汁入　每石三斗
三十四斗二升　十二朔放下　每朔二斗八升五合
在二十五斗八升　十二朔排
每朔二斗一升五合
法油汁入七十五斗六升內　水荏三十六石汁入　每石二斗一升
五十五斗八合　十二朔放下　每朔四斗五升九合
在二十斗五升八合　十二朔排
每朔一斗七升一合
菉豆三石十三斗　十二朔放下
小豆十石六斗　十二朔放下　每朔十三斗
粘米五石七斗八升　十二朔放下　每朔六斗九升
木麥四石取末一石九斗　十二朔放下　每朔五斗 末二斗
川椒七斗二升　十二朔放下　每朔六升
受價秩
錢文九百兩白米一百石價入　每石九兩
五百兩軍需庫入
三百三十兩正租二百七十五石代司餘入　每石一兩二戔
五百六十三兩五戔結租三百五十石價入　每石一兩六戔一分
一百十七兩九戔五分府司結租在九十八石四斗三升三合作入　每石一兩二戔
二百十六兩五戔五分以放下不足軍需庫錢給代入

合二千六百二十八兩內
五百二十兩清二十六斗價　升二兩
七百九十八兩六戔眞荏二十二石價　石三十六兩三戔　油升一兩一戔
六百十七兩七戔六分水荏三十六石價　石十七兩一戔六分　油升七戔八分
一百六十三兩九戔四分粘米五石七斗八升價　石二十九兩七戔　斗二兩九戔八分
二百二十三兩八分小豆十石六斗價　石二十一兩四戔五分　斗二兩四戔三分
八十二兩九戔四分菉豆三石十三斗價　石二十一兩四戔五分　斗二兩四戔三分
五十四兩鷄卵三千六百箇價　箇一分五里
四兩八戔木麥四石價　石一兩二戔
二兩八戔八分川椒七斗二升價　斗四戔
一百六十兩肉燭八千柄價　柄二分
合下二千六百二十八兩
在盡下
錢文二千四百三十九兩二戔八分軍官二員朔布條軍需庫入　十二朔排
每朔二百十九兩九戔四分
錢文二百二十五兩三留營結價　軍需庫入
二百三十兩六宮結價
合四百五十五兩　十二朔排
每朔三十七兩九戔一分　餘八分
錢文九十五兩二戔二分　景祐宮結十一結九十負二束價內　每結八兩

十一兩九戔移送結錢秩
在八十三兩三戔二分 十二朔排
每朔六兩九戔四分 餘四分
正月排秩 自正月以十二月至八十九放下
錢文九十八兩七戔六分 諸島結九十八結七十五負八束結錢入
六十三兩三戔七分 諸島結租六十三石五斗五升一合價入 石一兩
四百五十二兩四戔結錢中生鷄價入
四十兩五戔漁場收稅十一條入
四十一兩九戔五分漁塩船稅十一條入 舟師所入
七十五兩諸島免稅船例入
八十五兩沈醬塩價收稅錢中入
二百七十九兩三戔兩南耗米代錢中司倉来入
一百九十二兩四戔屯租一百六十石五斗作入 石一兩二戔
二百十五兩兵庫例入
合一千五百四十三兩六戔八分內
六十二兩排朔沈醬塩三十一石價下 石二兩
一百兩塩五十石價下
四百五十二兩四戔生鷄一千一百三十一首價下 首四戔
一百五十六兩自正月以十二月至十二朔朔下 朔十三兩
三十兩能櫓軍雇價下

三十一兩瓮子六十二坐價下 每瓮五戔
一百七十兩民魚三百四十尾價下 每尾五戔
三百兩石魚一千二百束價下 每束二戔五分
三兩六戔藕魚一百二十級價下 每級三分
三十兩屈非一百束價下 每束三戔
十二兩石卵六斗價下 每斗二兩
一百二十兩白鰕二十瓮價下 每瓮六兩
合下一千四百六十八兩
在七十五兩六戔八分十二朔排
每朔六兩三戔 餘八分
甘醬六十二石七斗五升內
三十六石十斗二升艮醬并自正月以十二月至放下 每朔三石八升五合
在二十五石十二斗三升十二朔排
每朔二石二斗五合 餘六合
塩五十石內
十二石園頭漢菜蔬所入下
六石九斗六升十二朔放下 每朔八斗三升
在三十一石五斗四升十二朔排
每朔二石九斗二升
生鷄一千一百三十一首內

七百二十首十二朔故下 每朔六十首
在四百十一首十二朔排
每朔三十四首一脚
白鰕二千瓮内
九瓮十五斗一升九合二夕十二朔故下 每朔十六斗三升六合六夕
在十瓮四斗八升八夕十二朔排
每朔十七斗六合
餘八合八夕
民魚三百四十尾内
二百二十八尾十二朔故下 每朔十九尾
在一百十二尾十二朔排
每朔九尾一條半條
石魚一千二百束内
四百八束十二朔故下 每朔三十四束
在七百九十二束十二朔排
每朔六十六束
石卯六斗内
一斗二升十二朔故下 每朔一升
在四斗八升十二朔排
每朔四升
蘇魚十二斗十二朔故下 每朔一斗

菉末八斗四升十二朔故下 每朔七升
屈非一百束 五月當
補民庫
錢文四百兩軍需庫入
二百二十兩長峰島漁箭稅陳頉給代軍需庫入
合六百二十兩内
二十兩漁箭稅中該色例下
在六百兩十二朔排
每朔五十兩

工房

錢文一百二十兩府司結租一百石作入

三百二十四兩禮庫來白米三十六石作入　石九兩

九十六兩司倉來中米三十二石代入

一百四十四兩京畿從錢兵庫來入

十五兩軍器庫來入

四十五兩賑庫米十五石作入

三十九兩六戔屯租三十三石代軍需庫入

三十五兩九戔六分屯租二十九石十四斗六升價入

合八百十九兩五戔六分內

一百二十五兩四分十二朔朔下　每朔十兩四戔二分

三十六兩該監餼價十二朔朔下　每朔三兩

三十六兩玉浦監考自正月以九月至九朔朔下　每朔四兩

在六百二十二兩五戔二分十二朔排　每朔五十兩八戔七分　余八分

錢文五百兩軍需庫入十二朔排　每朔四十兩六戔六分　餘八分

馬鐵一百八部　十二朔排

牛皮二十四領

朔入秩

馬鐵九部外村冶匠九名除役捧入

牛皮二領屠肆稅入

別下秩

價布五疋　上營遞後問　安

價布四疋十两尺

正板三立

細繩十二把

中行擔一部

二衙新延時修理例下

黃筆二柄

白筆二柄

真墨二丁

二衙新延時例送

馬鐵三部

三兩黃燭三隻

錢文三兩各種價

錢文三兩雨傘價

柳箕一部

黃筆一柄

白筆一柄

真墨一丁

中營新延時例下

紙粧各種廳貞擧行

雨傘籠脂炬子使令擧行

揮巾色驛擧行

上營新延時隨所入上下

紙庫　乙酉為始
錢文一百両修城牌來入
七十両兵庫來入
六十両儲置庫來入
三十両砲糧倉入
合三千二百三十両一年公用紙地黃燭價及三衙門排朔紙物等價下
賑庫
錢文六百五十六両二戔八分錦營錢中入
三百四十四両七戔七分両南錢中司倉來入
合一千一両五分入
三十六両該監餼價下
一百二十両年例鋪陳新備下
二十両刑　啓寫京中餼價下
四十五両排朔次例送工房
十二両　豬源閤衛將二人
六両　閤吏二人
二十四両吏房二人
三十両會計色六人
十四両捕廳

二十四両該色
十四両廳直廳　合二百六十二両春秋衣資
二十両師吏
五十三両卜使令八名
三十六両色駈四名
四両本所使令
十二両軍器庫子
六両冶匠
六両丹匠
四百五十七両二戔六分該監色庫子抹契例下
合九百四十両二戔六分
在六十両七戔九分
別下秩
錢七十両　上營　新延時修理例下
米十五石代錢四十五両　二衙
恤錢隨所訴上下

儲置庫　戊子徐等狀達設始
白米六十石禮庫需米中來入內
六石八斗五合　春　各祭享酒飯米
七石十一斗八升一合　秋
十四石一斗四升脯醢牛兩隻價　春秋各祭享
十三石一斗享牛兩隻價
合下四十一石七斗二升六合
在十八石七斗七升四合
米十二石十三斗四升三合交河還米耗入　御留營　丁卯移屬本府
十石四斗五升通津還米耗入　每年耗條捧入
十二斗通津還米耗入　禁留營
十一石十一斗八升　御留營　豊德還米耗入
十二石　禁留營
二十九石十三斗三升九合五夕長湍府所受禁御兩營還米太米納後耗條給入
合七十七石十斗一升二合五夕內
五十三石三斗正朝老人歲饌下　年各不同
三十六石十二斗　十二朔朔下　朔三石一斗　閏朔加上下
一石五斗墻源閣使令衣資下
合下九十一石五斗
不足十三石九斗八升七合五夕

錢文一千八十兩關東備置米耗三百六十石代錢入
九百兩完營備置米耗三百石代錢入
五百兩軍需庫入
二百兩書員廳分表錢利殖入
合二千六百八十兩
二千兩春秋各祭享祭各種價及祭官吏供價
五百兩正朝老人歲饌題給鷄盐肉價
六兩三忠臣　祭需丁丑殉節
六十兩四忠臣
十五兩李忠臣　祭需丙寅殉節
七兩金忠臣
十五兩金忠臣　祭需辛未殉節
十五兩朴忠臣
四十兩禮庫　例下
二十五兩工房
一千五百兩進上海艾編結軍雇價及監艾官吏供各種價下
十八兩本庫紙地價
一百八十兩關東　備置米耗代錢輸來駄價
一百八十兩完營
六十兩紙庫例送下

八兩潛邸直春衣資下
二十三兩一戔 爀造一百十五石七斗并柴價 每石二戔
一百九十兩廣城戰亡將卒祭需各種價下
十兩三忠壇祭需各種價不足添價下
合下四千八百五十二兩一戔
不足二千一百七十二兩一戔
分俵錢區別秩
錢文一千兩長湍所納還米太代錢絶本未納餘癸未七月書員廳分俵後利殖
錢二百兩式每年十二月捧上
朔下
米一石五斗 璿源閣衛將二人
十斗 色吏二人
八斗 使令一名
八斗 容舍直一名
合下三石一斗 一年都下三十六石十二斗閏朔則加上下
不恒上下
錢文一百兩藥餌一百尾價 進上時蛇油丸例下 式例上下
一百七十八兩造紙軍雇價及監劑所例下
五百八十兩八戔五分藁末二十斗價及進排各項器皿價
監劑官支供隨所入上下

實錄行次彩轝軍雇價 十四兩上下
曝曬時所入各種價六百三兩四戔八分
曝曬史官支供隨所入上下
香炭所田二十七結十六負五束
畓三十一結四十二負一束
合田畓五十八結五十八負六束 辛卯移付 明禮宮

軍器庫

錢文一百八十七兩九戔兩南錢中司倉入內

三十六兩九戔口文該監色例下

在一百五十一兩

二百兩錦營錢中修城庫年例入

合三百五十一兩內

下三十六兩該監餼價

十二兩監官二人餼價

十兩五戔肉燭心價 每朔一兩式戔三朔半歲五戔式

十五兩排朔次例送工房

四戔肉燭匣價 正七月上下

二十四兩監官二人色吏二人衣資

十二兩紙筆墨價

十二兩柴油價

二十兩魚膠四十斤價

三兩五戔本所鋪排例下

六兩八戔箭竹自京輸來䭾價

十二兩八戔京各司例送[illegible]爻䭾價及封裹各種價下

二十四兩一年告祀價

六兩守直房春秋窓戶及鋪排例下

合下一百九十五兩

在一百五十六兩

正鐵一千斤自海營年例四月捧入隨其公用上下

魚膠四十斤每年七月貿入 每斤五戔

箭竹一百浮每年正月報 政府受題以來數爻不一

藥房
租二十石府司結租來入 年各不同
二石屯租捧入 每石一兩二戔
合二十二石作錢二十六兩四戔 十二朔排
每朔二兩二戔
進上海艾式
錢文三十七兩五戔採艾價 每年採艾時下道面內洞如此長串三洞出給
七十兩海艾編結軍雇價 每年編結軍三百五十名各洞民人分南北輪回使役 從丈乙卯 趙等改定米給價使役
十五兩器皿布木價 封裹所入
八兩空石網子等價
合錢一百三十兩五戔 每年備置庫上下
進上鮑油丸式
錢文二百兩藥鮑百尾價 分給各面各洞
七十二兩鮑油丸造劑軍雇價
四兩監劑官奴子
二十兩醫生 例下
四兩京庫直
一百十六兩一戔鮑油丸所入藥米及進排器皿價下
合二百六兩一戔 每式年以備置庫上下
海艾應入十三同內 十三同內乙番島信島柱文島民牌島民人處二島式輪回捧上一同進上時捧餘入

四同丙子 趙等因島民等訴頉給
二同辛巳 李等因煤音席毛島島民等訴頉給
一同 內醫院
二十編 議政府 每年例送
十五編 糧餉廳
在五同六十五編
醬庫 己巳設始每朴九免新沈樓序擧行
太十石禁留營所捧醬太移來
錢文十五兩一戔訓留營年十二石八斗七升價入合三十五兩八戔六分沈醬時
五兩七戔六分禁留營年四石十二斗價入 免價及鹽柴等各項所入加下
十五兩別庫米耗五石價入 之數自軍需庫上下

三留營訓營
田十七石九斗二升落只賭太十三石一斗二升內
七斗五升各年頉下
在十二石八斗七升代錢二十五兩一戔六分軍需庫上納 每石二兩
賭年十三石一斗二升內
七斗各年頉下
在十二石八斗七升代錢二十五兩一戔沁營曹所用次移送糧庫 石二兩一戔
番三十四石十四斗五升落只賭租七十一石十七斗內
一石五斗各年頉下
三石十四斗東教場基址摠土頉下 癸未
在六十七石二斗代錢二百一兩三戔軍需庫上納 每石三兩
兒犢十四隻免稅內
十兩隻各年頉下
在兩隻
御營廳
田十九石十二斗落只賭太八石六斗內
三石十斗五升各年陳頉
一石五斗東教場摠土頉下
在三石五斗五升代錢六兩七戔三分軍需庫納 每石二兩一戔五分
番二十五石三斗五升落只賭租九十九石五升內
十八石三斗五升各年陳頉
十二石十二斗東教場基址摠土頉下
在六十八石代錢一百五十三兩軍需庫上納 每石二兩二戔五分
禁營
田五石十四斗落只賭太七石五斗內
二石八斗各年頉下
在四石十二斗代錢九兩六戔軍需庫上納 每石二兩
賭年七石五斗內
二石八斗各年頉下
在四石十二斗代錢五兩七戔六分沁營曹所用以移送糧庫 石二兩一戔
番十石十二斗落只賭租三十三石內
五石三斗各年頉下
在二十七石十二斗代錢六十二兩五戔五分軍需庫上納 每石二兩二戔五分
牛五十隻內
四十八隻各年頉下
在兩隻每隻稅租七斗式合十四斗代錢二兩一戔軍需庫上納 每石三兩

乙未 丙申
太八石五斗 通津 太三石十斗 通津
一石 金浦 三石 長湍
十斗 長湍 三石五斗 豊德

合太十[illegible]沉當次劃送禮庫
六宮賭租代及田稅上納敎文
壽進宮錢二百十兩賭租七十石價
二十五兩田稅
合二百三十五兩內
四兩八戔田稅中呈頉下
九兩別驍士廳基址稅頉給下
八兩園頭漢菜田移付後稅錢折半減給下
實二百十三兩二戔
於義宮錢五十四兩賭租十八石價
四兩五戔田稅
合五十八兩五戔內
三兩園頭漢菜田移付後稅錢折半減給下
實五十五兩五戔
內需司錢九十九兩賭租三十三石價
二十兩五戔田稅
合一百十九兩五戔內
十二兩六戔東敎場基址㯙上後賭租四石四斗價減給下
實一百六兩九戔
明禮宮錢四十八兩賭租十六石價

五兩一戔五分田稅
合五十三兩一戔五分
毓祥宮錢四十五兩賭租十五石價
五兩田稅
合五十兩內
一兩六戔五分賭租十一斗價呈頉下
三兩別驍士廳庫舍基址稅頉給下
一兩七戔五分園頭漢菜田移付後稅錢折半減給下
實四十三兩六戔
以上賭租價錢四百五十六兩
田稅錢六十兩一戔五分
合五百十六兩一戔五分內
四十三兩八戔賭租價及田稅錢頉給除
實四百七十二兩三戔五分軍需庫上納

參考文獻

Bibliography

1. 史料 및 資料

『日省錄』
『承政院日記』
『高宗純宗實錄』上卷(國史編纂委員會 刊)
『舊韓國官報』卷1~2(影印本, 亞細亞文化社, 1973)
『舊韓國外交文書』日案, 清案, 英案(高麗大學校 亞細亞問題研究所 編)
奎章閣 所藏文書『畿甸 江華 營事例』
『駐韓日本公使館記錄』卷2(國史編纂委員會, 1987)
『日本外交文書』卷26・36
『日本船名錄』(明治29年度版)
『日本新聞集成 明治編年史』卷8
The Public Record Office, Kew, Microfilm No. 17/1170
『皇城新聞』
『大韓每日新報』
The KiKu Shimbun, published by U.K. Chapter of ISJP.
The Morning Calm Vol. 1 No. 1, Vol. 5 No. 42, 45~46, 53, Vol. 6 No. 62, Vol. 8 No. 74, Vol. 10 No. 79.
Korean Review Vol. 1 No. 7, Seoul, 1901.
The Royal Navy, London : Royal Navy, 1876.
Sea History No. 74~86, New York : National Maritime Historical Society.

2. 東洋書

1) 論文

金成根, 「1860年代における朝・日兩國の科學技術政策の推移」, 東京 : 東京大學校 修士學位論文, 1999.

金成俊,「西洋船에 대한 조선인의 인식과 대응」,『한국해운학회 제28회 학술논문집』, 서울, 1999.
金在勝,「韓國 最初의 新造發注 汽船 光濟號」,『月刊 海技』1979년 6월호, 釜山 : (社)韓國海技士協會.
金在勝,「韓國 最初의 汽船 船長 愼順晟」,『月刊 海技』1980년 5~6월호, 釜山 : (社)韓國海技士協會.
金在勝,「舊韓末 近代汽船에 對한 認識考」,『韓國海運學會誌』4, 1987.
金在勝,「朝鮮海域에 異樣船의 出現과 그 影響」,『月刊 海技』1987년 4~8월호, 釜山 : (社)韓國海技士協會.
金在勝,「海龍號에 관한 研究」,『韓國海運學會誌』10, 서울, 1990.
金在勝,「舊韓末 軍艦 揚武號 史談」,『趙成都教授回甲紀念論叢』, 鎭海 : 海軍士官學校, 1992.
金在勝,「韓國海事 100年 史話」,『韓進海運社報』1993~1995, 서울.
金在勝,「釜山開港日字小考」,『東西史學』4, 釜山 : 韓國東西史學會, 1998.
金在勝,「朝鮮王國을 찾아온 西洋船들의 探査航海記」,『東西史學』3, 韓國東西史學會, 1997.
金在勝,「江華島 海軍士官學校와 英國人 海軍 軍事教官」,『海洋戰略』95, 대전 : 해군대학, 1997.
金在勝,「江華島 海軍士官學校」,『制海』52, 鎭海 : 해군사관학교, 1998.
金昌洙,「清日戰爭前後 日本의 韓半島 軍事侵略政策」, 韓國史研究會 編,『清日戰爭과 韓日關係』, 一潮閣, 1985.
高橋茂夫,「韓國軍艦 揚武に關する資料若干」,『海事史研究』12, 東京 : 日本海事史學會, 1969.
石海呈(石斗玉),「韓末政治家에 對한 秘話」,『湖南評論』2-1, 목포 : 호남평론사, 1936.
張學根,「舊韓末 海洋防衛政策 - 海軍創設과 軍艦購入을 中心으로 -」,『史學志』19, 檀國大學校史學會, 1985.
鄭玉子,「紳士遊覽團考」,『歷史學報』27, 歷史學會, 1965.
原田環, 「十九世紀の朝鮮における對外的危機認識」, 『朝鮮史研究會論集』21, 東京, 1984.

2) 單行本

高柄翊,『東亞交涉史의 研究』, 서울대학교출판부, 1988.
小笠原長生,『日本帝國海上權力史講義』, 日本海軍大學校, 1902.

金泳謨,『朝鮮支配層研究』, 一潮閣, 1981.
金源模 譯,『近代韓國外交史年表』, 檀國大學校出版部, 1984.
金允植,『續陰晴史』 권7(國史編纂委員會, 1960).
金玉龍,『강화 선교 백년사』, 강화 : 성공회 강화선교본부 백년사 추진위원회, 1993.
金在謹,『韓國의 배』, 서울대학교출판부, 1994.
金在勝,『近代韓英海洋交流史』, 金海 : 仁濟大學校出版部, 1997.
金在勝, 『韓國文位郵票使用筆研究』, 金海 : 仁濟大學校 電子出版研究院, 1994.
데니 O.N. 著, 申福龍 · 崔水根 譯,『데니文書(*China and Korea/Documents*)』, 平民社, 1987.
藤井哲博,『長崎海軍傳習所』, 東京 : 中公新書, 1997.
맥켄지 F.A. 著, 申福龍 譯,『大韓帝國의 悲劇(*The Tragedy of Korea*)』, 探究堂, 1975.
文一平 著, 李光麟 譯註,『韓美五十年史』, 探究堂, 1975.
묄렌드로프 P.G. & R. von 著, 申福龍 · 金雲卿 譯,『묄렌드로프文書(*Ein Leben-sbild Reply to Denny*)』, 平民社, 1987.
朴濟絅 著, 李翼成 譯,『近世朝鮮政鑑(上)』, 探究堂, 1975.
白鍾基,『近代韓日交涉史研究』, 正音社, 1977.
杉村濬 著, 韓相一 譯,『明治27~8년 在韓苦心錄』, 건국대학교출판부, 1995.
샌즈 W. E. 著, 김훈 譯,『조선의 마지막 날』, 圖書出版 未完, 1986.
孫兌鉉,『韓國海運史』, 釜山 : 亞成出版社, 1982.
篠原宏, 『海軍創設史 - イギリス軍事顧問團의 影 - 』, 東京 : (株)リブロポ-, 1986.
篠原宏,『日本海軍お雇い外國人』, 東京 : 中公新書, 1986.
R. R. Swartout, Jr. 著, 申福龍 · 姜錫燦 共譯,『데니의 生涯와 活動』, 平民社, 1988.
山邊健太郎 著, 安炳武 譯,『韓日合併史』, 汎友社, 1982.
兪吉濬 著, 金泰俊 譯,『西遊見聞』, 博英社, 1982.
尹致昊 著, 宋炳基 譯,『國譯 尹致昊日記』(上 · 下), 探究堂, 1975.
李光麟,『開化黨研究』, 一潮閣, 1973.
李光麟,『韓國開化史研究』, 一潮閣, 1974.
李光麟,『韓國近代史의 諸問題』, 一潮閣, 1986.
李光麟,『開化派와 開化思想研究』, 一潮閣, 1989.
李光麟,『開化期研究』, 一潮閣, 1994.

李民植,『最近史에 비친 韓國의 實體』, 國學資料院, 1996.
이재열 역,『언제나 주님 게신데 이르러』, 대한성공회출판부, 1995.
張學根,『朝鮮時代海洋防衛史硏究』, 鎭海 : 海軍士官學校, 1987.
張學根,『韓國海洋活動史』, 鎭海 : 海軍士官學校, 1994.
田中宏巳,『東鄕平八郎』, 東京 : ちくま新書, 1999.
村上彊壽夫,『海運の話』, 東京 : 日本經濟新聞社, 1967.
萩原正彦,『傭船契約論』, 東京 : 海文堂, 1980.
角山榮・高嶋雅明 監修,『領事報告資料收錄目錄』, 東京 : 雄松堂フィルム出版, 1983.
해링톤 F.H. 著, 李光麟 譯,『開化期의 韓美關係』, 一潮閣, 1983.
韓相復,『海洋學에서 본 韓國學』, 海潮社, 1988.
헐버트 H.R. 著, 申福龍 譯,『大韓帝國 滅亡史(The Passing of Korea)』, 平民社, 1984.
黃鉉 著, 金濬 譯,『梅泉野錄』, (株)敎文社, 1994.
江華郡,『江華島 文化財』, 京仁日報社, 1986.
강화문화원,『江都의 脈』, 1998.
강화문화원,『江華人物史』, 1995.
『開港百年年表 資料集』(新東亞 1976年 1月號 別冊 附錄), 東亞日報社, 1976.
海軍本部 戰史編纂室,『大韓民國 海軍史』第1・2輯, 1953・1957.
海軍本部 戰史編纂室,『大韓民國海軍士官學校50年史』, 鎭海 : 海軍士官學校, 1996.
仁川府,『仁川府史』, 1933.
朝鮮史硏究會,『朝鮮史硏究會論文集』第23號, 東京 : 綠蔭書房, 1986.
韓國史硏究會,『淸日戰爭과 韓日關係』, 一潮閣, 1985.
高大民族文化硏究所,『韓國文化史大系』, 1979.
한국도서관협회,『舊韓末古文書解題目錄』, 1970.
海軍本部 戰史編纂室,『韓國海洋史』, 釜山 : 啓文社, 1953.
『世界の艦船 - 日本軍艦史 - 』, 東京 : 海人社, 1995.
『世界の軍艦 - 日本巡洋艦史 - 』, 東京 : 海人社, 1991.
해군본부,『일본・영국 해군사』, 1997.
『本邦建造船船名錄」, 東京 : 海文堂, 1976.

3. 西洋書

1) 論文

Bishop Corfe, C. J., "Bishop's Letter," *The Morning Calm* Vol. 6 No. 62, London, Aug. 1895.

Bishop Corfe, C. J., "Bishop's Letter," *The Morning Calm* Vol. 7 No. 69, London, Aug. 1896.

Callwell, William H., "A Corean Fortress," *The Morning Calm* Vol. 10 No. 79, London, 1899.

Clark, Kenneth G., "The British Occupation of Port Hamilton 1885-1887," *Kiku Shimbun* Feb. 1986, published by ISJP U.K. Chapter.

Gifford, Daniel, "Education in the Capital of Korea," *The Korean Repository* Vol. 3, Seoul : Methodist Publishing Co., July 1896.

Rev. Trollope, Mark Napier, "The Island of Kang-hoa," *The Morning Calm* Vol. 5 No. 51~53, London, Sept.~Nov. 1894.

Rev. Warner, L. O., "Correspondence, Kap-Kot-Chi Village," *The Morning Calm* Vol. 5 No. 45, London, March 1894.

2) 單行本

Adams, John, *Ocean Steamers - A History of Ocean-Going Passenger Steamships 1820-1970*, London : New Cavendish Books Ltd., 1993.

Allen, Horace N., *Korea : Fact and Fancy, a Chronological Index of Foreign Relation of Korea from Beginning of Christan Era to 20th Century*, Seoul : Methodist Publishing House, 1904.

Bishop, Isabella B., *Korea and Her Neighbors*, New York : H. Revell Co., 1897/Reprinted by Seoul : Yonsei Univ. Press, 1988.

Bland, J.O.P., *Li Hung-Chang*, New York : Henry Holt & Co., 1917.

Braynard, Frank O., *The Tall Ships of Today*, Mineola, N.Y. : Dover Publication, Inc., 1993.

Broughton, William Robert, *A Voyage of Discovery to the North Pacific Ocean* Vol. I~11, London : T. Cadell & W. Davies in the Strand, 1804.

Brouwer, Norman J., *International Register of Historical Ship*, Shropshire, England : Antony Nelson Ltd., 1993.

Denny, Owen N., *China and Korea*, Shanghai : Kelly & Walsh Ltd., 1888.

Griffis, William E., *Corea, The Hermit Nation*, New York : Charles

Scribner's Sons, 1907.

Kim, Jae-Seung, *The Facts of Korean Classic Stamps*, Kimhae : Inje University Press, 1998.

Longford, Joseph H., *The Story of Korea*, London : Adelphi Terrace, T. Fisher Unwin, 1911.

McCune, M. George & Harrison, John A., *Korea~American relations, Documents Pertaining to the Far Eastern Diplomacy of the United States - The Initial Period 1883~1886* Vol. 1, Berkeley & L.A. : Univ. of California Press, 1963.

Möllendorff, Rosalie von, *P.G. von Möllendorff, Ein Lebensbild*, Leipzig : Otto Harrassowitz, 1930.

Miller Jr., William H., *The First Great Ocean Lines*, Mineola, N.Y. : Dover Publication, Inc., 1984.

Neill, Peter, *Great Maritime Museum of the World*, New York : Balsam Press Inc., 1991.

Palmer, Spencer J., *Korea-American Relations, the Period of Growing Influence 1887~1895* Vol. II, Berkeley & Los Angeles, Calif. : Univ. of California Press, 1963.

Ramm, Agatha Ed., *Political Correspondence of Mr. Glaston & Lord Granville 1876~1886* Vol. 2, London : Oxford Univ. Press, 1962.

Sainsbury, A. B., *The Royal Navy Day by Day*, Surrey, UK : Ian Allen Ltd., 1992.

Swartout Jr., Robert R. *Mandarins, Gunboats and Power Polities, Owen N. Denny and the International Rivalries in Korea*, The Univ. Press of Hawaii, 1980.

Wünsch, Gertrud Claussen (Mrs.), *Dr. med. Richard Wünsch, Arzt in Ostasien*, Hochrhein : Kramer Verlagsgesellschaft m.b.H. Busingen, 1976.

찾아보기

【ㄴ】

【ㄷ】

【ㄹ】

【ㅁ】

【ㅂ】

【ㅈ】

著者 紹介

1943년생

東亞大學校 文科大學 英文科 졸업

1974년 釜山大學校 經營大學院에서 경영학 석사학위 취득

현재 (株)世東洋行 代表理事

韓國海洋大學校 國際大學 海運經營學部에서 '船舶傭船論' 강의

韓國海運學會 종신회원, 韓國東西史學會 회원

『東西史學』誌 편집장(1998～1999)

미국 National Maritime Historical Society, Peeksill, N.Y. 회원

영국 UK Chapter of ISJP, London 회원

<著書>

『韓國文位郵票使用畢研究』, 인제대학교 전자출판연구원, 1994

『近代韓英海洋交流史』, 인제대학교 출판부, 1997(1997년 문화체육부장관 추천도서)

The Facts of Korean Classic Stamps, 인제대학교 출판부, 1998

『船舶傭船契約 實務便覽』, (株)엠아이, 부산, 2000

그 밖에 韓國海運史, 海洋史, 港灣史 등과 관련한 연구논문 30여 편과 郵政史 관계 논문 70여 편을 한국 · 미국 · 영국 · 일본의 잡지 및 학회지에 발표

연락처 : 606-032 釜山市 影島區 南港洞 2街 65-25番地 (株)世東洋行

전화 : (051) 412-8062/4, 팩스 : (051) 412-3761

E-Mail : saedong@netian.com

韓國近代海軍創設史

구한말 고종시대의 근대식 해군과 군함

초판 1쇄 인쇄 · 2000년 6월 24일

초판 1쇄 발행 · 2000년 6월 28일

저　자 · 金在勝

발행처 · 도서출판 혜안

발행인 · 오일주

등록번호 · 제22 - 471호

등록일자 · 1993년 7월 30일

121 - 210 서울 마포구 서교동 326 - 26

전화 · 02) 3141 - 3711, 3712

팩시밀리 · 02) 3141 - 3710

값 18,000원

ISBN 89 - 8494 - 103 - 4 93910

저작권법에 따라 필자의 사전 승낙이 없는 무단복제를 금함.

All rights reserved.